正道沧桑

金一南

著

人民出版社

目 录

前　言

百年时间，对苍茫浩瀚的人类历史来说，不过沧海一粟，而对苦难深重的中华民族来说，已是沧海桑田。

仅仅百年时间，这个被西方称为"东亚病夫"的民族，经历了站起来、富起来、强起来三次历史性飞跃，国家命运、民族命运发生了天翻地覆的变化。

1921年7月，旧中国风雨如晦，上海法租界望志路106号（今兴业路76号）的石库门房子内，13个来自中国不同地域的人以及两个外国人聚集在一起，悄悄开了一个会，成立了一个组织，叫作"中国共产党"。会议最后一天转移到浙江嘉兴南湖的一条游船上举行。

整整100年后，7万余人聚集在北京天安门广场，庆祝这个党诞生100周年。这个党的总书记习近平同志在大会上庄严宣告：

中国产生了共产党，这是开天辟地的大事变，深刻改变了近代以后中华民族发展的方向和进程，深刻改变了中国人民和中华民族的前途和命运，深刻改变了世界发展的趋势和格局。

中国共产党这个最初无人看好的政党，组织起一支最初无人看好的队伍，领导了一场最初无人看好的革命，却从中国政治舞台的边缘走向中心，最终成就了一番改变中国命运、改变世界格局的惊天动地的伟业。

其始也简，其毕也巨。

在当年社会最黑暗、民族最无望、命运最悲惨的时刻，地质学家丁文江说了一句话："只要有少数里面的少数，优秀里面的优秀，不肯束手待毙，天下事不怕没有办法的。"

中国共产党就是少数之中的少数、优秀里面的优秀。这个党永远不会屈服，永远不会投降，永远坚守"为中国人民谋幸福，为中华民族谋复兴"的初心使命，为中华民族牺牲奋斗，永远给国家、民族带来希望，率领国家、民族朝光明前进。

1938 年，在抗日战争最困难的时刻，历史学家蒋廷黻在其著作《中国近代史》中写下一段话：

近百年的中华民族根本只有一个问题，那就是：中国人能近代化吗？能赶上西洋人吗？能利用科学和机械吗？能废除我们家族和家乡观念而组织一个近代的民族国家吗？能的话，我们民族的前途是光明的；不能的话，我们这个民族是没有前途的。

这就是著名的"蒋廷黻之问"。

近代以来，从林则徐的虎门销烟到洪秀全的太平天国，从曾国藩、李鸿章、左宗棠的洋务自强到康有为、梁启超的戊戌维新，从孙中山领导的辛亥革命到以毛泽东同志为主要代表的中国共产党人领导的新民主主义革命，无一不是为了回答这个问题。经过各种尝试和探索，历史最终把回答这个问题的资格，交给了不但敢于推翻"三座大山"建立新中国，而且敢于"雄赳赳，气昂昂，跨过鸭绿江"的中国共产党人。

大江东去，大浪淘沙。那些再不可复制的千古风流人物，以他们的精彩搏击、惊人奋斗和重大牺牲，在历史上留下了浓墨重彩的一笔，令我们这些后人千秋万代感慨敬仰。

美国芝加哥大学政治学教授、建构主义学派代表人物亚历山大·温特（Alexander Wendt）说过一句话：一个国家在生存、独立和经济财富这三种国家利益之上，还必须加上第四种国家利益，那就是集体自尊（collective self-esteem）。

唯有中国共产党人，能使中华民族获得前所未有的集体自尊。

2021年清明节，上海龙华烈士陵园出现了久违的动人一幕：大革命失败后牺牲的陈延年、陈乔年烈士墓前，铺满鲜花。很多人是通过电视剧《觉醒年代》才知道他们的。

除鲜花之外，有心的悼念者还在陈乔年墓前放了一个红苹果——陈乔年当年最喜欢红苹果，在陈延年墓前放了一张小照片——那是2021年3月，中共中央政治局委员、中央外事工作委员会办公室主任杨洁篪在安克雷奇会谈中怒斥美国政客的照片。看见这张照片，仿佛能听到杨洁篪主任那掷地有声的话语："你们没有资格在中国的面前说，你们从实力的地位出发同中国谈话。""二十年前、三十年前你们就没有这个地位讲这个话，因为中国人是不吃这一套的。""世界上绝大部分国家并不承认美国的价值就是国际价值，不承认美国说的就是国际舆论，不承认少数国家制定的规则就是国际规则。"

红苹果和小照片，是人们在告慰先烈：你们奋斗，你们牺牲，你们来不及看见，但请你们放心，后人继续奋斗，你们的理想正在由后人一步步实现。

正如网络上流传的催人泪下的八个字：

这盛世如你们所愿。

"天若有情天亦老，人间正道是沧桑。"今天，我们正在进行伟大斗争、建设伟大工程、推进伟大事业、实现伟大梦想。习近平总书记说："当今世界，要说哪个政党、哪个国家、哪个民族能够自信的话，那中国共产党、中华人民共和国、中华民族是最有理由自信的。""时与势在我们一边，这是我们定力和底气所在，也是我们的决心和信心所在。"

2021 年 7 月

第一章

百年长夜

中华民族椎心泣血的至暗时分

道光帝的"顿足长叹"

三十年河东，三十年河西。

道光皇帝接手的大清江山，已经是一个朝风腐败的烂摊子。

史籍记载：嘉庆、道光年间，朝风日坏。当时财政开支有一重要项目，即治河。但每年治河之费，真正用于工程的不到十分之一，其余皆被贪污挥霍。官吏饮食衣服、车马玩好，无不斗奇逞巧。一次宴请常常三昼夜而不能毕。自元旦至除夕，各厅道衙门机关无日不演剧。"新翰林携朝臣一纸书拜见河督，万金即有；举人拔贡，携京员一纸书拜见道库，千金立至。"[1]

道光帝即位，颇想重振大清雄风。他先从自己做起：衣非三日不易；食物价高，虽喜不索；宫中用款，岁不过20万两。然腐败之风由来已久，弥漫全国，病入膏肓，颇为节俭的道光帝也万般无奈。

万般无奈也是对祖宗留下来的东西万般无奈。对外国的舶来物，他的态度一直还是相当强硬的，尤其对鸦片。

说起1840年那场鸦片战争，大多数人以为敢对洋鬼子说"不"的只有林则徐，他们不知道，1838年那场29名督抚大员参加的禁烟大讨论中，只有8位大员

道光皇帝画像（海峰／供图）

基本同意严禁，其他则只是主张加大对烟贩和吸食者的打击力度，但道光帝力排众议，坚决主张严禁，支持并起用林则徐。如果不是道光帝支持，禁烟之事在鸦片战争爆发之前两年就泡汤了。

所以，钦差大臣林则徐在虎门看到道光帝的朱批"若能合力同心，除中国大患之源，不但卿等能膺懋赏，即垂诸史册，朕之光辉，岂浅鲜哉！而生民之福，政治之善，又非浅鲜。谅卿等亦不烦谆谆告诫也。勉之勉之，朕拭目待之"[2]后，当场感动得涕泪横流。

对林则徐采取的种种禁烟措施，道光帝不但给予有力支持，甚至比林则徐走得更远。与英国人在海上交火之后，道光帝颁旨："我朝抚绥外夷，恩泽极厚，该夷等不知感戴，反肆鸱张，是彼曲我直，中外咸知，自外生成，尚何足惜！著林则徐等酌量情形，即将嘆咭唎国贸易停止，所有该国船只，尽行驱逐出口，不必取具甘结。"[3]

林则徐认为不妥，立即复奏，"洋船遵法者保护之，桀骜者惩拒"[4]，主张区别对待。高居金銮宝殿之上的道光帝朱笔一挥，批复道："同是一国之人，办理两歧，未免自相矛盾。"[5]坚持断绝与英国的全部贸易。

1841年1月27日，道光帝正式下诏对英宣战：

我朝抚驭外夷，全以恩义，各国果能恭顺，无不曲加优礼，以期共乐升平。前因西夷鸦片烟流毒日甚，特颁禁令，力挽浇风。唯嘆咭唎恃其骄悍，不肯具结，是以降旨绝其贸易。乃并不知愧悔，日肆鸱张，突于上年六月间乘驾夷船数十只，直犯定海，占据城池，复于福建、浙江、江苏、山东、直隶、奉天各省洋面任意往来，多方滋扰……近闻数月以来，奸淫妇女，掳掠资财，建筑炮台，开挖河道，且令伪官出示，谕民纳粮。百姓何辜，罹兹荼毒！兴言及此，寝食难安。迨琦善抵粤后，明白开导，仍敢要求无厌，既思索偿烟价，又复请给马头。朕早料其反复无常，断非信义之所能喻，特于年前简调四川、贵州、湖南、江西各路精兵前赴广东。又调湖北、湖南、安徽各路精兵前赴浙江，预备攻剿……

现在所调各省劲兵计可赶到，著伊里布克日进兵，收复定海，以苏吾民之困。并著琦善激励士卒，奋勇直前，务使逆夷授首槛送京师，尽法惩治。其该夷之丑类，从逆之汉奸，尤当设法擒拿，尽杀乃止。至沿海各省洋面，叠经降旨严密防范，著各将军督抚等加意巡查，来则攻击。并晓喻官民人等，人思敌忾，志切同仇，迅赞朕功共膺上赏，朕实有厚望焉。将此通谕中外知之。[6]

敢于宣战的道光帝，让谁去指挥作战？御前大臣、靖逆将军奕山。

奕山又以宿将、湖南提督杨芳为前锋主将。英军初闻杨芳之名，还颇为紧张了一阵。但杨芳怎么抗英呢？他认为，英舰竟能于风高浪涌的洋面操大炮击中目标，定有邪术在内；破除之法，必用秽物。于是，这位在镇压白莲教起义中厚积威名的战将，第一纸作战命令竟是遍收妇女溺器载入木筏，由一副将统领，一闻炮响便蜂拥而出，举筏齐列水面，以溺器对准英船，驱赶震慑其操炮邪术。

杨芳以马桶为胜具，后来被笑传为"粪桶尚言施妙计，秽声传遍粤城中"。

大将杨芳丢了人，主帅奕山又能争回多少面子呢？

道光帝要奕山对英军"分路兜剿，务使该夷片帆不返"[7]。当时从湖南、四川、贵州等地调入广东前线的兵弁，已10倍于敌。但奕山在兵力仅为自己十分之一的英军攻击下，将道光帝于金銮殿中想象出来的不返"片帆"，扯成广州城头一面可耻的白旗。

升了白旗的奕山又不想丢人，便虚报战果欺骗道光帝，说英军进攻靖海门、激战正酣时，烟雾中忽见观音神像，英军遂不敢再击；又观音山下3万斤火药被汉奸点燃，正欲爆炸，有白衣女神展袖拂火，顿时熄灭。

道光帝闻讯，亲书"慈佑清海"四字匾额送观音庙，以谢神恩。

节俭刻苦和想有所作为的道光帝，以其勇傲与孤陋，确实对英国人大

1842年8月29日，清政府被迫与英国签订丧权辱国的《南京条约》。图为表现《南京条约》签订现场的美术作品（海峰／供图）

喝了一声"不"。但乞胜于马桶或乞灵于观音的"不",该算一种什么样的"不"呢？

所以，第一次说"不"，很快以称"是"而告结束。1841 年 1 月 27 日金銮殿上的一纸宣战诏书，变成了 1842 年 8 月 29 日英国军舰"皋华丽"号上那份《南京条约》：割让香港岛，五口通商，赔款白银 2100 万两。从此开近代中国割地赔款之先河。

第一个大声说"不"的道光帝，只能屈辱地说"是"。《南京条约》的内容，凡英人的要求全部答应，无丝毫回旋余地。

听闻条约签订，道光帝退朝后不吃不喝，负手于便殿阶上徘徊往复，一夜不息。"侍者但闻太息声，漏下五鼓，上忽顿足长叹。"割地赔款的屈辱，愧对祖宗的自责，使颇想有所作为的道光帝深陷懊丧与悲痛。他蹒跚于深宫，难以解脱。

道光帝晚年沉寂潦倒。他至死没有解脱重压于心头的"历史罪人"的包袱，最终也未弄清楚大清朝败在了哪里。

一个王朝的吏治腐败如此、武备废弛如此、制度衰朽如此，如何去说"不"？怎么不溃败？

从咸丰帝"防三渐"到慈禧"结与国之欢心"

道光帝去世后，其四子继位，年号咸丰。

咸丰帝登基时刚刚 20 岁，血气方刚。大理寺卿倭仁进言，力陈为君者首先要辨别君子与小人。他生动形象地勾勒出一幅图画：

君子讷拙，小人佞巧。君子恬退，小人躁竞。君子爱惜人才，小人排挤异己。君子图远大，以国家元气为先；小人计目前，以聚敛刻薄为务。刚正不挠、无所阿徇者，君子也；依违两可、伺候人主喜怒以为趋避者，小人也。谏争匡辅，为朝廷补阙拾遗者，君子也；迁就逢迎，导人主遂非长傲者，小人也。进忧危之议，悚动当宁之敬心者，君子也；动言气数，不畏天变以滋长人君之逸志者，小人也。[8]

倭仁说这些话是需要些胆量的。他通过用人问题，将一个衰败王朝的官场气氛描绘得入木三分。咸丰帝非但没有雷霆震怒，反赞其"言甚切直"，要大小臣工今后都如倭仁一样直陈所见。

咸丰帝立直言进谏的倭仁为榜样震动了官场。非但如此，他还以太仆寺少卿徐继畬上疏中的"防三渐"置诸座右：

一防土木之渐，即防止大兴土木、挥霍无度。
二防宴安之渐，即防止歌舞升平、吃喝无度。
三防壅蔽之渐，即防止言论堵塞、不谙真情。

要"防三渐"的咸丰帝，继位伊始便重新起用林则徐为钦差大臣。林则徐由原籍启程赴任，行至广东潮州病逝。咸丰帝闻讯，异常悲伤，御制挽联一副：

答君恩清慎忠勤，数十年尽瘁不遑，解组归来，犹自心存军国。
殚臣力崎岖险阻，六千里出师未捷，骑箕化去，空教泪洒英雄。

咸丰帝对林则徐的评价可谓异乎寻常，情真意切。

年轻的咸丰帝虎虎有生气，颇想有所作为。在寻觅君子的同时，他着手处罚小人。鸦片战争中的主和派、道光帝最信任的大学士穆彰阿被他革职，永不叙用；签订中英《南京条约》、中美《望厦条约》、中法《黄埔条约》的耆英被他斥为"畏葸无能""抑民以媚外，罔顾国家"，降为五品顶戴。如此之举，一时间朝野人心大快，"人人颂祷圣德英武，迈古腾今"。

咸丰帝不但敢撤投降派，而且也敢向洋人开炮。1859 年 6 月 25 日，英

咸丰皇帝画像（海峰／供图）

法舰队向大沽炮台进攻，清军还击，激战一昼夜。13 艘英舰中，4 沉（毁）6 伤，官兵伤亡 500 余人，舰队司令贺布重伤，联军举白旗狼狈而退。

这面白旗，是近代史上以坚船利炮入侵中国的列强升起来的第一面白旗。它对咸丰王朝升起。自幼目睹父亲道光皇帝因鸦片战争之败而潦倒不堪的咸丰帝，一定因大沽口之胜而深感为祖上出了一口恶气。

敢向洋人开炮的咸丰帝，还敢扣押洋人特使。

1860 年 9 月 9 日，巴夏礼等代表英法联军在通州与清政府谈判。咸丰帝恨透了巴夏礼，认为一切坏事皆出自他的策划，遂下令将其扣留在通州（9 月 17 日）。中国自古便有"两国交兵，不斩来使"之说，自幼吟经诵典的咸丰帝为泄心头之愤，连自古以来的交战规则也敢违背，确实有点蛮莽的勇气。在巴夏礼被扣的当天，他便传谕各海口一律闭关，断绝贸易，与英法决战。

1860 年 9 月 12 日对英法宣战诏书的内容如下：

> ……（英法）不惟婪索兵费，强增口岸，竟欲于来京换约之时，陈兵拥众，入我郊畿，所欲大出情理之外……若再事含容，其何以对天下！惟有严饬统兵大臣，整顿师律，调集各路马步诸军与之决战。近畿各州县地方士民，或率领乡兵齐心助战，或整饬团练阻截路途，凡兵民人等，有功破格优叙，所获资财，全充犒赏。并当谕令各海口，一律闭关，绝其互易……城乡军民各色人等，务各敌忾同仇，无论明攻暗袭，事成奖恤，均各加等……朕非好武穷兵之主，凡此大不得已苦心，上鉴天祖，下为天下臣民共谅。9

咸丰帝一直在北京坚持到英法联军即将兵临城下，坚持不住了却跑起来比谁都快。

天津大沽炮台失守之后，咸丰帝给臣下提出两个方案：一为"率师亲征"，一为"巡幸木兰"。前者是向前方挺进，是招牌；后者是向热河逃跑，是实意。这个一直主战的皇帝在发布宣战诏书后，眼见"禁兵不足恃，京城不可守"，便不顾臣下的劝阻，天不亮就从圆明园"启銮""北狩热河"，仓皇出逃了。

在大沽口出过一口恶气的咸丰帝，肯定想不到一年零四个月后，他不得不谕令曾经打得夷船张挂白旗的僧格林沁"即宣示夷人，并竖立白旗，令其停兵待抚"。

用什么去"抚"？用《北京条约》。批准《北京条约》时，咸丰帝落到比其父道光帝更加狼狈的境地。

咸丰帝之父道光帝第一次鸦片战争打败了，道光帝之子咸丰帝第二次鸦片战争也打败了，历史不给这个颇想有所作为的咸丰帝一点宽容。唯一的区别就在于他败得更为惨痛：不但是更大的割地和更多的赔款，而且英法联军将 150 年时间无数能工巧匠辛苦血汗建造起来的圆明园洗劫一空,并付之一炬。

龟缩于热河的咸丰帝在那里忙碌地连发数道谕旨调兵遣将,目的只要附近兵马"无分昼夜,兼程前来木兰行在",保卫他的身家性命。他可眺望过北京上空腾起的浓浓烈焰? 若看到那红的火和黑的烟,他的心里又会作何感想呢?

对此,今人是一无所知了。唯一知道的是英法联军签约退兵后,他大大松了一口气说:"从此永息干戈,共敦和好,彼此相安以信,各无猜疑。"

那个当年又是宣战又是扣人的皇帝,已经无踪无影。

他最后死在了热河。生命已经不再给他时间回京看看其夏宫圆明园的残骸与废墟了。

曾经发誓要报仇雪耻的咸丰帝,比其父道光帝蒙受了更大的耻辱——差一点死无葬身之地。

我们再看看 1894 年 8 月 1 日光绪皇帝对日宣战诏书:

……突有倭船多只,乘我不备,在牙山口外海面开炮轰击,伤我运船。变诈情形,殊非意料所及! 该国不遵条约,不守公法,任意鸱张,专行诡计,衅开自彼,公理昭然。用特布告天下,俾晓然于朝廷办理此事,实已仁至义尽;而倭人渝盟肇衅,无理已极,势难再予姑容。著李鸿章严饬派出各军,迅速进剿,厚集雄师,陆续进发,以拯韩民于涂炭;并著沿江、沿海各将军督抚及统兵大臣,整饬戎行,遇有倭人轮船驶入各口,即行迎头痛击,悉数歼除,毋得稍有退缩,致干罪戾。将此通谕知之。[10]

还有 1900 年 6 月 21 日慈禧太后对诸国(英、俄、德、法、美、意、奥、日、荷、比、西 11 国)宣战诏书:

……迫道光、咸丰年间,俯准彼等互市,并乞在我国传教,朝廷以其劝人为善,勉允所请;初亦就我范围,遵我约束。讵料三十年来,恃我国仁厚，一意拊循，彼乃益肆枭张，欺陵我国家，侵占我土地，蹂躏我民人，勒索我财物，朝廷稍加迁就，彼等负其凶横，日甚一日，无所不至，小则欺压平民，大则侮慢神圣。我国赤子仇怒郁结，人人欲得而甘心，此义勇焚烧教堂屠杀教民所由来也……

……朕今涕泣以告先庙，慷慨以誓师徒，与其苟且图存，贻羞万古，孰若大张挞伐，一决雌雄……[11]

这一份又一份慷慨激昂的宣战诏书使我们看到，大清末世的这些统治者并非没有付诸战争的胆量和决心，但他们的胆量和决心又每每在极短时间内烟消云散。为什么？

和战转换之间，表面上说保社稷江山，实则保"大清皇权"而已。

《南京条约》签订的那个晚上，退朝后不吃不喝、一日一夜未尝暂息的道光皇帝，考虑更多的是他个人和爱新觉罗王朝的尊严受到损害，是"愧对祖宗"。

《北京条约》签订后，原本好哭的咸丰帝，更是终日流泪不已。但当他向热河逃跑时，国家社稷都顾不上了，却不忘记自己还要喝鹿血，"命率鹿以行"，要带上自己养的100多只鹿。大臣苦劝"何必率以为累。他日事平，再饮鹿血未晚也"，才勉强作罢。

至于光绪皇帝的宣战诏书变成了《马关条约》，则更是空前的割地赔款：割让辽东半岛、台湾岛及其附属各岛屿、澎湖列岛给日本；赔偿日本军费二万万两白银；开放沙市、重庆、苏州、杭州为通商口岸。

而庚子年间向11国宣战的慈禧太后，前后反差更是惊人之大。起初为了表示决一死战的决心，她以通敌为罪名，杀掉了兵部尚书徐用仪、户部尚书立山、内阁学士联元、吏部左侍郎许景澄、太常寺卿袁昶等五位反对宣战的大臣，且都是斩立决。后来为了与"诸国"和好，她又毫不手软地令主张宣战的庄亲王载勋自尽；大学士刚毅、山西巡抚毓贤斩立决；端郡王载漪、辅国公载澜、大学士徐桐、钦差大臣李秉衡斩监候；英年、赵舒翘赐令自尽；启秀、徐承煜即行正法。所有这些，都不过是先听说列强

慈禧太后（宝盖头／供图）

要逼她下台交权，于是决心一战；后来证明传言不实，列强并不想赶走她而仍然愿意接纳她，便立即将"与其苟且图存，贻羞万古，孰若大张挞伐，一决雌雄"的豪言，变为"量中华之物力，结与国之欢心"的媚语。至于主战派、反战派，则不过是手中几张牌九。玩旧了，便随手付之一炬，让周围一无所剩，真可谓"落了白茫茫一片大地，真干净"。在这位太后主持之下，最慷慨激昂的宣战诏书很快就变为最丧权辱国的《辛丑条约》，哪怕从这一纸到那一纸将中国的财源支付净尽，哪怕天津海口至北京中枢的通道全被外人控制，国家防御名存实亡，只要慈禧皇太后还是慈禧皇太后。

　　这样的人执掌国政，国家、民族怎能不面临无边无涯的灾难？

严复在翻译孟德斯鸠《法意》的按语中，洞若观火一般指出：

中国自秦以来，无所谓天下也，无所谓国也，皆家而已。一姓之兴，则亿兆为之臣妾。其兴也，此一家之兴也；其亡也，此一家之亡也。天子之一身，兼宪法、国家、王者三大物。其家亡，则一切与之俱亡……顾其所利害者，亦利害于一家而已，未尝为天下计也。[12]

严复与日本的伊藤博文是留英同学。后人常以伊藤博文回国后位尊首相、辅助明治天皇搞维新使日本面貌大变，而严复一辈子不过译了几本书，嘲笑严复无大出息。

伊藤使日本变法而富强，也使日本扩张而侵略。无限膨胀的结果，终于令日本跌入1945年战败的深渊。

严复从英国回来后除了译书，基本无用武之地。然而仅上面那一段话，便不枉中国人民永世尊敬他。

中国的封建制度延续2700余年，西方列强侵略给其带来的危机则持续了71年：始于1840年鸦片战争，终于1911年辛亥革命。有了严复那段话，文弱的孙中山便以"天下为公"四个字，令2000多年的封建统治在中国轰然倒塌。

如果某日清晨，你登上北京景山公园的万春亭，向南眺望时，会发现苍苍茫茫的晨曦之中，气吞霄汉的紫禁城被万缕霞光化解为一片金碧辉煌的汪洋大海。这景象定会令你终生难忘。站在北京中轴线的制高点上，飒飒晨风中，历史沧桑扑面而来。你在感动与震惊之余，便充分领略了中国封建制度之辉煌、之完备、之持久，那也许可算世界封建制度的顶峰。

这个时候，你会忘记山脚下曾经存在的那棵枯树，忘记在那里上吊前呼天也不应、呼地也不应、呼人也不应的崇祯皇帝。

你所忽略的，就是使你震惊的那片雄浑与辉煌的真正注释。

北洋海军覆灭：不仅归咎于船速炮速

实践是检验真理的唯一标准。军人的实践、军队的实践，从最根本上来说都是这两个字：战争。战争从来都是用血与火对一支军队进而对一个国家作出严格检验。北洋海军，近代中国第一支真正意义上的海军，也是清朝建立的四支近代海军中实力最强、规模最大的一支。被甲午战争检验了的北洋海军，是一支什么样的军队呢？

一支在官僚倾轧中艰难成军的海军，自始至终的窘迫绝不仅源于挪用经费

北洋海军是中国第一支现代化军队。它能够成军，主要受到三个事件的推动：1856—1860 年的第二次鸦片战争，1874 年的台湾事件，1884 年的中法战争。

1860 年英法联军侵入北京、火烧圆明园，是搭乘兵轮从天津海口登岸的。1874 年日军入侵台湾事件，被清朝大臣文祥描述为"东洋一小国耳……仅购铁甲船二只，竟敢藉端发难"[13]。1884 年的中法战争，被光绪皇帝称为"法国恃其船坚炮利，横行无忌"。清军虽有陆上的胜利，结果仍然是签约赔款。

三大事件，无不与海上力量的有无和强弱密切相关。在危机愈加深重的时刻，清廷终于发出了"造船不坚，制器不备，选将不精，筹费不广"的感叹和"惩前毖后，自以大治水师为主"的决断。1885 年，总理海军事务衙门设立。1888 年，北洋海军正式成军。

从 1861 年决定投巨资向英国购买一支新式舰队起，到北洋舰队成军的27 年时间内，清廷为建设海军到底耗去了多少银两，至今已无法精确统计。对一个既无明确的用款计划又无严密的收支审计的封建王朝来说，这是一笔太难弄清的糊涂账。但投入无疑是巨大的。前驻日本领事姚锡光在《东方兵事纪略》中说，北洋舰队"其俸饷并后路天津水师学堂及军械、支应各局经费，岁一百七十六万八千余两"。这还仅仅是人头费、行政开支等项，可见水师

的开支的确惊人。有人统计，不算南洋海军和广东、福建水师，仅建成北洋海军就耗银 3000 万两。还有统计说，清廷支付的舰船购造费即超过 3000 万两。再加上舰船各种装备器材的购置维持费、舰队官兵薪俸、舰队基地营造费及维持费、后路各造船修船局厂及官衙的开设维持费、海军人才的国内外教育培养费、海军学堂的开办维持费等，合而计之，清廷为海军的总投资约在 1 亿两，等于每年拿出 300 余万两白银用于海军建设，平均占其年财政收入的 4% 强，个别年份超过 10%。

这样的数目与比例，在当时条件下不可谓不高。不要忘了，清廷是在政局剧烈动荡、财政捉襟见肘的情况下完成如此巨大投入的。持续将近 20 年镇压太平军、捻军的战争，已使清廷"帑藏支绌"，财政上几乎山穷水尽。又有"倭逼于东，俄伺于西"，东面先打发日本、后打发法国不断地赔款，西面先平息回乱、后收复新疆不断地支款。在这种情况下拆东墙补西墙，勉为其难地凑成对海军的投入，也算是挖空心思。道理不复杂，此时不论慈禧太后还是同治、光绪两任皇帝，皆意识到海防对维护统治越来越重要的意义。

但为什么自 1888 年北洋海军成军后，"添船购炮"的工作就停止了呢？慈禧曾称"惟念海军关系重大，迥非寻常庶政可比"[14]，几乎将海军视为身家性命，为什么却突然又挪用海军经费去建颐和园了呢？

注意三个人物：醇亲王奕𫍽，北洋大臣李鸿章，帝师翁同龢。

首先是慈禧指派的总理海军事务大臣、醇亲王奕𫍽。此人在任上筹措款项，建立机构，确实做了一些事情。但从他入主海军之日起，便带来了过多政治利害。

奕𫍽是光绪皇帝的生父，主持海军衙门时，正值慈禧应撤帘归政、光绪亲政在即的关键时期。奕𫍽深知慈禧专权，亲睹即使慈禧亲生子同治帝亦被长期作为"儿皇帝"对待的境况。同治帝病亡无子，两宫皇太后宣布醇亲王奕𫍽之子入承大统，奕𫍽竟然"警惧敬惟，碰头痛哭，昏迷伏地，掖之不能起"，可见其对祸福的感受有多么深。多年来，他担心其子光绪帝永远只能做个"儿皇帝"，也担心自己不慎惹怒慈禧，招致更大祸患。他"谦卑谨慎，翼翼小心"，"深宫派办事宜，靡不殚竭心力"，甚至"前赏杏

1886 年 5 月，总理海军事务大臣奕譞（中）、会办海军事务大臣李鸿章（右）、帮办海军事务大臣善庆（左）在天津巡阅北洋海军时合影（杨兴斌 / 供图）

黄轿，至今不敢乘坐"，被慈禧评价为"其秉心忠赤，严畏殊常"。1886年 6 月，慈禧进行试探，宣布"明年正月择皇帝亲政日期"。奕譞立即作出反应，两次率诸王大臣"请皇太后仍训政"，使慈禧"勉从之"。回报是慈禧"命醇亲王仍措理诸务"。奕譞十分清楚，不这样做不但光绪帝不能亲政，自己也可能"诸务"措理不成。

这就是奕譞出任总理海军事务大臣时的精神状态。其最大心愿并非海军建设，而是如何使光绪帝平安掌权。海军衙门不过是他完成这一夙愿的平台。

指派奕譞出掌海军之时，慈禧正遇烦恼。据窦宗仪编著的《李鸿章年（日）谱》记载，1885 年 7 月 13 日"慈禧计修圆明园，估工两千万两。户部尚书阎敬铭，言无款可办。慈禧改言修三海，阎仍答无款。慈禧喝滚出"[15]。慈禧要修园由来已久。1873年同治帝刚刚亲政，即按慈禧的意思决定重修圆明园。当时奕譞两次上疏、廷辩，在同治皇帝前"面诤泣谏"，最终与恭亲王奕䜣等人一道，阻止了修园活动。

但在其子被立为皇帝之后，最初坚决反对修园的奕譞，变为挖空心思挪用海军经费修园的始作俑者。清末政治舞台上，利益决定立场就是这样富于戏剧性。铁甲舰和颐和园是一对矛盾体，对慈禧来说却并不矛盾。危机时用铁甲舰来维护统治，承平时用颐和园来享受统治，一切都是天经地义。所以她既主张大办海军，多购舰船，又对阻止她修园的大臣"喝滚出"，给予痛斥。

掌握数百万银饷的海军大臣奕譞，知道慈禧既要购舰也要修园的两个心病。他也有两个心病：既要保己也要保子。奕譞最终选择用海军经费作为协调利益的黏合剂：腾挪经费造一个园子，让慈禧住进去"颐养天年"，不但可巩固自己的政治地位，还能让政权早日转移到光绪帝手中。人们指责慈禧以海军换取颐和园，却忽略了更加隐秘的海军大臣奕譞的赌注：以海军经费换取光绪帝亲政，用满足慈禧心愿的方法实现自己的心愿。若说奕譞早想如此，也不尽然。毕竟他一直记得"庚申之变，大辱国家"。在一份奏折中，他表露出挪用经费时反复权衡的矛盾："钦工紧要，需款益急，思维至再。"

思忖再三之后定下的决心，更难改动。这个深陷官场利害的海军大臣，终于难以自拔。

奕譞开始挪款，前后表现十分矛盾。李鸿章加入挪款，矛盾表现得更加深刻。

李鸿章当年未处朝政中枢，却在反对修园上起了关键作用。他在直隶总督任上，抓捕受朝廷内务府指派筹集修园木材的奸商李光昭，严刑审讯，以"诈传诏旨"判处李光昭斩监候，令朝野大哗。以此案为契机，清廷诸重臣联衔上疏，慈禧的第一次修园活动才被终止。随后李鸿章上奏"停宫府不急之需，减地方浮滥之费，以裨军实而成远谋"。话虽婉转，也还是有些胆量的。为筹建海军，李鸿章奔走数十年，凡海疆大略、海防分区、舰船配制、港口泊位、炮台船坞、官兵俸饷、经费筹措等事，无不与谋。即使醇亲王奕譞以光绪皇帝生父身份入主海军衙门，要李鸿章"于存汇丰银行购买快船款内暂提银30万两，修三海工程"，他也推说"因购船尚不敷，请另指他处有著之款拨付"，予以婉拒。

但最终李鸿章还是加入了挪用海军经费的行列，甚至成为其中积极的筹措者。其所以如此，首先是他对自身政治地位的忧虑。李鸿章多年兴办洋务，在朝中政敌甚多。恭亲王奕䜣失势后，他更失去支撑的台柱。与恭亲王多年不和的奕譞入主海军，且光绪帝亲政在即，李鸿章不得不开始新的政治算计。他很快摸透了奕譞那两个心病，从而作出了抉择。在婉拒挪用汇丰银行买船款后不到一个月，李鸿章函请奕譞在亲政撤帘后继续主持海军，向醇亲王发出了明确的信号。五个月后因"南海工程款项不敷"，奕譞要李鸿章"指称创建京师水操学堂或贵处某事，借洋款七八十万之谱"，李鸿章立即办理，从德国银行借款500万马克，约合银90余万两，超出奕譞提出的数目。总理海军事务大臣奕譞欲以海军经费换取光绪帝早日亲政，会办海军事务大臣李鸿章则欲借海军重新获得一片政治庇荫。1888年，奕譞称万寿山工程用款不敷，要李鸿章以海军名义从各地筹款，李即分函两广总督张之洞、两江总督曾国荃、湖广总督裕禄、湖北巡抚奎斌、四川总督刘秉璋、江西巡抚德馨等，从各地筹到白银260万两，以利息供慈禧修园，完全跌入了挪款修园的行列。

李鸿章加入挪款行列的第二个原因，是对形势的错误估计。其本是清廷中最具危机感的大臣，1874年率先指出"泰西虽强，尚在七万里以外，日本则近在户闼，伺我虚实，诚为中国永远大患"；1881年又称"今之所以谋创水师不遗余力者，大半为制驭日本起见"。目标不能说不明确，警惕性也不可谓不高。但随着"定远""镇远"两艘铁甲舰的到来及北洋海军成军，作为中国近代海军创始人，在一片夸赞声中，李鸿章也开始飘飘然。1891年、1894年两次校阅北洋海军，他感觉"就渤海门户而论，已有深固不可摇之势"；"此后京师东面临海，北至辽沈，南至青齐，二千余里间，一气联络，形势完固"。1894年7月，大战爆发近在眼前，他仍然认为

"（海军）就现有铁快各艘……似渤海门户坚固，敌尚未敢轻窥。即不增一兵，不加一饷，臣亦差可自信，断不致稍有疏虞"，早年对日本的高度警惕变成了晚年的昏庸和麻木。1894 年 7 月 25 日，丰岛海战爆发，8 月 1 日中日宣战，直至 8 月 29 日，李鸿章仍奏报"海军力量以之攻人则不足，以之自守则有余"。战前水师提督丁汝昌要求配置速射炮，需银 60 万两，李鸿章声称无款。北洋舰队在黄海海战中战败，他才上奏说明海军款项分储各处情况："汇丰银行存银一百七万二千九百两"；"德华银行存银四十四万两"；"怡和洋行存银五十五万九千六百两"；"开平矿局领存五十二万七千五百两"。[16]总计 260 万两。无款的海军和藏款的李鸿章形成极其矛盾的对照。这个挖空心思为海军筹措经费的人，最终同样挖空心思"变通"挪用了海军经费。

到底有多少海军经费被挪用了，一直是笔糊涂账。传说是 3000 万两，显然夸大。较为接近的数字有两种：1200 万至 1400 万两；600 万至 1000万两。与其说这些经费是慈禧挪用的，不如说是奕譞、李鸿章等海军主持者拱手让出去的。当初筹建海军最力的人，后来腾挪海军经费最力。当初反对修园最力的人，后来别出心裁暂借、直拨、挪用、吃息筹资修园最力。

清末政治中这种极其矛盾复杂的现象，也出现在李鸿章的激烈反对派、暗讽慈禧"以昆明（湖）易渤海"的光绪皇帝师傅翁同龢身上。

翁同龢是甲午战争中著名的主战派，其父翁心存是同治皇帝的师傅。父子两人成为"两代帝师"，在朝中的影响可想而知。但就是这位激烈的主战派，和平时期却异常坚定地克扣、停发海军经费。当时颐和园工程用款最骤，翁同龢作为户部尚书，不设法去节省宫廷开支，反而将海军装备购置费停支两年，"所省价银解部充饷"，将这些钱用来缓解朝廷财政的紧张。翁同龢如此行事，既有多年与李鸿章深结宿怨的官场现实，又有满族中央权贵排斥汉族封疆大吏的朝廷背景。清朝末年，满族中央政权衰弱，汉族地方官僚崛起，办洋务、兴局厂、练新军、求自强，李鸿章是其中集大成者。在"帝师"翁同龢及一批满族中央权贵的眼中，北洋水师就是李鸿章的个人资本。削弱李鸿章，就要削弱这支舰队。所以限制北洋海军就是限制李鸿章、打击北洋海军就是打击李鸿章，成为这些人的共识。

"主战"与"主和"的争斗，不过是由承平延伸到战时的官僚倾轧。

斗来斗去，吃亏的只能是夹在中间的海军。

在没有认清那部庞杂腐朽的封建官僚机器之前，针对个人的结论往往是轻率的。奕𫍯、李鸿章、翁同龢三人，身份各异，观点各异，利害各异，却是晚清政治腐败的一个缩影。西方有人评论说："此大机器……其诸组之轮，不依一共同之方向而旋转，乃各依其私独之方向而旋转。"结果是在内外利害纵横交织、官场福祸蝇营狗苟的形势下，谁也不会将主要精力投入海军建设。外患未至，海军是政治角逐中的筹码；外患已至，方想起以海军为共同盾牌，却为时晚矣。一个政权将如此多的精力、财力用于内耗，自然就无法有效迎接外敌的强悍挑战。

一支在歌舞升平中悄然断送的海军，震惊中外的覆灭绝不仅归于船速炮速

危机面前的北洋海军能否一战？流行的说法是，自1888年后未添船购炮，北洋海军难以一战。难道真如大臣文廷式指责的那样，北洋海军糜费千万却不能一战？

先从软件方面看。首先，北洋海军建立之初参考西方各海军强国，制定了一套周密的规程。其中包括船制、官制、饷制、仪制、军规、校阅、武备等方面，组织规程完备，对各级官兵都有具体详尽严格的要求。其次，北洋舰队前期训练相当刻苦，监督甚严，"刻不自暇自逸，尝在厕中犹命打旗传令""日夜操练，士卒欲求离舰甚难，是琅精神所及，人无敢差错者"。此等严格的要求和训练，在文化素质上也使北洋官兵达到了较高水准。

再从硬件上说。"定远""镇远"两艘铁甲舰，直到大战爆发前，仍然是亚洲最令人生畏的军舰。两舰是当时世界比较先进的铁甲堡式铁甲舰，各装12英寸大炮四门，装甲厚度达14寸。黄海大战中两舰"中数百弹，又被松岛之十三寸大弹击中数次，而曾无一弹之钻入，死者亦不见其多"，皆证明它们是威力强大的海战利器。日本以此二舰为最大威胁，叹其为"东洋巨擘"，直到战时也未获得达到这样威力的军舰。

北洋舰队的装甲水平普遍超过日本舰队。日方统计资料记载黄海海战双方舰只装甲情况如下：

舰队 / 装甲	铁甲舰	半铁甲舰	非铁甲舰
联合舰队	1	2	8
北洋海军	6	0	8

火炮方面，据日方记载，200 毫米以上大口径的火炮，日、中两舰队为 11 门对 21 门，我方记载此口径火炮北洋舰队有 26 门。小口径火炮，北洋舰队也有 92 比 50 的优势。日方只在中口径火炮方面以 209 比 141 占优。因为中口径火炮多为速射炮，所以日方在火炮射速方面的优势明显。又因为大、小口径火炮北洋舰队的优势同样不小，所以不能说火炮全部是日方占优。

再看船速的比较。平均船速日舰快 1.44 节，优势并不很大。有人说北洋舰队 10 舰编一队，使高速舰只失速达 8 节，不利争取主动。其实日本舰队中也有航速很低的炮舰，舰队整体失速不在北洋舰队之下。

黄海大战前的北洋海军，从表面看软件硬件都具有相当实力。清廷正是出于此种自信，才在丰岛海战之后毅然对日宣战。

日本精心策划了这场战争。但碍于北洋海军，它也没有必胜的把握。首相伊藤博文在丰岛海战后对同僚说："似有糊里糊涂进入（战争）海洋之感。"日本当时制定了三种方案：甲，歼灭北洋舰队夺取制海权，即与清军在直隶平原决战；乙，未能歼灭对方舰队，不能独掌制海权，则只以陆军开进朝鲜；丙，海战失利，联合舰队损失沉重，制海权为北洋舰队夺得，则以陆军主力驻守日本，等待中国军队登陆来袭。

日本为胜利和失败都做好了准备。之所以如此，是因为感觉到自己海军力量不足。

首先，日本海军的投入少于清朝海军。从 1868 年至 1894 年 3 月，日本政府共向海军拨款 94805694 日元，合白银 6000 多万两，只相当于同期清廷对海军投入的 60%。

其次，联合舰队组建仓促。1894 年 7 月 19 日丰岛海战前六天，日本海军联合舰队刚刚编成，主力战舰多是 1890 年以后下水，舰龄短，官兵受训时间也短。相比之下，北洋海军 1888 年成军，舰队合操训练已经六年，多数官兵在舰训练时间达 10 年以上，这是日本联合舰队无法比拟的。

最后，舰只混杂，有的战斗力甚弱。据日方统计，联合舰队 12 艘军舰参加黄海海战，共计 40840 吨；北洋海军 14 艘军舰参战，共计 35346 吨（我方统计北洋舰队参战舰只 10 艘，未算开战后赶来增援的"平远""广乙"两舰及两艘鱼雷艇）。日方在总吨位上只是貌似强大。如"西京丸"，战前刚由商船改装，排水量 4100 吨，仅一门 120 毫米火炮，且船体大大高出水面，极易被击中。又如"赤城"舰，排水量 622 吨，航速 10 节，与"西京丸"并称为"羁绊手足、老朽迟缓之二舰"。再如"比睿"舰，是一条全木结构

甲午战争中中日黄海海战情景（刘建华／供图）

的老舰，三根高耸的木桅杆使它看上去更像中世纪的海盗船。

大战之前的中日海军，总体看中方的优势还稍大一些。

但当战场不再是操演场时，平日训练的差异立即显现了。

首先，面对逼近的敌舰，北洋舰队在布阵上陷入混乱。提督丁汝昌的"分段纵列、犄角鱼贯之阵"，到总兵刘步蟾传令后，变为"一字雁行阵"；随后针对日方阵列我方又发生龃龉，交战时的实际战斗队形成了"单行两翼雁行阵"；时间不长，"待日舰绕至背后时清军阵列始乱，此后即不复能整矣"。这种混乱致使今天很多人还在考证，北洋舰队到底用的什么阵形。

其次，还未进入有效射距，"定远"舰就首先发炮，不但未击中目标，反而震塌主炮上的飞桥，丁汝昌从桥上摔下严重受伤，首炮就使北洋舰队失去了总指挥。黄海大海战持续四个多小时，北洋舰队"旗舰仅于开仗时升一旗令，此后遂无号令"，一直在失去统一指挥的状态下作战。刘步蟾、林泰曾二位总兵，无一人挺身而出替代丁汝昌指挥。战斗行将结束，才有"靖远"舰管带叶祖珪升旗代替旗舰，升起的也是一面收队旗，收拢残余舰只撤出战斗而已。

最后，作战效能低下，击之不中，中之不沉。激战中掉队的日舰"比睿号"冒险从我舰群中穿过，与之相距400米的"来远"舰发射鱼雷，不中，让其侥幸逃出。目标高大的"西京丸"经过北洋海军铁甲舰"定远"舰，本已成射击靶标，"定远"发四炮，两炮未中；"福龙号"鱼雷艇向其连发三枚鱼雷，也无一命中，又侥幸逃出。日方600余吨的"赤城"舰在炮火中蒸汽管破裂，舰长阵亡，弹药断绝，大樯摧折，居然也不沉，再侥幸逃出。李鸿章平日夸耀的北洋海军"攻守多方，备极奇奥""发十六炮，中至十五"，在真枪实弹的战场上却踪影全无。有资料统计，黄海海战日舰平均中弹11.17发，而北洋各舰平均中弹107.71发。对方火炮命中率达我方9倍以上。

北洋舰队官兵作战异常英勇。其宁死不退、誓与军舰共存亡之气概，给外籍雇员都留下深刻印象。但对军人来说，胜利没有替代品。战场决定胜利，但战场不能孕育胜利。很多东西仅凭战场上的豪壮不能获得。最辉煌的胜利，只能在最琐碎枯燥、最清淡无味的承平时期孕育。

多种资料证明，北洋海军在一片承平的环境中，军风严重败坏。

《北洋海军章程》规定："总兵以下各官，皆终年住船，不建衙，不建公馆。"实际情况是，"自左右翼总兵以下，争挈眷陆居，军士去船以嬉"。水师最高指挥者丁汝昌，在海军公所所在地刘公岛盖铺屋，出租给各将领居住，以致"夜间住岸者，一船有半"。对这种情况，李鸿章睁只眼闭只眼。直到对日宣战前一日，他才急电丁汝昌，令"各船留火，官弁夜晚住船，不准回家"。

章程同样规定不得酗酒聚赌，违者严惩。但"定远"舰水兵在管带室门口赌博，无人过问，连丁汝昌也厕身其间："有某西人偶登其船，见海军提督正与巡兵团同坐斗竹牌也。"

清廷的《钦定兵部处分则例》规定，"官员宿娼者革职"。但"每北洋封冻，海军岁例巡南洋，率淫赌于香港、上海"。威海之战后期，"来远""威远"舰被日军鱼雷艇夜袭击沉，"是夜来远管带邱宝仁、威远管带林颖启登岸逐声妓未归，擅弃职守，苟且偷生"。

章程规定的舰船保养也形同虚设，保养经费普遍被挪作他用。英国远东舰队司令斐利曼特谈过他的观感："中国水雷船排列海边，无人掌管，外则铁锈堆积，内则秽污狼藉；使或海波告警，业已无可驶用。"北洋舰队后期实行"行船公费管带包干"，节余归己，更使各船管带平时惜费应付，鲜于保养维修，结果战时后果严重。"致远""靖远"两舰截门橡皮年久破烂，一直未加整修，致使两舰中炮后速即沉没。

至于舰船不作训练而用于他途，已不是个别现象了。"南洋'元凯'、'超武'兵船，仅供大员往来差使，并不巡缉海面"；北洋则以军舰走私贩运，搭载旅客，为各衙门赚取银两。这种风气下，舰队内部投亲攀友，结党营私。海军大半闽人，水师提督、淮人丁汝昌"孤寄群闽人之上，遂为闽党所制，威令不行"。甚至在黄海之战后，"有若干命令，船员全体故意置之不理"，提督空有其名，闽党之首刘步蟾则被称为"实际上之提督者"。"粤人邓世昌，素忠勇，闽人素忌之"，"致远战酣，闽人相视不救"。这支新式军队的风气，很快与八旗绿营的腐败军风相差无几。

舰队腐败风气蔓延，训练中弄虚作假、欺上瞒下。每次演习打靶，都"预量码数，设置浮标，遵标行驶，码数已知，放固易中"。以威力强大的假象，博取官爵利禄的实惠。最后发展到大战之前，"定远""镇远"两艘铁甲舰主炮的战时用弹仅存三枚（"定远"一枚，"镇远"两枚），唯练习弹"库藏尚丰"。一年前李鸿章已知此事，"令制巨弹，备战斗舰用"，却一直无人落实。战争迫在眉睫，如此重大缺口，既不见定、镇二舰两位总兵刘步蟾、林泰曾向丁汝昌报告，也不见丁汝昌向李鸿章报告。直至北洋舰队全军覆灭，定、镇二舰主炮到底有几枚战时用弹，人人讳莫如深。如此巨大的疏忽，使北洋海军大口径火炮优势顿成乌有。不排除这种可能性：海战中二舰之主炮绝大部分时间内，一直在用练习弹与敌舰作战。

军风腐败，战时必然要付出高昂代价。力图隐瞒这一代价，就要谎报军情。

丰岛海战，"广乙"舰沉没，"济远"舰受伤，北洋海军首战失利。丁汝昌却报李鸿章，"风闻日本提督阵亡，'吉野'伤重，中途沉没"。

黄海海战，丁汝昌跌伤，舰队失去指挥，是我方仓促开炮、震塌飞桥的结果，却上报成"日船排炮将定远望台打坏，丁脚夹于铁木之中，身不能动"。丁汝昌还向李鸿章报称"敌忽以鱼雷快船直攻定远，尚未驶到，致远开足机轮驶出定远之前，即将来船攻沉。倭船以鱼雷轰击致远，旋亦沉没"。实则日方舰队中根本没有鱼雷快船，致远在沉没前也未曾"将来船攻沉"。

此战，北洋海军损失"致远""经远""扬威""超勇""广甲"五舰，日舰一艘未沉。李鸿章却电军机处"我失四船，日沉三船"；又奏："此次据中外各将弁目击，攻沉倭船三艘。而采诸各国传闻，则被伤后沉者尚不止此数。内有一船装马步兵千余，将由大孤山登岸袭我陆军后路，竟令全军俱覆。"[17]一场我方损失严重的败仗，却被丁、李二人形容为"以寡击众，转败为功"，而且"若非济远、广甲相继遁逃，牵乱全队，必可大获全胜"。清廷也以为"东沟之战，倭船伤重"，"沉倭船三只，余多受重伤"，给予大力褒奖。一时间除参战知情者外，上上下下跌进自我欺骗的虚假光环之中。不能战，以为能战；本已败，以为平，或以为胜，严重加剧了对局势的误判。

直至全军覆灭那一天，谎报军情亦未曾中止。1894 年 11 月，铁甲舰"镇远"返回威海时触礁，"自船后伤及机器舱，裂口三丈余，宽五尺"，舰长林泰曾深感责任重大，自杀身亡。这样一起严重事故，经丁汝昌、李鸿章层层奏报，变成"镇远擦伤"，"进港时为水雷浮鼓擦伤多处"。清廷真以为如此，下谕旨称"林泰曾胆小，为何派令当此重任？"

有的谎报军情，使作战计划都发生改变。1895 年 2 月，鱼雷艇管带王平驾艇带头出逃，至烟台后，先谎称丁汝昌令其率军冲出，再谎称威海已失。陆路援兵得讯，撤销了对威海的增援。陆路撤援，成为威海防卫战失败的直接原因。

越是处境艰难，越考验军风军纪。北洋海军在威海围困战后期，军纪荡然无存。

首先是部分人员不告而别，"北洋海军医务人员，以文官不属于提督，临战先逃，洋员院长，反而服务至最后，相形之下殊为可耻"。

其次是有组织的大规模逃逸。1895 年 2 月 7 日，日舰总攻刘公岛，北洋海军 10 艘鱼雷艇在管带王平、蔡廷干率领下结伙逃跑，"逃艇等同时受我方各舰、岸上敌兵及口外敌舰轰击"，最后"或弃艇登岸，或随艇搁浅，为日军所掳"。一支完整无损的鱼雷艇支队，在战争中毫无建树，就这样丢脸地毁灭。

最后发展到集体投降。"刘公岛兵士水手聚党噪出，鸣枪过市，声言向提督觅生路"；"哨兵已不在岗位，弁卒多离营垒"；营务处道员牛昶炳请降；刘公岛炮台守将张文宣请降；备补海军提标中军参将、山东候补道严道洪请降；"各管带踵至，相对泣"。面对全军崩溃的局面，丁汝昌"乃令诸将候令，同时沉船，诸将不应。汝昌复议命诸舰突围出，亦不奉命。军士露刃挟汝昌，汝昌入舱仰药死"。官兵"恐取怒日人也"，不肯沉船，使"镇远""济远""平远"等 10 艘舰船为日海军俘获。显赫一时的北洋舰队，就此全军覆灭。战前，英国远东舰队司令评论北洋海军"观其外貌，大可一决雌雄于海国"。亲历战斗全过程的洋员泰莱事后说："如大树然，虫蛀入根，观其外特一小孔耳，岂知腹已半腐。"

军风至此，军纪至此，不由不亡。

一支被人惋惜了 100 多年的海军，对其教训的挖掘往往又伴随着掩埋

中日甲午战争，是近代史以至现代史上，中国军队与入侵之外敌交战时武器装备差距最小的一次战争。它又是近代以至现代史上，中国军队败得最惨的一次战争。鸦片战争之后，国人皆知西方专恃坚船利炮，无坚船利炮要割地赔款。北洋成军，船不可谓不坚，炮不可谓不利，为什么反而更大规模地割地赔款？巨额军饷堆砌起来的海军禁不起一战，原因何在？

从失败那一刻起，当事者就开始诿过别人，洗刷自己。

丁汝昌曾向李鸿章报告说，"若非济远、广甲相继遁逃，牵乱全队，必可大获全胜"，认为败战就因个别将领的怯懦逃跑。

李鸿章则间接诿过于清廷："平时请款辄驳诘，临事而问兵舰，兵舰果可恃乎？"这是最早的经费不足失败论者。

清廷则将责难集中在李鸿章身上，"满朝文武，均议李鸿章应负陆海军战败之全责，并令拔去三眼花翎，褫夺黄马褂"，以为李鸿章只知避战保船，导致战败。

这些观点直至今日仍在延续。

不妨提出几种假设。

假设一：北洋水师皆有邓世昌之勇，如何？

自从战争与人类社会相伴以来，还没有哪一种力量像海军这样尤其检验一支军队的整体实力，也没有哪一种兵器像军舰这样，每一个战斗动作的质量都是全体成员战斗动作质量的总和。

同治年间，有人仔细观察过西方海军的训练："……每船数百人，终日寂然无声。所派在船分段分查者，持枪往来，足无停趾。不但无故无一登

"致远"舰管带邓世昌（二排左四）与船员合影（俄国庆／供图）

岸者，即在船亦无酣嬉高卧之人。枪炮、器械、绳索什物，不惜厚费，必新必坚。终日淬砺，如待敌至。即炮子之光滑，亦如球如镜；小大合膛，加以规算测量，故其炮能致远中命。虽王子贵人，一经入伍，与齐民等，劳苦蠢笨事皆习为之。桅高数丈，缘索以登，必行走如飞。尽各兵之所能，方为水师提督。行伍之中，从无一官一兵可以幸进。"真正的战斗力，只有产生于这样严密的组织、严格的训练、严谨的作风形成的整体合力。一支平素疏于训练却精于应付的舰队，战时无论怎样英勇，也难形成整体合力。

假设二：北洋水师经费充足，多添快船快炮，如何？

持这样想法的人，仍以为北洋舰队败于装备性能，败于经费不足。同是主力舰，只备有一两枚主炮实弹作战的海军，给它再强的兵器也归于无用。同是鱼雷艇，我方管带王平、蔡廷干冒死率艇冲出港外争相逃命、丢脸毁灭之时，日方艇长铃木贯太郎却冒死率艇冲入港内，创下了世界近代海战史上鱼雷艇首次成功夜袭军舰的战例。其中的差距，不是船速炮速能弥补的。单就军事来说，甲午海战中最令人铭心刻骨的结局，莫过于在庞大的北洋海军舰队整体覆灭的同时，对方舰只竟然一艘未沉。仅此一点，任何经费短绌方面的探索、船速炮速方面的考证，在残酷事实面前都成了苍白无力的开脱。

假设三：北洋水师多运用谋略，少去死打硬拼，又如何？

北洋海军从始至终都在失败地运用谋略。李鸿章"以夷制夷"的手法贯穿战争始终。在外交上，他殚精竭虑地疏通英、俄、德，妄图用它们钳制日本。在军事上，更费尽心思，增援朝鲜的运兵船雇佣英轮"高升"号，以为日舰不敢开炮。北洋舰队总教习用德国人汉纳根、英国人马格禄，二人并非海军出身，李鸿章考虑这样既争取英、德两大国关照，又不致将舰队指挥权落入外人之手。思虑、算计不可谓不深，但现代战争从头到尾是实力的较量，包括兵力、兵器，更包括人的勇气、意志、素质。以心术支撑的谋略哪怕再高再深，在实力冲撞面前不过是画饼充饥而已。

甲午之败，腐败使然。从慈禧、光绪帝到奕谮、李鸿章、翁同龢，再到丁汝昌、刘步蟾等人，可以算一下，在日本联合舰队开炮之前，有多少人参加了埋葬这支舰队的工作。他们有的是海军筹建者，为成立北洋海军上下呼吁、四处奔走；有的则是舰队指挥者和战斗参加者，最终随战舰的沉没而自杀身亡；有的至今仍然受到我们的尊敬。他们的悲剧何尝仅仅是个人的悲剧？在政治腐败、军纪废弛的社会环境中，一切都因循往复，形成一个互为因果的恶性循环锁链：政权建立了军队，又腐蚀着它；军队维护着政权，又瓦解了它。在这一过程中，它们互为牺牲品。

对当今的军人来说，甲午战争一个再大不过的教训就是：武器本身并不是战斗力，哪怕是再先进的武器。任何武器的效用，必须通过人及其组织去实现。从这一点来说，北洋海军的失败实属必然。

"四万万中国人，一盘散沙而已"

近代中国历经苦难。历次中外战争，我们几乎没有胜过，一败再败。第一次鸦片战争失败，第二次鸦片战争接着又失败，1894 年的甲午战争再败。战败之后，被迫一次次签订丧权辱国的不平等条约。

第二次世界大战中，德国发动了对苏联的进攻，代号巴巴罗萨计划。希特勒说：苏联就是破茅草房子，我一脚就能踹倒它。结果希特勒打算错了，非但没有踹倒苏联，反而把自己的腿踹断了。但中国当时就是这么一间破茅草房，不管谁上来，一脚就踹倒了。我们弄个梁柱支起来，再上来一脚又踹倒。再支起来，又被踹倒。

1900 年，八国联军入侵北京的时候，我们达到空前的虚弱。八国联军中，日军最多，8000 人，俄军 4800 人，英军 3000 人，美军 2100 人，法军 800 人，奥地利军人 58 个，意大利军人 53 个，满打满算 18811 人。还有 7000 德军在海上，来不及赶到。就这么点兵力，10 天之内攻陷北京。而北京一带有清军十五六万人，义和团五六十万人。我们挡住了没有？没

八国联军开进紫禁城（海峰／供图）

有挡住啊。中国近代以来这种衰弱、这种无力达到了极致。

"庚子赔款"，达到空前的 4.5 亿两白银。"庚子赔款"之后，美国总统西奥多·罗斯福同意把美国所得的部分赔款返还给我们，用于留美学务和兴办留美预备学校（即清华学堂，后来发展成了今天著名的清华大学）。所以，很多人对西奥多·罗斯福印象不错。但是西奥多·罗斯福极度看不起中国。他曾说：

> 要是我们重蹈中国的覆辙，自满自足，贪图自己疆域内的安宁享乐，渐渐地腐败堕落，对外部事物毫无兴趣，沉溺于纸醉金迷之中，忘掉了奋发向上、苦干冒险的高尚生活，整天忙于满足肉体暂时的欲望，那么毫无疑问，总有一天我们会突然面对中国今天已经出现的这一事实：畏惧战争、闭关锁国、贪图安宁享乐的民族，在其他好战、爱冒险民族的进攻面前，肯定是要衰败的。

近代以来，我们总说我们的对手如何野蛮、如何凶残，却很少检讨自己为什么这么虚弱，为什么谁都想打我们一下，谁来了我们都无法有效抵抗。我们近代又出了什么问题，问题出在哪里了？

看看 1900 年八国联军攻占北京时的照片吧。那么多中国人帮着八国联军的辎重部队推小车。只要你给钱，就可以跟你干，哪有什么国家观念、民族观念？八国联军攻到了北京。北京城高池厚，八国联军攻不进来。有附近居民向八国联军提供消息：广渠门下水道没有设防。于是，八国联军从广渠门下水道鱼贯而入。八国联军人数不多，顺着土坡、斜坡，呈散兵队形排队往上爬。而周围那么多中国民众揣着手，站在旁边麻木观看。

九一八事变，日本关东军只有 1.9 万人，而东北军有 19 万人。结果中国军队一天丢掉奉天（今沈阳），一周丢掉辽宁，四个多月东三省沦陷。

七七事变，日本华北驻屯军有多少人？日本自己统计是 5800 人，我们统计的最高数字是 8400 人，而宋哲元的第二十九军有 10 万人。结果前后只一个月时间，华北即沦陷。中国之虚弱，无与伦比。

所以孙中山讲，四万万中国人，一盘散沙而已。数量不能提供力量。如果没有凝聚力的话，人再多也是一盘散沙，数量再大也没有意义。

注 释

1. 邹元初编著:《中国皇帝要录》，海潮出版社 1991 年版，第 635 页。

2. 中国第一历史档案馆编:《鸦片战争档案史料》第一册，上海人民出版社 1987 年版，第 470 页。

3. 同上书，第 742 页。

4. 《魏源全集》第三卷，岳麓书社 2004 年版，第 459 页。

5. 同上。

6. 中国第一历史档案馆编:《鸦片战争档案史料》第三册，天津古籍出版社 1992 年版，第 10—11 页。

7. 同上书，第 368 页。

8. 倭仁:《倭文端公遗书》第二册，光绪二十年刊本。《清史稿·倭仁传》所载，文字与此略有出入，因《清史稿》所载为奏疏大略。

9. 中国史学会主编:《中国近代史资料丛刊·第二次鸦片战争》第五册，神州国光社 1954 年版，第 48—49 页。

10. 中国史学会主编:《中国近代史资料丛刊·中日战争》第三册，新知识出版社 1956 年版，第 16—17 页。

11. 故宫博物院明清档案部编:《义和团档案史料》上，中华书局 1959 年版，第 162—163 页。

12. [法] 孟德斯鸠:《孟德斯鸠法意·按语》上册，严复译，商务印书馆 1981 年版，第 87 页。

13. 中国史学会主编:《中国近代史资料丛刊·洋务运动》第一册，上海人民出版社 1959 年版，第 34 页。

14. 中国史学会主编:《中国近代史资料丛刊·洋务运动》第三册，上海人民出版社 1959 年版，第 65 页。

15. 窦宗仪编著:《李鸿章年（日）谱》，国家图书馆出版社 2011 年版，第 181 页。

16. 顾廷龙、戴逸主编:《李鸿章全集》15，安徽教育出版社 2008 年版，第 465 页。

17. 顾廷龙、戴逸主编:《李鸿章全集》34，安徽教育出版社 2008 年版，第 449 页。

第二章

历史选择

胜利不是来自神的赋予

从百年历史命题看历史的选择

今天，有一个我们耳熟能详的词汇，叫作"两个一百年"。这是1997年党的十五大提出来的，是我们的奋斗目标。第一个百年奋斗目标是指到建党100年的时候全面建成小康社会，这个目标已经实现；第二个百年奋斗目标是指到中华人民共和国成立100年时，把我国建成富强民主文明和谐美丽的社会主义现代化强国。

我们常说，是历史选择了中国共产党。我认为，要理解这个命题，我们就要放宽眼界，再多看一个"一百年"，那就是从1840年到1949年这100多年的历史。

概括中国近代以来的坎坷历史，主题就是救亡、复兴。为什么要救亡？因为不救，国家就要亡了，中华民族就要灭了，也就是历史教科书上常说到的"亡国灭种"的危机。为什么要复兴？简单地说就是因为我们曾经兴盛过几千年，复兴就是要在完成救亡使命后，让国家重新兴盛起来。

可以说，从1840年到1949年，这100多年的命题就是救亡——挽救中华民族命运于危亡。但是，这条道路充满了坎坷与曲折。为了完成救亡的使命，多少先进的中国人前仆后继，但是纷纷失败了。我们看看：

1839 年，林则徐主持禁烟，受到道光帝嘉奖，但不久就被作为"替罪羊"革职流放。他的朋友魏源提出"师夷长技以制夷"的口号，但没有引起多大的注意，反而是启发了日本人，促进了他们的明治维新。

1851 年到 1864 年，洪秀全等人领导了轰轰烈烈的太平天国运动，一度占据了东南半壁江山。太平天国运动晚期，干王洪仁玕撰写了《资政新篇》，经天王洪秀全批准正式颁行。这是中国人提出的第一个发展资本主义的近代化纲领，但在当时的战争环境里，这个纲领还来不及实行，太平天国运动就失败了。

再看太平天国运动的对立面。曾国藩、李鸿章、左宗棠等人在镇压太平天国运动的过程中，发现了洋枪洋炮的好处，提出"自强"的口号，开展洋务运动。可是，随着甲午海战中国军队的失败，洋务运动也以失败告终。

甲午战争的失败又惊醒了一批先进的中国人，康有为、梁启超认为需要进行制度上的变革，于是发起了戊戌变法运动。然而，变法只是昙花一现，只搞了 103 天，就被守旧势力彻底摧毁，六君子横尸法场，康梁逃亡海外。

就在康梁搞戊戌变法的同时，对清政府失去信心的孙中山已经在领导革命了。不能不说，孙中山领导的革命派是坚决的，也是不怕死的。他们发动过 10 多次起义，最终取得武昌起义的成功。辛亥革命虽然推翻了 2000 多年的封建统治，但是成果却被北洋军阀篡夺。中华民国成立刚刚六年，就出现了两次复辟帝制的运动。各地的军阀混战不已。有人说，革命推翻了一个皇帝，却造出更多的"土皇帝"来。老革命党人、武昌起义领导人之一蔡济民将军悲愤地感叹："无量头颅无量血，可怜购得假共和！"中国走向复兴的努力又一次失败了。

中国共产党就是在军阀混战、民不聊生的时代诞生的。成立中国共产党的目的，就是要完成救亡的使命，带领中国走向复兴。但是这条道路是无比艰难的，中国共产党人付出了更多"头颅"和"血"，前后奋斗了 28 年，

辛亥革命期间，孙中山在新加坡与参加黄花岗起义的同盟会同志合影（吴雍 / 供图）

才最终完成救亡使命，迎来了新中国成立。至此，百年救亡的命题才算是打了一个结。

历史选择了中国共产党。什么是"历史的选择"？首先是人们的意志必须顺应历史的潮流，必须符合历史的发展规律；其次是人们在历史的发展中要有自觉的能动性，要有正确的追求，也就是我们常说的历史自觉。

中国共产党做到了，所以成功了。这是不以任何人的意志为转移的历史辩证法的胜利，是历史发展客观规律的胜利。

当然，这个客观规律不是直接就摆在中国共产党人面前的。习近平总书记在党史学习教育动员大会上的重要讲话中，有一句给我留下极为深刻的印象。他说："世界上没有哪个党像我们这样，遭遇过如此多的艰难险阻，经历过如此多的生死考验，付出过如此多的惨烈牺牲。"回首百年党史，中国共产党人在历史的航道上不断摸索的过程，就是这样一个历经曲折、坎坷与牺牲的过程。

今天，我们庆祝中国共产党成立100周年，绝不仅仅是为了歌颂党的光荣伟大政绩，更重要的是继续肩负党的使命。实现中华民族伟大复兴的历史使命，依然是我们今天的重大命题。

"沉舟侧畔千帆过，病树前头万木春。"中国共产党人必须时刻牢记历史使命，不断前进！

前100年救亡，后100年前行；前100年历经坎坷，后100年依然坎坷……但是，中国共产党从来没有放弃自己根本的追求。

试看未来的寰球，必是赤旗的世界！这一天已经到来，李大钊可以瞑目了！

从1921年到2021年，社会主义没有辜负中国！中国共产党也没有辜负社会主义！

没有共产党，就没有新中国！中国共产党，是人民的选择，更是历史的选择！

奋进新时代，永远跟党走！

只有社会主义才能救中国

　　社会主义来到中国，从被中国人认识、理解，到成立以共产主义为奋斗目标的政党——中国共产党，发展成为在中国掀起一场彻底改变国家民族命运的革命运动，最终在中国建立起社会主义制度，是经历过一段很长、很艰难的历程的。

　　我们知道，从鸦片战争中国的国门被坚船利炮打开后，列强强加给中国非常多的丧权辱国条约，中华民族从此跌入历史低谷。李鸿章说，这是"三千年未有之变局"。为什么这么说？中国历史上遭受劫难动荡的时代不是没有，三国鼎立、五代十国，都是国家分裂、战乱频仍、民不聊生的时代，可是都能靠着中华文明自身的力量重新统一起来，建立强大的帝国。但是这一次不同了，中华民族面对的挑战，是以前从来没有过的。

　　鸦片战争后的中国，就像一个病情越来越严重，直至病入膏肓的人。有病就得吃药，病急了还会乱投医，什么药都想吃一下，万一有效呢？于是，近代以来救国的"药方"层出不穷，不管正方、偏方，一起上。我们看看近代以来人们给中国开的"药方"：

　　林则徐、魏源、龚自珍等人认为，中国"器不如人"，提倡"师夷长技以制夷"。可在当时的历史条件下，应者寥寥。

　　洪秀全、杨秀清等人用的是中国历代用过2000多年的办法——农民起义。到后期，洪仁玕写出《资政新篇》，还给这次起义增加了一点近代化色彩。结果如何呢？太平天国奋斗了十几年，最终被剿杀。

　　曾国藩、李鸿章、左宗棠觉得，中国万事皆在西人之上，唯独制器不行。那么怎么办？那就接着"师夷长技以制夷"吧。"夷人"的"长技"不过是机器制造和科学技术，于是他们从这两个方面入手搞洋务运动。从1861年开始，一直搞到1894年。最后，甲午战争失败宣告了洋务运动的破产。

　　这时候，另一批先进的中国人来了。他们是以康有为、梁启超等为代表的、拥护清朝的知识分子。他们觉得，洋务派错了，中国不是"器不如人"，而是"制不如人"。怎么办呢？那就改良制度，实行君主立宪吧。然而，康梁发起的戊戌变法，前后不过100多天就失败了。由既得利益的封建势力占统治地位，谁让你搞维新变法？

　　接下来，就是孙中山的辛亥革命了。革命派认为，维新派靠着清朝皇帝变法是不成的，要改造中国的制度层面，就要进行根本性改造，推翻2000多年的封建统治，建立民主共和制度。这在当时是多么伟大的创举啊！现在试想，当初中国要是走向共和该多好啊，省得后来那么多战乱，那么多运动，那么多革命，那么多流血！但是，这只是理想主义的假设，而历史是不能够假设的。中国为什么没能真正走向共和？因为封建势力太强大了，帝国主义太不希望中国建立真共和了。于是，帝国主义一扒拉，从封建势力的队伍里选出一个袁世凯，帮他篡夺了辛亥革命的成果。

　　袁世凯干了不到四年就死了。怎么死的？想当皇帝没当成，被气死的。他为什么想当皇帝？我们说，这主要是因为他的个人野心，也有不适应当时那种共和制度的因素在内。当时成立了一个力推袁世凯当皇帝的组织，叫作筹安会。筹安会的组织者叫杨度，他写了一篇在当时影响很大的文章，叫《君宪救国论》，力主在中国实行君主立宪，那么皇帝自然是袁世凯了。这位杨度很有才，革命派的孙中山、立宪派的梁启超都非常器重他。后来，杨度加入了中国共产党，为党组织在上海的地下斗争作出过贡献。就是这样的人，对辛亥革命建立的共和制度都不看在眼里。

　　袁世凯为了称帝，还请了几位外国顾问，比如，美国的古德诺教授、日本的有贺长雄教授，他们当时都是国际知名的政治学家、法学家。他们从学理上帮助袁世凯论证，中国更应该实行帝制。袁世凯复辟失败后，这些学者也闹得灰头土脸。他们不明白，中国共和搞不好，帝制也不行，到底该怎么办呢？

　　从袁世凯死去到国民党上台，中国还有12年的时间来充分地实验民主共和这个体制。可惜的是，实验没有成功。在这12年的时间里，中央

辛亥革命的果实最终被以袁世凯为首的北洋军阀窃取。图为 1912 年 3 月，袁世凯在北京就任中华民国临时大总统（张庆民 / 供图）

走马灯似的换政府，内阁频繁改组，可谓"你方唱罢我登场"。

那时的国家元首叫"大总统"，到后来都没法用这个名字了。段祺瑞上来叫"临时执政"，意思是现在中国没有元首，我临时干一会儿；张作霖上来叫"陆海军大元帅"，意思是我手里有钱有枪有地盘，我就是国家元首了。地方上呢？更是混乱不堪，到处是军阀混战。直皖战争后，又发生了两次直奉大战，无非是为了抢地盘、扩充实力。结果弄得生灵涂炭，人民困苦不堪。

可以说，北洋政府之黑暗，尤甚于晚清。毛泽东 1919 年发表的《民众的大联合》，开篇就说："国家坏到了极处，人类苦到了极处，社会黑暗到了极处。"这是一个生活在那个时代的知识分子发出的感同身受的呼声。先进的中国人发现，不是说民主共和就万事大吉了，要救国，还要继续找"药方"。找什么新"药方"呢？这时一部分人开始认识到，我们不仅仅是"器不如人""制不如人"，我们在思想文化领域也出了问题。于是，就有了1915年开始的新文化运动，有了五四运动，有了中国共产党的成立。

五四运动前后，各种新思潮涌入中国，各种各样的"主义"摆在中国人的面前。那时候，好像就是这样的景象：历史把多种"主义"摆出来，告诉中国人，你们选吧。选对了，你们能救中国；选错了，你们就继续黑暗下去。

选择的过程也是艰难的。比如，无政府主义的影响力一度比社会主义大，刘师复、吴稚晖、李石曾等原先追随孙中山的人都宣扬无政府主义，陈延年、陈乔年这些后来的著名共产党人，甚至包括毛泽东在内，早期都短暂地接受过无政府主义。又如，国家主义也曾在青年中产生过很大影响。在留法勤工俭学的中国学生中，信仰国家主义的人和信仰马克思主义的人曾发生过激烈的冲突。后来，国家主义派组织了一个中国青年党，成为蒋介石国民党的附庸。五四时期的新思潮还有实验主义、新村主义、工团主义、民粹主义，等等。

1928年，国民党建立起名义上的全国统治之后，标榜实行三民主义。其实他们连孙中山提出的"联俄、联共、扶助农工"的三大政策都抛弃了，证明三民主义也破产了。20世纪30年代，意大利和德国先后建立起法西斯统治，对蒋介石有很大的吸引力。他也见样学样，在中国建立法西斯统治。1932年，蒋介石指使一批黄埔系亲信，建立了一个名为"中华民族复兴社"的组织，蒋介石自任社长。复兴社的名字虽然好听，但实际上强调的是"一个主义、一个政党、一个领袖"，建立的是不叫"法西斯"的法西斯统治。1934年，张学良从欧洲考察归国后，见到蒋介石也谈法西斯，他认为法西斯很有用，希望蒋介石做国家唯一的领袖。

从上面的叙述中我们可以看出，我们在选择社会主义之前，不是没有作过别的选择，而是选择过很多种"主义"。换句话说，面对民族危亡，我们是什么"药方"都试验过了，什么招数都使用过了。各种各样的主义都有人在尝试，在推广。但结果如何呢？历史给过清政府机会，给过袁世凯机会，给过国民党机会，让他们试验他们的"主义"，但中国依旧贫弱如故。

社会主义刚传到中国时，看好的人并不多。但是，历史证明社会主义是一个有效的"药方"，信仰社会主义、为实现社会主义而奋斗的人才多起来。不少共产党人，起初都是追随孙中山搞革命的。像朱德、董必武、林伯渠、吴玉章等人，都曾是孙中山领导的同盟会的会员。他们后来抛弃三民主义，是因为社会主义能给他们什么好处吗？不是的，恰恰相反，他们要抛弃很多原来得到的荣华富贵，到一个前所未有的艰苦环境中去奋斗。他们为什么那么做？因为社会主义能够救中国。林伯渠回忆说："辛亥革命前觉得只要把帝制推翻便可以天下太平，革命以后经过多少挫折，自己所追求的民主还是那样的遥远，于是慢慢地从痛苦经验中，发现了此路不通，终于走上了共产主义的道路。这不仅是一个人的经验，在革命队伍里是不缺少这样的人的。"[1]

我们说，只有社会主义能够救中国，并不是说社会主义是一个幸运儿，而是我们反反复复选择之后的结果。

"我们从哪儿来"
——回到中国共产党的起点看百年党史

2021年，我们庆祝中国共产党成立100周年。一个人，一生中有100岁生日挺不简单的，因为人的岁数大多不超过百岁。能赶上党的百年华诞，是我们的幸运。但是这个百年和人的百岁不一样。有人说我们党已经是"百年老店"了，或者说我们党是"百岁老人"了，这都不大合适——我们党是百年大党。

为什么说是百年大党？因为这个党领导人民推翻了"三座大山"，解放了全世界近四分之一的人口，带领中国经济走向全球第二。这个党在最艰难的时刻，为社会主义事业注入全新活力。20世纪末，柏林墙倒塌，苏联解体，有人觉得社会主义完了。美国学者福山写书说"历史终结了"，人类历史终结在西方自由资本主义制度了。当时，谁能想到中国特色社会主义异军突起？所以，真正挽救社会主义的是中国共产党。

我们党现在有 9600 多万党员，是名副其实的世界第一大政党。9600多万，一个国家人口达到这个数字，都是一个大国。现在，正是这个大党的价值体系和制度活力影响并重塑国际秩序。这个党不仅仅是学习模仿的对象，也为世界提供了一种新的价值观、新的制度活力。尤其在抗击新冠肺炎疫情斗争中，这种价值观和制度活力给全世界留下了非常深刻的印象。

过去，西方国家特别喜欢拿中国与印度作对比，说中国是社会主义集权，印度是西方自由民主。现在，这两个国家的经济发展水平已经没法比了，差得太多了。从社会管理上看，两国的差距之大也令世界震惊。2020年新冠肺炎疫情发生后，中国迅速发挥制度优势，控制住了疫情扩散的趋势，而印度身陷疫情泥潭无法自拔。这两种体制的优劣显而易见。

你看，1921 年中国共产党成立时，全党只有 50 多名党员。今天，我们党有 9600 多万党员。2017 年党的十九大召开当天，曾经有人在网上发了个搞笑的帖子，说中国共产党是"中国最牛创业团队"。帖子里说：

1921 年 7 月注册成立公司，靠一个共产主义 BP 拿到苏联天使 A 轮投资，遭遇数次破产危机，终于在遵义选出天才 CEO，历经艰辛打败西方跨国公司和国内强有力的竞争对手，终于 1949 年 10 月 1 日成功在北京上市。经过 96 年历届管理层的经营，去年全年营收 80 多万亿，市值是 1000 万亿，居全球第二，有望成为全球第一。今天公司举行第 19 届董事会，预祝大会圆满成功。

我们看了都觉得很有趣。把一个大党比喻成一个公司，这是今天网友们的幽默。其实，这种幽默不仅仅属于这些网友，当年毛泽东也用这种暗语给李达写过信。李达，号鹤鸣，是中共一大代表。1948 年 11 月，毛泽东派人给在湖南大学任教的李达带去密信，邀请他来解放区。他在信中说，"吾兄系本公司发起人之一，现公司生意兴隆，盼兄速来参与经营"。看看，毛泽东也用公司形容政党。

我想起习近平总书记的话：要弄清楚我们从哪儿来、到哪儿去。我们这样一个 9600 多万党员的大党，我们从哪儿来的？我们是从上海那座石库门房子里、从南湖那条红船上走来的。1921 年十几个人在那儿开的会，成立一个叫"中国共产党"的组织。本来，不一定叫中国共产党的，可以叫中国劳动党，或者叫工人党、社会党、社会民主党。到底叫什么名字呢？两位建党先驱——"南陈北李"，上海的陈独秀，北京的李大钊，他俩共同商定，就叫中国共产党。

今天，有的宣传片这样描绘中国革命：一道红色霞光从南湖射出，然后一条红色飘带，飘到井冈山，飘到延安……中国革命取得了巨大胜利。我觉得，这样的描绘既浪漫又豪壮，但是缺少了点什么。缺少的是什么呢？就是当年建党的艰难。要知道，中国共产党是在秘密条件下成立的，刚成立时，没多少人看好这个党。

你看看，中共一大召开时，两位建党的发起人——陈独秀和李大钊，都没去参加。要知道，他们两人可是建党的中坚人物啊，是这个党不折不扣的创始人。他们为什么不去参加？现在说起来让人觉得有些不解：陈独秀自己回忆，当时他在广东省政府任教育委员会委员长，正在盯一笔建校舍用的贷款，他走了，贷款就不好办了。李大钊为什么也没去参加呢？因为当时北洋政府停发了北京八所高校教职员工的薪金，八所高校联合成立了教职员代表联席会议，李大钊是代理主席，整天忙着带领教师们追讨薪金，所以也没时间到上海开会。

今天来看，陈独秀因为一笔贷款，李大钊因为追讨工资，就没去参加中共一大，实在是非常可惜。他们做的这样两件事，和中共一大辉煌的历史地位相比，不是拿芝麻和西瓜相比吗？可是，这两位伟大的历史人物，却都因小事错过了伟大的历史时刻。这真是一段"当局者迷"的历史。然而，历史就是这样发生的。

确实，当时没人想到，这个没有人看好的政党，却能完成中华民族复

兴史上惊天地、泣鬼神的伟业。"南陈北李"两位伟人没想到，参加中共
一大的代表恐怕大部分也没有想到。

在中共一大代表中，最年轻的是北京小组成员刘仁静，那年才 19 岁，
放到今天也就是一个高中毕业生，可刘仁静已经是中共一大代表了。20
世纪 80 年代，我们一位党史学者去采访他，问他参加一大的体会，刘仁
静就讲了一句话：根本没想到是这么重要的一次会议。

这不是瞎话，是真没想到啊！刘仁静说：我能成为中共一大代表，是
因为李大钊不去；邓中夏也不去，他要到南京参加少年中国学会的会议；
罗章龙也不去，他要到长辛店开工人座谈会。他们都没时间去上海参加刚
刚成立、谁也不知道能支撑多久的中国共产党的一大。于是，这个莫大的
历史光荣就这样落在了我的头上。他们都不去，我去了。刘仁静后来因为
参加托派活动被开除出党了，但只要介绍中共一大代表，就必然提到刘仁
静，而且在排列参加中共一大的代表的照片时，他一般被安排在居中的位
置上。为什么？代表们是按共产党早期组织排的：上海共产党早期组织，
北京共产党早期组织、湖南共产党早期组织、湖北共产党早期组织、山东
共产党早期组织、海外共产党早期组织、陈独秀的代表（包惠僧）。按照
这样的排序，刘仁静恰好居中。刘仁静说：我就这样无意中历史留名了。

这是一个多么简陋的开始！没有红地毯，没有鲜花，没有掌声，一个后
来的百年大党就这么登上了历史舞台。当时，谁都不看好这个党，不但对手
不看好，自己都不看好自己。参加中共一大的十几位代表，都称得上是中国
共产党的发起人。这是何等重要的历史地位，可当年有谁在意？中国共产党
刚刚成立不久，有人有了更好的去处，就走了，脱党了，如陈公博、周佛海。
1923 年，李达、李汉俊脱党。到 1927 年大革命失败，包惠僧脱党。接着，
1930 年，刘仁静被党开除；1938 年，张国焘被党开除。在这十几位代表中，
自己走掉的、被开除的就有七个人，半数以上出问题了。其中，陈公博、周
佛海还当了大汉奸，抗战胜利后被国民政府判处死刑。我想，假如历史是可
以预知的，假如他们知道自己亲手发起成立的党在 28 年以后要夺取全国政
权，他们会怎么做？但历史是不可预知的，历史最大的魅力就在于它不可预

五四运动时期的李大钊（左）、陈独秀（右）（张庆民／供图）

首都博物馆展出的参加中共一大的 13 位成员照片（陈晓根／摄，中新社供图）

知，他们根本想不到自己亲手发起成立的党要干这么伟大的事业。

当然，这中间还有严重的牺牲。在民主革命时期，王尽美、邓恩铭、何叔衡、陈潭秋都牺牲了。牺牲的、被党开除的、自己走掉的，全部加在一起有 11 人。而从头走到尾的，只有两位：一是毛泽东，后来任中国共产党中央委员会主席；二是董必武，曾任中华人民共和国代主席。所以说，中国共产党的历史，我们不用添油加醋，不用妙笔生花，更不用无中生有，看看中共一大十几位代表各自的结局，你就知道中国共产党经历了怎样的艰难险阻和流血牺牲才走到今天。这就像董必武说的，其作始也简，其将毕也巨。

我们看毛泽东和董必武两个人，他们的特点是：一个学历偏低，一个岁数偏大。按照我们今天考核干部的标准，我们肯定不会选择他们两个人当干部。毛泽东，湖南第一师范毕业，中专学历。别人不少是留洋的，你怎么跟别人比学历？中共一大召开时，有人说湖南代表何叔衡、湖北代表董必武岁数太大了，怎么来了两个小老头，要不要换两个年轻人来？可是，恰恰是这个不起眼的董必武，一直走到底。

马克思说过，思想根本不能实现什么东西，为了实现思想就要有使用实践力量的人。所以，不要以为是思想改变了世界，如果找不到使用实践力量的人，思想永远在象牙塔里，永远是书本里的东西。中国共产党最大的幸运，就是找到了毛泽东这样的善于使用实践力量的人。中国共产党之所以能从中国政治舞台的边缘，走到今天世界舞台的中央，毛泽东厥功至伟。

可以说，像毛泽东这样在历史上起到如此巨大作用的人，极其罕见。就是邓小平讲的，假如没有毛泽东，中国人民至少还要在黑暗中摸索更长的时间。当然，毛泽东不是神，他也是个普通人。普通人思想都有变化过程。西方人说，毛泽东是暴力革命者。的确，毛泽东是"枪杆子里面出政权"这一理论的提出者。但是，毛泽东早年是反对暴力革命的，他在《湘江评论》的《创刊宣言》里明确说，我们承认强权者都是人，都是我们的同类，用强权打倒强权，结果仍然得到强权，不但自相矛盾，而且毫无效益，所以提出实行呼声革命、无血革命，不主张发起炸弹革命、流血革命。

不仅毛泽东，还有中国共产党的创始人陈独秀，想的都是民主科学救中国。请"德先生""赛先生"救国，这是 1919 年以后最强烈的呼声。结果怎么样？结果是请来了"马先生"——马克思主义——救中国。为什么"德先生""赛先生"没能救中国？为什么救中国要靠"马先生"？陈独秀当年说过一句话：我们青年要立志出了研究室就入监狱，出了监狱就入研究室。在他看来，监狱与研究室是民主的摇篮。可是哪儿有这么好的事情？我们党的惨痛教训证明了一点：批判的武器永远代替不了武器的批判。

共产党人最初以为只要掌握了批判的武器，掌握了马克思列宁主义，就可以把旧社会批得体无完肤了。可你在书斋里、在办公室里、在陈独秀的研究室里把旧社会批得体无完肤，当打开门走出去，还是拿旧社会没有办法。批判的武器永远代替不了武器的批判，共产党人一直到大革命失败才发现了这一点。人家拿武器把我们杀得一塌糊涂，中国共产党的领袖像韭菜一样，一茬一茬地被别人割掉。周恩来讲，敌人可以在三五分钟之内消灭我们的领袖，我们却无法在三五年内重新把他们造就出来。世界上很少有哪个政党的领袖，像中国共产党的领袖这样被敌人一茬一茬地在肉体上消灭。

南昌起义给了毛泽东绝大的启示。南昌起义一周后召开八七会议，毛泽东的发言跟他早年的主张完全不同了。他说：

> 从前我们骂中山专做军事运动，我们则恰恰相反，不做军事运动专做民众运动。蒋、唐都是拿枪杆子起的，我们独不管。现在虽已注意，但仍无坚决的概念。比如秋收暴动非军事不可，此次会议应重视此问题，新政治局的常委要更加坚强起来注意此问题……以后要非常注意军事。须知政权是由枪杆子中取得的。[2]

这段话后来被概括为"枪杆子里面出政权"，一个石破天惊的理论在中国产生了。中国共产党人认识到，必须拿起枪杆子来；不拿起枪杆子，无法真正地批判和结束旧社会。

中国共产党人拿起了武器，一批年轻人就这样踏上了中国政治舞台。

我说过，那就是一个年纪轻轻就干大事、年纪轻轻就丢性命的时代。你看，李大钊 38 岁英勇就义；毛泽东 34 岁上井冈山，开辟农村包围城市、武装夺取政权的道路；朱德 30 岁成为护国名将，36 岁几经辗转在国外加入中国共产党；周恩来 29 岁领导南昌起义，奠定中国人民解放军的基础；博古 24 岁出任中共中央临时总负责人，放到今天，24 岁就是一个大学毕业生的岁数，都在忙着找工作就业呢；聂耳 22 岁为《义勇军进行曲》谱曲；寻淮洲 19 岁当师长，20 岁当军长，21 岁当军团长，22 岁壮烈牺牲……

那是一个需要热血的时代，需要热血的时代注定是年轻人的时代。这批年轻人一无名望，二无资源，三无地位，四无影响，他们什么都没有，只有一腔热血，一腔救国救民的热血。你说他们是为了什么？他们不是为了自己，他们想的是要为中国人民谋幸福，要为中华民族谋复兴。

在百年党史翻开第一页的时候，这群年轻人出发了，为了救国救民，为了民族复兴。正是他们，开创了伟大的建党精神，并引领无数中国共产党人前仆后继、勇往直前。从此，东方破晓，山河巨变……

胜利从来不是来自神的赋予

改革开放 40 多年，使我们有了审视世界和审视自身的全新视角。我们今天有足够的时间、足够的空间和足够的冷静，对过去作全方位的审视。我并没有着意去想怎样写出新意，或者写给哪一个固定的读者群，而只想回答长久盘旋于脑海中的一个问题：一个 1921 年成立的政党，一支 1927 年创建的军队，20 多年时间，从小到大、从弱到强、从失败到胜利，最终夺取全国政权。他的对手掌握全国资源，掌握国外援助，掌握一切执政者所能掌握的优势，竟然 20 多年就全盘崩溃、灰飞烟灭。这个党和这支军队的力量真正在哪里？一边写，一边不断设问、辩论和反驳。我只想真实、客观地去展现这个党和这支军队所具有的力量和这个力量的来源。随着接触的资料越来越多，我越发感到中国革命的胜利不是来自神的赋予，而是来自人的奋斗；不是来自天赐机缘，而是来自千千万万人的英勇献身。

例如，我们常说"毛主席用兵真如神"。1956 年 9 月，毛泽东在八大预备会议第二次全体会议上说过一段话：

> 我是犯过错误的。比如打仗，高兴圩打了败仗，那是我指挥的；南雄打了败仗，是我指挥的；长征时候的土城战役是我指挥的，茅台那次打仗也是我指挥的。[3]

毛泽东描述的他一生中打过的四次败仗，两次发生在被赞誉为"用兵如神"的四渡赤水。

真正了解了那段经历，你就会明白：历史从来是在挫折中前进的。伟人不是不犯错误的人，而是犯了错误能够及时纠正的人。遵义会议请回来的毛泽东不是一尊万无一失的神，而是一个随时准备坚持真理、随时准备修正错误的实事求是的人。从土城战斗失利后立即放弃北上渡江计划改为西渡赤水，到在古蔺、叙永一带受阻后马上采纳彭德怀、杨尚昆的建议改取川滇黔边境，皆可见红军"打得赢就打，打不赢就走"的机动灵活战略战术又回来了。中国共产党人的伟大与非凡，毛泽东作为这个党的领袖的伟大与非凡，并不在于他能够发出神一般的预言，而在于他能够迅速采纳别人的正确意见，迅速修正自己的失误，以实事求是作为共产党人最富生机和最为鲜活的灵魂。

如果有人要问：那个年代毛泽东最伟大之处在哪里？我的回答是：在于那种极为珍贵的历史自觉。所谓历史自觉，既包含对历史运行规律的深刻领悟，更包含对社会发展前景的主动营造。十月革命一声炮响，给我们送来了马克思列宁主义，送来了组织指导，甚至送来了部分经费，但没有送来工农武装割据，没有送来农村包围城市，没有送来"枪杆子里面出政权"。毋庸讳言，当时国民党和共产党都接受过共产国际和苏联的援助，而且国民党得到的援助比共产党多得多。而毛泽东开创的建立广大农村根据地、走农村包围城市道路的一个没有被揭示出来的重大意义，就是使中国共产党不但获得了政治独立，更获得了经济独立。红色根据地和农村革命政权的广泛建立，不但使中国共产党人在政治上开辟了自己的理论领域，在军事上建立了自己的武装力量，在经济上也摆脱了对共产国际的依赖。"打土豪、分田地"既是红色政权政治动员的基础，也成为中国共产党人经济独立的基础。这确实是了不起的事情。毛泽东在最为严重的白色恐怖之下，在各派军阀的连年混战之中，为中国共产党人找到了最广阔的发展天地。这块天地不但使中国共产党人摆脱了敌人，也独立于友人，是中国共产党人真正获得自主的基础。

所以，中国革命具有这一独特现象：红色首脑机关最先在发达富裕的上海租界建立，红色政权却最终在贫困落后的山区边区扎根。如果不诞生在现代化的大城市，中国共产党不可能获得先进的思想体系，不可能获得后来众多的领导精英。而如果不分散到贫困落后的边远山区，红色政权便无法获得充足的给养，红色武装也无法获得坚忍顽强的战士，中国共产党也就失去了立足的根基。以毛泽东同志为主要代表的中国共产党人最大的历史自觉，就是从来不将马克思主义教条化，也从来不将自身经验绝对化，而是立足中国大地、根据中国的实际、用中国的办法解决中国的问题。这是这个党能够克服种种艰难险阻、取得种种成功的最大优势所在。在这一基础上，中国共产党人才真正探索出一条符合中国实际的革命道路。

唯有忘我奋斗才能走向辉煌

有人认为，中国共产党人的胜利来自历史的偶然，是利用对手的失误，利用国际形势提供的一些机缘。我说，持这些说法的人，应该看一看中国共产党人付出的巨大牺牲，看一看中国共产党人百年奋斗走过的艰苦卓绝的历程。

在大革命失败的 1927 年，张作霖违背国际公约到苏联驻华使馆中抓捕共产党人，蒋介石发动四一二反革命政变，汪精卫发动七一五反革命政变，杀得共产党人尸横遍野、血流成河。李启汉、萧楚女、李大钊、熊雄、邓培、陈延年、赵世炎、张太雷、夏明翰、罗亦农、向警予、陈乔年等领导人遇害。

大革命失败后，中共中央在上海的白色恐怖下指导全国的革命斗争，多少革命者，特别是革命领袖前仆后继地牺牲。举个例子：朱德的前妻贺治华和他分手后，同党内一个叫何家兴的人结合。两人都在中共中央机关工作，可他们吓破了胆，想去德国。其实，他们不想干革命了，想脱党，中国共产党也不会阻拦的。可是，他们为了两张到德国的护照和 3000 美元的奖金，就把中共中央政治局常委罗亦农给出卖了。按说他们当了叛徒，找个地方藏起来，别人也不一定知道。可是他们不但不躲藏，还带巡捕上门抓捕、现场指认罗亦农。为什么呢？就是为了跟着巡捕一起练习德语口语，以便将来适应德国的生活。你看看，共产党人的信仰在叛徒眼中变得多么廉价！

1928 年 4 月 15 日罗亦农被捕后，正在苏联的瞿秋白指示中共中央营救，提出三条措施：一是武装劫狱；二是通过关系把人弄出来；三是花钱买通敌人把人救出来。瞿秋白说了，无论需要多少钱，他都可以去想办法筹集。可是，根本来不及营救，罗亦农被捕没几天就被杀害了。

敌人抓捕罗亦农的时候，还有一个重大险情。当时，罗亦农正在与邓小平谈话。邓小平回忆说，幸亏谈话早结束了五六分钟，他从后门先出来了。等他走到前门时，那里有我们的一个暗哨，给他使眼色让他赶紧走。这时候，军警已经从前门冲进去了，正在抓人。邓小平赶紧走了。如果没有 1928 年的那五六分钟，我们 1978 年到哪里去找改革开放的总设计师？

毛泽东也遇到过这种九死一生的事情。1927 年 9 月 9 日，秋收起义当天，毛泽东在赶往起义军驻地的路上被民团给抓走了，要押解到县里去。在路上，毛泽东给了押解他的团丁两个大洋。团丁使个眼色，你跑吧！毛泽东赶紧跑，团丁们在后面追。毛泽东跑到一个水塘边的密草丛里隐蔽起来，这才没被抓住。后来，他在延安跟斯诺回忆说："我跑到一个高地，下面是一个水塘，周围长了很高的草，我在那里躲到太阳落山。士兵们追捕我，还强迫一些农民帮助他们搜寻。有好多次他们走得很近，有一两次我几乎可以碰到他们。虽然有五、六次我已经放弃希望，觉得我一定会再被抓到，可我还是没有被发现。最后，天黑了，他们放弃了搜寻。我马上翻山越岭，连夜赶路。"[4] 团丁们最后走了，毛泽东才躲过一劫。

我觉得，毛泽东、邓小平他们都是幸存者啊。这些伟大的领袖，他们的意志同我们今天出家门进校门、出校门进机关门的人不一样，他们是从死人堆里爬出来的。毛泽东说，大革命失败后，"中国共产党和中国人民并没有被吓倒，被征服，被杀绝。他们从地下爬起来，揩干净身上的血迹，掩埋好同伴的尸首，他们又继续战斗了"[5]。这是毛泽东的亲身经历，是有着切肤之痛、切身感受的话。

我们再看中国共产党人的奋斗。1927 年 9 月 9 日，毛泽东领导秋收起义。起义时全军约 5000 人，20 天之后还剩多少？还剩不足 1000 人。我们常说，我们党是从胜利走向胜利。可历史不是这样的，我们党是从失败走向胜利的。秋收起义原定的目标是打长沙，别说打长沙，当时连已经攻占的浏阳县城都守不住，只有上山。毛泽东说了四个字，"逼上梁山"，上井冈山是被迫的。

可就在这样的环境中，毛泽东组织了工农革命军第一军第一师第一团教导队。全军不足 1000 人，就一个团的兵力，就这么点人还成立教导队，办学校，要大家好好学习，说你们将来都是人才，将来要干大事。我说，毛泽东从最初就和中国历史上的农民起义拉开了距离。中国历史上有哪个农民起义军办过学校？陈胜、吴广办过学校吗？黄巢办学校了吗？李自成办学校了吗？都没有。农民起义军不办学校，走到哪儿打到哪儿杀到哪儿，可毛泽东硬是在这不足 1000 人的小部队里办起了学校。我们国防大学，今天叫"将军的摇篮"，培养军队高级指挥员，它的前身是抗日军政大学，再往前是红军大学，追到最初的根上，就是工农革命军第一军第一师第一团教导队。当时的教导队队长吕赤，就是我们这所大学诞生时最早的领导。

1936 年 6 月 1 日，中国人民抗日红军大学在陕北瓦窑堡成立。1937 年，校址迁至延安，改名为中国抗日军政大学（童小鹏 / 供图）

　　吕赤，黄埔军校第四期毕业。他长什么样，我们都不知道，因为牺牲太早，别说照片，连手绘的形象都没留下来。吕赤是因为副队长陈伯钧的手枪走火牺牲的。为什么会出这种事儿？因为条件太简陋了，没有武器。陈伯钧缴获了一把勃朗宁手枪。由于缺少保养，手枪锈迹斑斑，枪栓都拉不开了。吕赤和陈伯钧关系很好，就开玩笑说什么破枪，就是块废铁，扔了算了。陈伯钧不服气，吭哧吭哧擦了一周，终于把枪给擦出来了。有一天吕赤从外面回来，陈伯钧想卖弄一下，说队长你看，我把废铁擦出来了，拿着手枪一晃荡，枪响了，正好打中吕赤。杀人偿命啊，士兵把陈伯钧扭送到毛泽东那里，吵着让他为队长偿命。

　　毛泽东没有马上下结论，他先安抚了大家的情绪，又和大家商量，说陈伯钧不能杀，因为他是人才。毛泽东为什么这么说？因为当时起义部队就那点儿人，主要成分是湖南的农军、浏阳的学生、安源的矿工，军事素质都很差，全靠有限的几个黄埔生来带。陈伯钧毕业于黄埔六期，再把他杀了，一天损失两个黄埔生，损失太大了。毛泽东提议，不枪毙，改为打手板，打 100 下手板。毛泽东的警卫员负责执行，陈士榘和士兵委员会监督。打了 20 下后，陈伯钧的手就被打肿了，血肉模糊。陈士榘看不下去了，提议说一下顶五下，就此打住吧。历史证明毛泽东的眼光没错，陈伯钧后来成为开国上将。

那时候，红军不仅缺武器、缺人才，还有人怀疑红旗到底还能打多久。换个通俗的说法，就是说我们到底还能混多长时间。我们就这点儿人，被国民党军队封锁在几个穷山沟里，我们还能折腾多长时间？

看看毛泽东的回答："星星之火，可以燎原。"注意啊，这话可不是在 1949 年说的，而是在 1930 年说的。如果说 1949 年已经是烈火燎原，那 1930 年的共产党人就只是几点火星。

一个人的抱负，总是在最困难的时候体现。今天有人会说，你别跟我谈理想，别跟我谈信仰，我一无权二无钱，别跟我扯这个，等我将来有权了有钱了，我一定有抱负。我说，这不是白扯吗？理想、信仰、志向、抱负，与金钱、地位没有直接的关系。你看毛泽东，当大家都觉得革命不行了的时候，他说，"星星之火，可以燎原"。

有句话说，多数人因看见而相信，少数人因相信而看见。什么叫信仰？我个人觉得，信仰不是多数人的问题，是少数人的问题，是作为"关键少数"的领导者的问题。你是领导者，你信不信？你是领导，你不信谁信？毛泽东就是"因相信而看见"的"关键少数"。我们看看他在给大家解释为什么"星星之火，可以燎原"时所说的话。他说，快要到来的革命高潮"是站在海岸遥望海中已经看得见桅杆尖头了的一只航船，它是立于高山之巅远看东方已见光芒四射喷薄欲出的一轮朝日，它是躁动于母腹中的快要成熟了的一个婴儿"[6]。

再看红军长征。长征多么壮观啊！蒋介石讲，红军今日已成"流寇"，管红军长征叫"流寇西窜"。中国自古以来就没有流寇能成大事者。李自成是流寇，石达开也是流寇，他们最后都失败了。所以蒋介石认为，共产党既然也成了"流寇"，那么失败是早晚的事情。我们的中央红军 1934 年

10月开始长征，出发时8.6万余人，整整一年以后，1935年10月到达陕北根据地时，损失了十分之九。蒋介石说，"共匪"遭到惨重的失败。

那毛泽东怎么说？毛泽东说："长征是历史纪录上的第一次，长征是宣言书，长征是宣传队，长征是播种机。自从盘古开天地，三皇五帝到于今，历史上曾经有过我们这样的长征吗？十二个月光阴中间，天上每日几十架飞机侦察轰炸，地下几十万大军围追堵截，路上遇着了说不尽的艰难险阻，我们却开动了每人的两只脚，长驱二万余里，纵横十一个省。请问历史上曾有过我们这样的长征吗？没有，从来没有的。"[7]

我们细品一下毛泽东的话，它宣示了一种精神状态。精神状态决定了一个团队到底是攻击还是防御。你看共产党人在这种绝境中的精神状态。美国人托夫勒写的《第三次浪潮》和《权力的转移》，20世纪八九十年代曾风靡中国大地。他总结和概括了人类文明有史以来的三种力量形态：暴力，金钱，知识。我说，他还忘了一种力量形态，还有第四种力量形态，这就是信仰。共产党人的力量来自信仰，这种来自马克思主义信仰的力量，就是要为人民谋幸福，要为民族谋复兴。这是共产党人的初心和使命，也是共产党人马克思主义信仰的价值追求。

没有初心和使命、没有信仰，哪里会有力量？共产党人的力量，很大一部分不是表现在物质上的，而是表现在精神层面的。全民族抗战刚开始的时候，蒋介石都快顶不住了，德国驻华大使陶德曼愿意出面调停。蒋介石跟陶德曼说，我绝对不能跟日本人谈。为什么？因为共产党在那里呢，他们是绝对不会投降的。我要是跟日本人谈了，我的合法地位就没了。所以他们绝不投降，我也不能投降。

中国共产党人绝不投降，这就是来自信仰的力量，这种力量让中国共产党人如虎添翼。我们说，中国共产党、中国人民解放军，都曾不被看好，没人看好我们，都觉得我们不行，但最后我们照样夺取全国胜利。这背后的精神力量，就叫作共产党人的信仰。正是因为有了信仰这种看不见的力量，中国共产党人才能在各种难以想象的苦难中忘我奋斗，最终走向辉煌！

注 释

1. 中共中央文献研究室、中央档案馆编：《建党以来重要文献选编（一九二一——一九四九）》第十八册，中央文献出版社 2011 年版，第 64 页。

2. 《毛泽东文集》第七卷，人民出版社 1999 年版，第 106 页。

3. 参见《毛泽东文集》第一卷，人民出版社 1993 年版，第 47 页。

4. ［美］埃德加·斯诺：《西行漫记》，董乐山译，东方出版社 2010 年版，第 157 页。

5. 《毛泽东选集》第三卷，人民出版社 1991 年版，第 1036 页。

6. 《毛泽东选集》第一卷，人民出版社 1991 年版，第 106 页。

7. 同上书，第 149—150 页。

第三章

寻路艰辛

正确的革命道路在哪里

共产国际主要援助国民党

十月革命后的苏俄和共产国际不仅给中国共产党，也给中国各革命团体提供了广泛的经济、政治、军事援助，其中的绝大部分给了国民党。苏俄（苏联）和共产国际给予国民党的援助，远远多过共产党。

中国共产党成立一年多后，1923 年 1 月 26 日，孙中山与苏俄代表越飞发表了《孙文越飞联合宣言》。

这是一份国民党人经常引用、共产党人很少引用的宣言。后来出现的国共分裂及共产国际以苏联利益为中心干涉中国革命的倾向，都能从这份宣言的字里行间发现阴影。

宣言第一条中说：

孙逸仙博士以为共产组织，甚至苏维埃制度，事实均不能引用于中国。因中国并无使此项共产制度或苏维埃制度可以成功之情况也。此项见解，越飞君完全同感。且以为中国最要最急之问题，乃在民国的统一之成功，与完全国家的独立之获得。[1]

孙中山和越飞，一个是中国民主革命的伟大先行者，一个是苏俄（苏联）政府同时也是共产国际在中

越飞（文化传播／供图）

国的代表。两人皆不认为中国存在马列主义生存发展的土壤，皆认为中国
不存在建立苏维埃政权的条件。

　　《孙文越飞联合宣言》是中国现代史上一份非常重要的文件。没有这
份宣言，就没有后来的国民党改造，就没有国共合作，也就不会有黄埔军
校和北伐战争。它既是孙中山对中国革命走向的判断和规定，也是新生的
苏联将其斗争中心由世界革命转向苏联利益的开端。

　　《孙文越飞联合宣言》签署后，赴日的越飞从热海致电共产国际代表
马林转孙中山，宣布向国民党援助 200 万卢布和 8000 支步枪、15 挺机枪、
4 门火炮、2 辆装甲车，并派遣教员帮助建立军校。正因为如此，国民党
才有了本钱创办黄埔军校，获得了建军基础。

　　据黄埔军校教授部主任王柏龄记述，军校开办前，孙中山批了 300 支
粤造毛瑟枪给军校。但是当时的兵工厂一心巴结军阀，不以军校为重，结
果开学时仅仅发下 30 支，勉强够卫兵用。廖仲恺反复交涉无果。正在此
时，苏联运输援助枪械的船只到岸，8000 支步枪全带刺刀，每支枪配有

500 发子弹，还有 10 支手枪。全体学员欢呼雀跃。

除了经费和武器，苏联还派来大批军事顾问。除担任国民党中央政治顾问的鲍罗廷和军事顾问的加伦将军外，还有专门派到军校工作的总顾问、步兵顾问、炮兵顾问、工兵顾问等。他们指导军事、政治训练工作，编订了典、范、令和战术、兵器、筑城、地形与交通通信五大教程，这些都成为蒋介石黄埔嫡系部队后来坚强战斗力的基础。

在共产国际派往中国的人物中，鲍罗廷是最得国民党赏识的人。同时，他与国民党、共产党的诸多高级领导人有着千丝万缕的联系。孙中山和鲍罗廷相识后，称他是个"无与伦比的人"；蒋介石能飞黄腾达、重权在握，也离不开鲍罗廷的支持。鲍罗廷目光敏锐、思想深刻，面对当时纷杂的各种事件，常人会觉得眼花缭乱，而他却能敏锐地分析出这些事件的历史意义，并且从中判断出局势的走向。鲍罗廷还是个风度翩翩、极富个人魅力的人，连宋美龄也为他的风度所倾倒。后来蒋介石翻脸，四处通缉鲍罗廷时，宋美龄仍然认为鲍罗廷是一个非同凡响的人。中共领袖也深受鲍罗廷影响。周恩来在广东区委工作时曾经与鲍罗廷共事，他后来表现

初创时期的黄埔军校大门（宝盖头／供图）

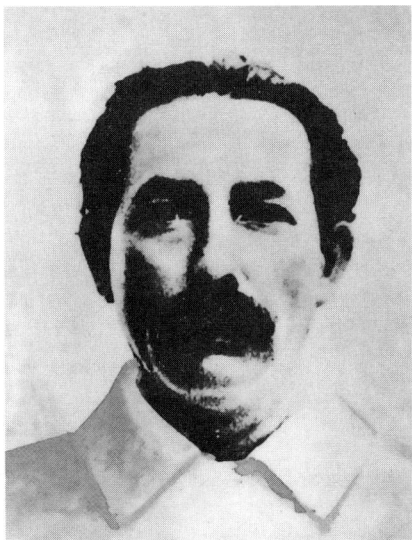

共产国际代表鲍罗廷（文化传播／供图）

出来的近乎完美的工作作风与人格魅力，也在一定程度上受到鲍罗廷的影响。孙中山死后的几个月，鲍罗廷成了中国政局中最有权力的人物。

此后，枪支弹药源源不断从苏联运来。1925年一次运到广州的军火就价值56.4万卢布。1926年又有各种军火分四批运到广州：第一批有日造来复枪4000支、子弹400万发、军刀1000把；第二批有苏造来复枪9000支，子弹300万发；第三批有机关枪40挺、子弹带4000个、大炮12门、炮弹1000发……[2]

第二次东征大捷后，蒋介石在汕头曾说："我们军队的组织方法是从那里来的呢？各位恐怕不知道，我们老实说，我们军队的制度实在从俄国共产党红军仿照来的。"[3]蒋介石深知，这一胜利很大一部分应归功于苏联送来的武器装备和军事顾问。

除此，苏联政府还大力援助北方的冯玉祥。从1925年3月至1926年7月，冯玉祥的国民军得到了俄式步枪38828支，日式步枪17029支，德国造子弹120万发，7.6毫米口径步枪子弹4620万发，大炮48门，山炮

12 门，手榴弹 1 万多枚，配带子弹的机枪 230 挺，迫击炮 18 门，以及大量药品等。[4] 此外，苏联还向冯玉祥军派遣了相当数量的军事顾问。

冯玉祥回忆说，顾问组中"步骑炮工各项专门人才皆备"。苏联顾问帮助国民军新建了一些兵工修理厂，生产弹药，培养技师；冯玉祥军的兵工厂按照苏联的图纸，还制造出第一批装甲车。

所以，当被蒋介石解职并通缉的原国民党中央政治顾问鲍罗廷途经郑州时，曾对冯玉祥感叹说，"苏俄用了三千余万巨款，我个人费了多少心血精神，国民革命才有今日之成功"[5]。

相形之下，苏俄（苏联）及共产国际对中国共产党的援助就十分有限了。与国民党比较起来，中国共产党人接受这一援助也谨慎得多。

先有陈独秀坚持独立。虽然后来因为营救事件，陈独秀与马林开始了对话与合作，但一直以来，共产国际给中国共产党人提供的援助，与国民党所接受的比较起来，相距甚远。

据陈独秀 1922 年 6 月 30 日致共产国际的报告，从 1921 年 10 月起至 1922 年 6 月，中国共产党共收入国际协款 16655 元。[6] 因党员人数不多，全党还保持着人均年支出 40 元左右的水平；但随着 1925 年以后党员人数大幅度增长，共产国际所提供的费用远远跟不上党员增长速度，全党人均年支出下降到 1927 年的 4 元。

斯大林看好蒋介石

"斯大林"，俄语的意思是"钢"。这个人物，以自己钢铁般的手腕和钢铁般的意志，给 20 世纪国际共产主义运动和世界政治烙下了一个永久的印痕。

近年来，俄罗斯陆续公布了有关中国革命的档案资料。1923 年至 1927 年，为讨论中国革命问题，联共（布）中央政治局召开了 122 次会议，作出了 738 个决定，可谓事无巨细地指导中国大革命的基本路线、方针和政策。

斯大林密切地关注着中国革命。在共产国际执委会第七次扩大全会上，他发表了名为《论中国革命的前途》的演说，其中有一段铿锵有力的论断："武装的革命反对武装的反革命。这是中国革命的特点之一和优点之一。"[7] 但斯大林讲这番话的时间是 1926 年底，"武装的革命"并非指当时还未诞生的中国工农红军，而是指蒋介石麾下的北伐大军。

看好国民党的斯大林没有想到，这条论断后来成为中国共产党人发动一次又一次武装起义、用枪杆子推翻国民党政权的基本依据。

在那次演说中，斯大林还有这样一段话："中国革命的全部进程、它的性质、它的前途都毫无疑问地说明中国共产党人应当留在国民党内，并且在那里加强自己的工作。"[8] 他不相信离开国民党，中国共产党能够独立存在；不相信中国共产党能够独立完成中国民主革命的伟大任务。

斯大林之所以看好蒋介石，是因为他认定蒋介石是中国革命的雅各宾党人，在他的领导下，未来政权有可能过渡到社会主义。

斯大林（文化传播 / 供图）

1927 年 4 月 6 日，斯大林在莫斯科积极分子代表大会上发表演讲说："蒋介石也许并不同情革命，但是他在领导着军队，他除了反帝以外，不可能有其他作为。""因此，要充分利用他们，就像挤柠檬汁那样，挤干以后再扔掉。"

仿佛是为了应答他的这一论断，六天之后，蒋介石发动了四一二反革命政变。当时，莫斯科正在筹备五一节游行，刚刚制成一个蒋介石的大型模拟像；斯大林也刚把一张亲笔签名的照片寄给蒋介石。

对于蒋介石的背叛，斯大林极其愤怒。1927 年 5 月，在代共产国际执委会起草的给中共中央的信中，斯大林斩钉截铁地说："现在是开始行动的时候了。必须惩办那些坏蛋。如果国民党人不学会做革命的雅各宾党人，那么他们是会被人民和革命所抛弃的。"

中国大革命的失败在苏联引起了激烈争论。但斯大林不承认指导中国革命的方针有误，而是指责中共中央违背共产国际指示，犯了机会主义的错误，"没有做任何工作"。1927 年 5 月 30 日，他对中共中央发出"紧急指示"（即著名的"五月指示"），要求"立即开始建立由革命工农组成的、有绝对可靠的指挥人员的八个师或十个师"，"组织（目前还不迟）一支可靠的军队"，来代替正在叛变的"现在的军队"，以惩办蒋介石。

但当时，中国共产党人连建立一个师的实力也没有。斯大林忘记了，早先当中国共产党人提出建立武装要求的时候，他不以为然，而把援助的武器都给了国民党。

1926 年中山舰事件后，陈独秀曾经产生"准备独立的军事势力和蒋介石对抗"的想法。当时正好有一批苏联军火到达广州港，陈独秀立即派彭述之代表中共中央到广州和共产国际代表面商，要求把供给蒋介石、李济深的这批军火匀出 5000 支枪武装广东农民。鲍罗廷不同意，认为中共应将所有力量用于拥护蒋介石，巩固北伐计划。

1927 年 2 月 25 日，上海工人第二次武装暴动失败，在华共产国际代表阿尔布列赫特向莫斯科报告说，上海革命形势"非常好"，"这场罢工也许是起义的信号"，但"没有钱。急需钱。有 5 万元就可以买到武器"。但

1927 年 4 月 12 日，蒋介石在上海发动四一二反革命政变，大肆捕杀共产党人（文化传播 / 供图）

莫斯科仍然用什么也不提供的态度，反对中国共产党继续举行武装暴动。

可以说，对于蒋介石的叛变，斯大林比中国共产党人还要准备不足。

"中国革命应由中国人自己来领导"

革命需要什么？我们可以说，需要主义，需要政党，需要领袖……
这些，都是对的。

但是，还有很重要的一点，那就是：革命需要经费。

中国共产党刚成立时，没有钱。召开中共一大时，上海的共产党早期组织寄给各地代表的路费，都是共产国际提供的。"南陈北李"在当时都属于"高薪阶层"，他们也曾无私地把自己的收入拿来作为党的经费。但是，能让一个人、一家人过富足生活的钱，对一个政党来说无异于杯水车薪。

共产国际在援助国民党的同时，对毫无经济来源的中国共产党也提供了一些经济援助。尽管这种援助远远少于给国民党的，但这毕竟为中国共产党的早期发展提供了巨大的帮助。

1922 年 7 月，中共二大通过《中国共产党加入第三国际决议案》，指出"中国共产党既然是代表中国无产阶级的政党，所以第二次全国大会议决正式加入第三国际，完全承认第三国际所决议的加入条件二十一条，中国共产党为国际共产党之中国支部"[9]。中国共产党正式加入共产国际，意味着必须执行共产国际代表大会及其执委会的一切决议。

但是，共产国际在给中国共产党提供巨大帮助的同时，也给年轻的中国共产党造成了相当的损害。

在中共二大召开前夕，共产国际代表马林就向中国共产党提出了实行国共合作的建议，并主张通过共产党员以个人身份加入国民党的形式，来

共产国际代表马林（吴雍／供图）

实现国共合作。

客观地讲，马林的建议还是很有创见的。作为经验丰富的革命者，马林看到中国共产党不过是由几十个知识分子组成的一个小党，与当时蓬勃发展的革命形势不相适应。而国民党已经风风雨雨走过 20 多年，是当时中国最大的革命党。

但是，这个建议也有一定的风险。毕竟中共党员人数很少，如果都以个人身份加入国民党，会不会被庞大的国民党湮没呢？共产党怎样保持独立性而不被吞并呢？国民党成分复杂，共产党进去后怎样才能不被官僚化、贵族化呢？共产党怎样坚持共产主义而不变成别人的尾巴呢？

而且，马林对中国革命的估计还有一些错误。他看不上当时还很弱小的中国共产党，认为中国革命只有两个前途：或者共产党人加入国民党，实现国共合作；或者任共产主义运动在中国终止。他在给共产国际执委会的报告中称：

　　（中国）政治生活全部被外国势力所控制。目前时期没有一个发展了的阶级能够担负政治领导。[10]

看来，马林把是否实现国共合作看成决定中国共产主义运动生死存亡的问题。在他的建议中，创见、风险、谬误奇妙地组合在了一起。

陈独秀强烈反对共产党人以个人身份加入国民党，他看到了这种党内合作的坏处。

中共二大以后，中国共产党发起组织了一个"民权运动大同盟"，希望能用这种群众团体的形式同国民党合作。但是，孙中山只同意共产党员以个人身份加入国民党，实行党内合作，不接受党外联合的办法。中国共产党的这个尝试没有成功。

就这样，中国共产党、中国国民党、共产国际，在实行国共合作的问题上陷入僵局。

然而，既然中共已经成为"共产国际的一个支部"，注定了这种僵局不可能持久。马林的建议被陈独秀拒绝后，他马上动用了共产国际的组织力量。

从1922年7月至1923年5月，共产国际给中共中央发来了一系列命令、决议和指示，批准了马林的建议，要求中国共产党执行，并命令中共中央与马林"密切配合进行党的一切工作"。

就这样，在中共二大闭幕后不久，中共中央就根据马林的建议，召开了为期两天的西湖会议。马林在会上做了大量的解释和说服工作，大家经过充分讨论，才决定在孙中山改组国民党的条件下，先让少数共产党负责人加入国民党，同时劝说全体共产党员以个人名义加入国民党。会后，李大钊、陈独秀、蔡和森、张国焘等人首先以个人身份加入国民党，但党内大多数同志对这样的做法仍有疑虑。

今天，当我们回头去看20世纪20年代的那场大革命时，会发现共产国际关于国共合作的决策基本上是正确的。

说它正确，是因为正是这个决策创造了轰轰烈烈的大革命的前提。

说它"基本"正确，是因为这个决策对无产阶级政党的领导权问题，仅仅简单提了一下，没有作出任何具体的安排或提出任何可行的措施，从而埋下了大革命失败的种子。

当然，目标是与风险成正比的。对于这个两难的问题，任何决策都无法规避。

而夹在这两难之间的，是中国共产党的负责人陈独秀。

长期以来，总有人说陈独秀的领导是"一言堂"，是家长制作风。但是，刚刚成立几年的中国共产党，缺少革命经验，缺少革命经费，这些都要依赖共产国际。陈独秀又能有什么选择呢？

作为陈独秀个人代表出席中共一大的包惠僧是大革命的亲历者，他有句话很能说明问题。他说，陈独秀接受共产国际经费"以后就不行了，主要是听第三国际的，他想当家长也不行了"。

陈独秀，这位曾经的"五四运动时期总司令"、这位一大到五大选出的党的负责人、这位大革命时期中国共产党的最高领导人，面对大革命的失败，能说没有他的问题吗？问题当然有了。我们可以想见，面对共产国际的一个又一个指示、一个又一个决议，有时他就算是明知不可为，也只能放弃个人主张，硬着头皮去执行。这确实暴露了他在领导能力和路线选择方面存在一定的问题。

但是，大革命失败后，共产国际把很多罪名都加在了陈独秀的身上，让他一个人来承担大革命失败的全部责任，承担对中国共产党路线指导的一切错误，这恐怕也有些过分了。

现在，共产国际的档案公开了，很多大革命时期的文件公开出版了。从这些历史记录中，我们不难看出，共产国际对中国大革命的指导有问题，斯大林对中国大革命的认识和指导也有问题。然而，当时共产国际不承认，斯大林也不承认。

最后，共产国际怎样指责陈独秀呢？苏联《真理报》发表社论，指责陈独秀"这个死不改悔的机会主义者，实际上是汪精卫在共产党内的代理人"。

1927年，汪精卫发动七一五反革命政变。陈独秀在汪原放等人的陪同下，化装从武汉乘船去上海。汪原放回忆说，在船上陈独秀有时会说一句："中国的革命，总要中国人自己领导……"

八七会议以后，陈独秀进行个人反省。在此期间，他最经常念叨的一句话还是："中国革命应由中国人自己来领导。"

这是他终生想要实现的愿望，却最终没能在他自己手上实现。

那么，什么时候实现了呢？这要等到大革命失败八年以后。直到遵义会议，中国共产党才开始走上独立自主之路。毛泽东后来说过，中国共产党"真正懂得独立自主是从遵义会议开始的"[11]。

谁教毛泽东认识了枪杆子

很多人认为，"枪杆子里面出政权"这个理论，是毛泽东的天才创造。

其实不是的。

第一个给中国政治带来枪杆子理论的人，是袁世凯。此人凭着对枪杆子的纯熟掌握运用，在清王朝和革命派之间两头施压，攫取了中国的最高权力。

第一个在中国革命中实行枪杆子理论的人，是孙中山。他领导的同盟会的主要活动就是策划和发动武装起义。

而第一个把枪杆子运用到炉火纯青地步的人，当属蒋介石。他能登上中国政治舞台，首先是抓住了机遇，其次就是用好了手中的枪杆子。共产国际一度以为蒋介石是一支革命的"枪杆子"，他却用枪杆子向世人证明，他是一支反革命的"枪杆子"。

中国的革命与反革命，一开始就与别国截然不同。这种不同，首先就体现在对枪杆子的运用上。

刊有毛泽东撰写的《创刊宣言》的《湘江评论》影印件（文化传播／供图）

前面讲过，毛泽东并不是一开始就主张使用"枪杆子"的。在办《湘江评论》的时代，他是明确反对"炸弹革命"和"有血革命"的。

然而，仅仅八年时间，那个主张"呼声革命""无血革命"的毛泽东，就成了主张"枪杆子里面出政权"的毛泽东。在此期间，他经历了怎样的思想历程呢？

可以说，真正教会毛泽东认识枪杆子的人，其实是蒋介石。

1926年3月20日，蒋介石制造的中山舰事件，把共产党员排挤出他的嫡系部队第一军。事件发生后，毛泽东、周恩来等人都提议对蒋介石采取强硬态度，但在广州的苏联顾问认为左派力量不足以同蒋介石抗衡，反对进行反击，陈独秀也没有看清蒋介石的阴谋，中共中央被迫接受了蒋介石的无理要求。蒋介石用枪杆子夺走了共产党人的枪杆子。

1927年4月12日，蒋介石制造四一二反革命政变，靠着枪杆子大肆屠杀和逮捕共产党人、革命群众。仅仅三天时间，曾经夺取这座城市的上海工人，就有300多人被杀，500多人被捕，5000多人失踪。国共合作的破裂由此开始。

在共产党人面前，蒋介石把枪杆子的威力展现得淋漓尽致。

1927年的中国政治舞台错综复杂，波谲云诡，杀气满天。这年春天，正在武汉的毛泽东和两个朋友一起游览了武汉名胜黄鹤楼。按理说，在大好春光之中，游览千年名胜，心情应该是畅快的。但恰恰相反，毛泽东的心情是忧郁压抑的。他在这里填了一首词《菩萨蛮·黄鹤楼》，反映出他当时的心情：

茫茫九派流中国，沉沉一线穿南北。烟雨莽苍苍，龟蛇锁大江。
黄鹤知何去？剩有游人处。把酒酹滔滔，心潮逐浪高！

1958年12月，这首词被编入《毛主席诗词十九首》中正式出版，毛泽东亲笔为词中的"心潮"加了一个注释：

一九二七年，大革命失败的前夕，心情苍凉，一时不知如何是好，这是那年的春季。夏季，八月七号，党的紧急会议，决定武装反击，从此找到了出路。

从这个简短的注释中，我们可以看出：1927年春季，毛泽东面对蒋介石的枪杆子，"心情苍凉，一时不知如何是好"；夏季，他在八七会议上提出了"枪杆子里面出政权"的论断，"从此找到了出路"。秋季呢？他就回到湖南，领导了秋收起义，走上了使用枪杆子进行革命的道路。

我常说，敌人是最好的老师，失败是最好的课堂。毛泽东是通过蒋介石对枪杆子的运用，彻底看清了此人的真面目，也从蒋介石玩弄枪杆子的手段中，看到了共产党人的出路，带领中国共产党人走上了正确的革命道路。

蒋介石把枪杆子玩得炉火纯青，最终却是通过朱毛红军对枪杆子的运用了解了毛泽东。

从1927年4月18日南京国民政府成立，到1949年4月23日南京解放，蒋介石统治大陆共计22年零5天。在这20多年中，蒋介石曾三次下野，又三次回来，真算是"三上三下"。蒋介石下野了为什么还能回来？答案就是他掌握着枪杆子。

蒋介石第一次下野是在1927年8月14日，南京国民政府成立不久。当时，国民党实现了"宁汉合流"，武汉的汪精卫和南京的蒋介石准备合作。那时国民党内掌握枪杆子的不止蒋介石一人，不服蒋介石的也大有人在。在桂系枪杆子的支持下，国民党各派系借蒋介石"北伐"徐州大败之机，逼蒋介石下野。蒋介石手里倒也有枪杆子，所以并不在乎。下野之后，他和宋美龄结了婚。前后不到五个月，蒋介石就被请回来了。

蒋介石第二次下野是在1931年12月15日。因为九一八事变丢了东北三省，面对全国人民的舆论压力，同时面对国民党内其他派系的压力，蒋介石把下野作为一个缓冲。这次更快，他下野仅仅44天，就又被请回南京了。为什么呢？因为国民党主要的枪杆子还是控制在他的手里。

蒋介石第三次下野是在1949年1月21日。因为三大战役摧毁了他手里的大部分枪杆子，等于是毛泽东让他下台了。这一天，蒋介石在南京总统府宣布"引退"，其实是想躲到幕后，凭着手里残存的枪杆子继续顽抗下去。但他没想到，这一次他再也没有回去的机会了。

这个用反革命的枪杆子统治大陆 22 年的"军事强人"，最终被革命的枪杆子赶到了一个海岛上，从此再也没能回来。

南昌起义枪声的背后

谁倡导了南昌起义

说到南昌起义，一个鲜为人知的问题是：谁最早提出了这次起义？

周恩来？叶挺？贺龙？朱德？

提及南昌起义，上述几个名字最易被人念起。他们是南昌起义的参与者、指挥者。在随后的土地革命战争直至中华人民共和国成立的革命历程中，这些将帅叱咤风云、屡立功勋。但要说最早提出南昌起义的人，就不能不提到一位关键的历史人物——李立三。

今天，李立三这个名字在年轻人中鲜有人知；在年长者中，许多人也只是把他和"左"倾冒险错误联系在一起。

翻开《中国共产党历史大辞典》，在"李立三"条目中有这样的描述："蒋介石、汪精卫相继叛变革命后，（李立三）参加了八一南昌起义，并担任中共前敌委员会委员、革命委员会委员和政治保卫处处长。"然而，李立三并不只是南昌起义的参加者，他还是最早提出举行南昌起义的人。

在中国共产党早期的领导者中，李立三是一位个性十分鲜明的人。据李立三留法勤工俭学时的老同学唐铎将军回忆，李立三留给他的印象是"坦率直爽，襟怀开阔，雷厉风行，甚至稍显急躁"。当他们一起议论国内政局时，只要一提到国内的反动军阀、无耻政客，李立三就会干脆而利索

留法勤工俭学时期的李立三（吴雍／供图）

地大喊："推翻！打倒！杀掉！"这六个字成了他的口头语。

　　1922 年春节，李立三回家探亲。当时，他正在安源煤矿组织罢工，但家人并不知道这一切。父亲李镜蓉问李立三将来的打算，李立三答："我要干共产！"

　　李镜蓉暴跳如雷："你这是自己找死！人家督军有那么多兵、那么多枪，你们几个小娃娃，一千年也搞不成！"

　　李立三坚定地说："军阀有枪，我们有真理，有人民。我们死了不要紧，一定会有更多的人起来革命。革命一定成功！"

　　在安源煤矿的斗争中，敌人悬赏 600 大洋刺杀他，李立三从容不迫，坚决主张用革命暴力回应反革命暴力，最终取得了罢工的胜利。对于安源罢工的胜利，刘少奇说，"这实在是幼稚的中国劳动运动中绝无仅有的事"。好一个"用革命暴力回应反革命暴力"！正是这个主张以暴力回应暴力的李立三，提出了组织后来铭刻于中国人民解放军军史的南昌起义的建议。

　　现在，让我们把时间倒回到 1927 年 7 月 12 日。中共中央根据共产国际的指示改组，将陈独秀停职，指定张国焘、张太雷、李维汉、李立三和周恩来五人组成中央常委，代行政治局职权。临时中央的主要工作是部署党组织转入地下和中央机关从九江撤退到上海，同时考察打回广东以图再举的可能性。其中根本没有南昌起义计划。

李立三到了九江后，利索地将筹划撤退的任务变成了组织武装起义。7月20日，在与谭平山、邓中夏举行的九江会议上，李立三敏锐地分析了临时中央"南下广东"并不可行，转而提出将一些可以争取的部队尽快集中于南昌，在南昌举行起义！这就是关于南昌起义的最早提议。

起义的时间与地点

八一南昌起义，这个名字已经表明了起义的时间与地点。但大家熟知的"1927年8月1日"和"江西南昌"这两个起义的重要因素，并非是一开始就设定好的。熟悉这段历史的人都知道，南昌起义由于出现叛徒而被迫提前了，但倘若追究起历史细节来，恐怕能说清的人就不多了。

此事还要从李立三说起。第一次九江会议提出组织南昌起义后，李立三和邓中夏立即上庐山向鲍罗廷、瞿秋白和张太雷汇报。瞿秋白和张太雷都是人们熟悉的中共早期革命领袖。作为共产国际派驻中国的代表，鲍罗廷的意见对中共中央至关重要。

鲍罗廷听了李立三关于起义的汇报，用沉默不表态作为回答。而瞿秋白、张太雷则表示完全赞同。瞿秋白表示会将意见转达中共中央，由中央决定。李立三等不及中央的指示，在7月24日召开了第二次九江会议，决定叶挺、贺龙部队于7月28日前集中到南昌，7月28日晚举行暴动。如果历史照此发展，那人民军队今天头顶的就不是"八一"军徽了。

再说中共中央。周恩来在武汉首先得到了瞿秋白的报告。中共中央立即展开讨论，最后同意举行暴动，但认为理想的暴动地点是九江南浔。又是李立三挺身而出。他坚决反对把起义地点设在南浔，因为九江地区的军阀部队已经聚集，对起义不利；同时，准备起义的叶挺、贺龙部队已经陆续开往南昌，在南昌起义势在必行！

南昌起义总指挥部旧址（李建新/供图）

李立三说服了周恩来，起义地点确定为南昌，起义时间定为 1927 年 7 月 30 日晚上。再次干扰了起义按时举行的是张国焘。7 月 27 日晨，张国焘抵达九江，带来了中央的最新意见。张国焘曲解了党中央关于"起义要慎重"的意见，提出应该征得张发奎的同意，要求重新讨论起义问题。第一个拍案而起的还是李立三！周恩来也拍案而起！周恩来事后对别人说，这是他一生中第一次拍桌子。当时，知道起义秘密的人过百，一些起义部队正在调动，起义如箭在弦，已经无法阻止。最终，张国焘只得服从多数。于是，起义时间最后定为 1927 年 8 月 1 日凌晨。

那段时间是共产党人最为困难的日子。毛泽东描述自己当时"心情苍凉，一时不知如何是好"。李立三在此时刻，决然提出并果断坚持南昌暴动，贡献巨大。

群英荟萃的暴动

从南昌起义中，走出了一大批后来的人民解放军将帅。1955 年授衔的将帅中，有八位元帅、四位大将与南昌起义紧紧相连，这还不算未被授予军衔的周恩来等中共重要领导人。

这八位元帅和四位大将，并非都是直接参加南昌起义作战的。1927 年 8 月 1 日凌晨，在南昌指挥起义作战的有三位：第二十军军长贺龙；指挥部参谋团参谋长刘伯承；第三军原军官教育团团长朱德。8 月 2 日拂晓，从回马岭又赶回了两位：前委军委书记聂荣臻；第四军第二十五师第七十三团第三营第七连连长林彪。8 月 10 日，时任武汉中央军事政治学校政治部准尉文书的陈毅从九江赶上来。起义时，在张发奎的第二方面军内，还有两位后来的解放军元帅——叶剑英和徐向前。起义前，徐向前没能和党组织联系上。起义爆发后，张发奎集合指挥部军官宣布："CP（共产党）分子三天以内保护，三天以外不负责任！"当天晚上，徐向前就悄悄离开九江，去寻找党组织，从此结束了他在国民革命军的生涯。

相比在南昌城头指挥作战的元帅们，叶剑英对于南昌起义的贡献是秘密的，以致多年来很少为人所知。起义发动前，时任张发奎第二方面军第四军参谋长的叶剑英，利用与张发奎等人的关系，探知贺龙、叶挺等人将要被扣留并解除兵权。他马上约了叶挺、贺龙、廖乾吾和高语罕四人到九江城内甘棠湖划船。正是在这艘小船上，叶挺、贺龙得知了自己的危险处境，最终下定了起义的决心。南昌起义爆发后，张发奎手下不少将领主张派兵夹击起义部队。叶剑英再次献计，建议张部跟随起义部队进入广东，以"援师讨逆"的旗号夺占广东地盘。张发奎觉得划算，便采用了这个建议。正是叶剑英的这个建议，使南昌起义部队得以迅速打开了南下广东的通道。

从南昌起义中还走出四位大将。陈赓大将，与周恩来共赴南昌组织起义，在起义中负责政治保卫工作。后来起义部队南下，他在贺龙的第二十军第三师第六团任第一营营长。粟裕大将，起义时为第十一军的一名班长，在起义中跟随部队警卫设在江西大旅社的革命委员会。许光达大将，时任第四军直属炮兵营见习排长。张云逸大将，时任第四军第二十五师参谋长，未暴露身份公开参加起义。他说服张发奎，让共产党员卢德铭出任第二方面军警卫团团长，这个团虽然没有赶上南昌起义，却在后来参加了秋收起义。南昌起义当天，张云逸还掩护了共产党员、第二十五师第七十三团团长周士第，使起义部队又多了一支生力军。

不熄的火种

南昌起义无疑是光辉的，然而历史绝不像影视作品中那样浪漫，起义部队面临巨大的困境。1927年9月，起义军在广东省大埔县三河坝分兵，主力由周恩来、叶挺、贺龙、刘伯承率领，南下潮汕，朱德率部留守阻敌。

在南昌起义的部队中，还有一些特殊的参加者。他们或是共产党员，或只是旧军人，在起义失败后脱离了起义部队。叛变与倒戈，令起义部队蒙受了巨大的损失。

蔡廷锴为人所知，一是因为他率领国民革命军第十九路军在上海力抗日寇，二是1933年他在福建参与成立"中华共和国人民革命政府"。但很少有人知道，在1927年的南昌起义部队中，也站着高大魁梧的蔡廷锴——

任起义军南下部队左翼总指挥。

蔡廷锴是个作战勇猛的优秀军人，但他参加南昌起义并不是自愿的。当起义部队南下途经进贤县时，蔡廷锴趁乱清理了队伍中的共产党员，率部脱离了起义军。蔡廷锴率部出走，使起义部队南下计划受到严重挫折。

相比蔡廷锴的出走，欧震的阵前倒戈更加致命。1927 年 9 月，起义军退至广东潮汕，蒋介石麾下干将薛岳率部协同粤军第十一师陈济棠部阻击起义军。双方在丰顺县汤坑展开了激战。尽管后来对汤坑之战鲜有记述，但这场战斗在南昌起义的历史中占有举足轻重的地位。起义部队奋勇作战，将薛岳部四个团击溃，包围了薛岳的师指挥部，眼看就要全歼薛岳部。千钧一发之时，起义军叶挺部的营长欧震叛变，率部在阵前倒戈。薛岳抓住机会，与赶来增援的粤军向叶挺的起义军发动猛烈反攻。

汤坑之战的失利，使起义部队南下广东建立革命根据地、重新北伐的设想被彻底击碎。

10 月 3 日在广东普宁召开的流沙会议，是南昌起义的最后一次会议。会议由周恩来主持。当时他正发高烧，郭沫若回忆说，当时周恩来"脸色显得碧青"，他对起义失败的原因作了简单的总结。

叶挺说："到了今天，只好当流寇，还有什么好说！"党史专家们解释，叶挺这里所谓的"流寇"，是指开展游击战。血性贺龙慨叹："我心不甘！我要干到底！就让我回湘西，我要卷土重来！"

正在大家表态时，哨兵发现敌人尖兵，于是会议草草收场，众人分头撤退。混乱中，抬周恩来的担架队员也乘机溜走，周恩来的身边只剩下了叶挺和聂荣臻，三人仅有的武器只是叶挺的一支小手枪。三人搭上一条小船，艰难地漂到了香港。

起义失败了，但它留下的火种并未熄灭。保留下火种的关键人物是朱德。

陈毅说过：朱德同志在南昌暴动的时候，地位并不算重要，也没人听他的话，大家只不过尊重他是个老同志罢了。[12]

南昌起义的主力是叶挺的第十一军和贺龙的第二十军；朱德当时能影

响的部队 500 人不到。前委书记周恩来把朱德形容为"一个很好的参谋和向导"。

朱德真正发挥作用，是在三河坝分兵、主力南下作战失败的关键时刻。面对军心涣散、不少人要求散伙的局面，朱德说了一句话：大家不要散！我们现在还有人有枪，一定有办法！从而稳住了留在三河坝的起义部队最后这 2000 多人。

后来走到江西安远天心圩（今天心镇天心村）时，这支 2000 多人的队伍只剩下七八百人。高级领导干部或先辞后别，或不辞而别。中央接到报告："师长、团长均皆逃走，各营、连长亦多离开。"师以上军事干部只剩朱德一人，政工干部一个不剩。团级军事干部只剩王尔琢，政工干部只剩陈毅。队伍面临一哄而散之势。

关键时刻站出来的又是朱德。在天心圩军人大会上，朱德说："大革命是失败了，我们的起义军也失败了，但是，我们还要革命的。要革命的跟我走；不愿继续奋斗的可以回家！不勉强！"他还说："俄国在一九〇五革命失败后，是黑暗的，但黑暗是暂时的。到了一九一七年，革命终于成功了。中国也会有个'一九一七年'的。"[13]

朱德的信心与激情火焰一般传播给了剩下来的干部战士。

陈毅后来说，"朱德总司令在最黑暗的日子里，在群众情绪低到零度、灰心丧气的时候，指出光明的前途，增加群众的革命信念，这是总司令的伟大"[14]。

什么叫力挽狂澜？这就是力挽狂澜。在这支七八百人的队伍中，没有几人能想到 22 年后夺取全国政权。但每一个自愿留下来的人，从朱德身上都感受到了革命一定会胜利的信念。

当年四散撤退的南昌起义领导人，谁能够想到，在起义过程中并未担负主要领导职务、后来留在三河坝担负殿后任务的朱德，能收拢南昌起义残部坚持斗争，从而成为中国人民解放军的第一军人。

1955 年中国人民解放军授衔。位列十大元帅之首的朱德、十大元帅之三的林彪、十大元帅之六的陈毅，位列十大将之首的粟裕，1927 年 10

朱德在天心圩军人大会上讲话的模拟场景（杨兴斌 / 供图）

月都站在天心圩七八百人的队伍里面。

中国有句老话："楚虽三户能亡秦。"解放战争国共决战、埋葬蒋家王朝的辽沈、淮海、平津三大战役的主要指挥者，就在天心圩这七八百人当中产生。

所以，中国人民解放军战史评价说：八一南昌起义队伍在极端困难的情况下能够保存下来，朱德、陈毅为中国革命事业作出重大贡献。

为什么毛泽东之前的革命者都没有成功

十月革命一声炮响，给中国送来了马列主义，送来了组织指导，甚至送来了部分经费。但是，为什么毛泽东之前的革命者都没有能带领中国革命走向成功呢？

问题的关键在于理论要与实际相结合，就是马克思主义的普遍真理要与中国革命的具体实践相结合。

我们最初秉承苏联建党的模式，走工人运动、城市武装暴动这条路子，1927年走到了绝境，走不下去了。怎么办？共产党必须掌握自己的武装。当毛泽东在农村建立革命根据地的时候，共产国际方面都认为根据地在农村搞不成，中共如果不能占领城市，不能把工人阶级发动起来，而是把工作重点集中在农民、农村，最后农村包围城市，这是不可能的。

所以，一个国家的革命必须寻找自己的道路，不管理论如何好，都必须与自己的实践、与自己的国情相结合。

在这方面，我觉得对于毛泽东的一篇重要文章，长期以来我们没有予以足够的重视。毛泽东写过很多名篇，但是他在1928年10月写的《中国的红色政权为什么能够存在？》，我觉得是把马克思主义的普遍真理与中国革命的具体实践结合得非常好的。

中国的红色政权为什么能够存在？我们各级党政干部、大专院校学党史或者对党史感兴趣的学生，都可以试着回答一下这个问题。我觉得大家的回答不外乎这么几个方面：第一，马克思主义的光辉指引；第二，中国共产党的正确领导；第三，广大人民群众的衷心拥护；第四，工农红军的英勇奋战；第五，统一战线的有效实行；等等。这种回答方式是教条化的，是理论化的，是书本式、经院式的。

当你回答了这个问题之后，你再翻开《毛泽东选集》第一卷看《中国的红色政权为什么能够存在？》这篇文章，看看毛泽东是怎么回答的。他回答的第一条原因不是马克思主义的光辉指引，不是中国共产党的正确领导，不是人民群众的衷心拥护和工农红军的英勇奋战。是什么呢？是白色政权之间的战争。这是中国红色政权能够存在的最根本、最关键的原因。这里面揭示的道理是什么？毛泽东为什么讲农村包围城市可行？因为白色政权有矛盾，有战争，我们的红色根据地——鄂豫皖根据地、湘鄂赣根据地、湘鄂西根据地、川黔根据地等都是边区，是各省交界的边区、各个军阀白色政权之间权力的接合部，这是它们的真空地带。各个白色政权之间的战争，为我们营造了能够生存、发展、壮大的空间，这就是中国的红色政权能够存在的原因。因为有了中国白色政权之间的战争，有了这个前提，我们的主义、我们的方略才可能发挥作用。

为什么红色政权在日本不能存在？因为革命只有在最薄弱的统治环节才能实现突破。日本没有白色政权之间的战争。中国有白色政权之间的战争这一奇特现象，毛泽东发现了在中国取得革命胜利的这一关键条件。不管"三座大山"也好、资产阶级也好、帝国主义也好、封建主义也好，中国共产党人就从它们最薄弱的环节切入，将不可能变为可能，引导中国革命走向胜利。这就是以毛泽东同志为主要代表的中国共产党人能够胜利的根本原因。仅有马克思主义就行了吗？为什么陈独秀没有成功？为什么瞿秋白没有成功？为什么李立三没有成功？为什么毛泽东就成功了？最大原因即在此。

毛泽东把中国社会的特性认识透了，把中国半殖民地半封建社会的性质、军阀之间的战争认识透了。在透彻地掌握国情之后制定革命策略，才能够获得胜利。再好的理论，如果不与国情、不与实际相结合，就永远是空中楼阁，落不到地面上来。不能脚踏大地、深植国情，必然失去胜利的基础。

注　释

1. 《孙中山全集》第七卷，中华书局 1981 年版，第 51—52 页。

2. 参见黄修荣、黄黎：《共产国际与中国共产党关系探源》上卷，人民出版社 2016 年版，第 377 页。

3. 中国第二历史档案馆编：《蒋介石年谱初稿》，中国档案出版社 1992 年版，第 460 页。

4. 参见中共中央党史研究室第一研究部编：《共产国际、联共（布）与中国革命文献资料选辑（1926—1927）》上，北京图书馆出版社 1998 年版，第 90 页。

5. 简又文：《冯玉祥传》，岳麓书社 2016 年版，第 237 页。

6. 参见中共中央党史研究室第一研究部编：《共产国际、联共（布）与中国革命文献资料选辑（1917—1925）》，北京图书馆出版社 1997 年版，第 304 页。

7. 《斯大林选集》上，人民出版社1979年版，第487页。

8. 同上书，第490页。

9. 中共中央文献研究室、中央档案馆编：《建党以来重要文献选编（一九二一——一九四九）》第一册，中央文献出版社2011年版，第141页。

10. 《马林在中国的有关资料》（增订本），人民出版社1984年版，第267页。

11. 《毛泽东文集》第八卷，人民出版社1999年版，第339页。

12. 参见陈毅：《关于八一南昌起义》，《近代史研究》1981年第2期。

13. 中共中央文献研究室编、吴殿尧主编：《朱德年谱》（新编本）上，中央文献出版社2006年版，第92页。

14. 《陈毅军事文选》，解放军出版社1996年版，第560页。

第四章

凝铸军魂

伟大的古田会议精神

从"朱毛之争"到古田会议

　　古田会议在中国共产党和工农红军的发展史上有着极其重要的意义。深入研究古田会议前后的党史军史，我有一种感受越来越强烈：没有朱毛之争就没有古田会议，没有前委、军委之争就没有古田会议。古田会议召开前的争论过程涉及我党我军的众多重要历史人物——毛泽东、朱德、支持朱德的陈毅、支持毛泽东的林彪，以及在其中激化矛盾的刘安恭，还有作为中央领导人的周恩来，且他们各自的人物关系基本上也在古田会议召开前后完成了整合。所以，古田会议不仅对我军具有深远影响，对我们党也影响巨大。

　　探究古田会议的来龙去脉，便会发现它触及朱毛会师以来出现的种种深层矛盾和问题。1928年4月，朱毛红军胜利会师，使中国共产党的力量，尤其是党领导下的武装力量得到了空前加强；4月28日，根据湘南特委的决定，会师红军建立了工农革命军第四军；5月底，根据中央的要求，改称工农红军第四军。这就是红四军的由来。红四军是朱毛会师的重大成果。没有这次会师，红军的战斗力不可能提升到如此之大。

　　当年红四军的编成是：第二十八团，南昌起义的部队；第二十九团、第三十团、第三十三团，湘南起

1928 年 4 月，朱德、陈毅率领南昌起义余部和湘南起义农军与毛泽东领导的部队会师。图为会师地砻市（海峰 / 供图）

义的农军；第三十一团，秋收起义的部队；第三十二团，原来占据井冈山的王佐、袁文才的部队。其中，主要力量是第二十八团、第三十一团，也就是参加过南昌起义和秋收起义的两支队伍。后来，第二十九团、第三十团和第三十三团在"八月失败"后溃散了，第三十二团在红四军离开井冈山根据地的时候也基本损失了。所以，第二十八团和第三十一团就成为中国共产党武装力量的"家底子"。南昌起义部队的领导人朱德、秋收起义部队的领导人毛泽东，也成为中国共产党领导的军事力量中两个不可替代的关键人物。

新中国成立后，参加过秋收起义的谭震林曾回忆说：假若朱老总不把南昌起义队伍拉上井冈山，而井冈山只有秋收暴动那一点力量，很难维持下去。

秋收暴动的主力，是湖南的"农军"、浏阳的学生、安源的矿工，战斗力较弱。部队上了井冈山，与井冈山上袁文才、王佐的部队会师，战斗力依然不强，经常处于"今天下山打这个打不过，明天下山打那个也打不过"的局面。朱德带领的南昌起义部队到了，军官几乎都是黄埔军校毕业的，士兵清一色来自北伐"铁军"，井冈山部队由此战斗力大增。这就是朱毛会师之后，南昌起义部队起到的历史性作用。这一作用同时奠定了朱德在工农红军中的地位。

当时直接领导红四军的党组织有三个：第一个是湖南省委前委，书记是毛泽东；第二个是湘赣边界特委，书记也是毛泽东；第三个就是红四军军委，毛泽东当过书记，后来朱德和陈毅也分别当过书记。1928年6月的中央来信（"六月来信"）指示红四军前委组织军事委员会（简称"军委"），以朱德为书记，以陈毅为士兵委员会秘书长。后来的前委、军委之争就是由此开始的。

而且，源于南昌起义的第二十八团和源于秋收起义的第三十一团，这两支部队在建制上也有所不同。秋收起义部队经过了"三湾改编"，确立了"支部建在连上"的原则，而南昌起义部队只在连一级设立了党代表。毛泽东后来就讲过，"红军之所以艰难奋战而不溃散，'支部建在连上'是一个重要原因"，"两年前，我们在政府军的组织完全没有抓住士兵，即在叶挺部也还是每团一个支部，故经不起考验"。毛泽东提到的"叶挺部"，就泛指南昌起义余留部队，当时在每个团设一个党支部。毛泽东讲话的意思，其实就是指在党的领导绝对化方面，秋收起义部队是强于南昌起义部队的。

当时，参加过南昌起义的第二十八团的一些"铁军"老兵，打仗时战斗力的确很强，但他们长期脱离生产、脱离群众，加上对打土豪、分浮财和"共产"的误解，片面地认为"你的就是我的"，战场纪律、群众纪律意识比较淡薄。当时的情况是，南昌起义的"铁军"瞧不起秋收起义的"农军"，嫌"农军"土气，没有经过正规训练，没有打过硬仗。秋收起义的"农军"也看不惯南昌起义的"铁军"，认为他们流里流气，有兵痞、军阀主义倾向，等等。南昌起义部队打胜仗多，人多枪好，但不愿意把枪支拿出来支援"农军"。秋收起义部队收入较多，财政状况较好，但也不愿意把钱拿出来资助"铁军"。

谭震林回忆当时情况时说:"朱德到第三十一团讲话不大受欢迎,毛泽东也轻易不到第二十八团去讲话。"

现在,我们说到井冈山,首先想到的就是朱毛胜利会师的大油画。其实,朱毛会师后形成一体化的坚强红军力量,是古田会议以后的事。古田会议以前,南昌起义部队和秋收起义部队在管理和作风上差别明显。因此,这两支部队走到一起,争论和斗争也是难以避免的。

斗争由柏露会议开始,当时会议的议题就是"井冈山守不守、留不留"。围绕究竟是巩固井冈山根据地还是出击赣闽,朱德、毛泽东在会议上就争起来了。当时的大背景是:1929年1月,蒋介石对井冈山地区进行第三次"会剿",调集了6个旅约3万兵力,给井冈山带来了巨大压力。这时候,双方发生了分歧。毛泽东坚持固守井冈山,认为井冈山地势险峻、易守难攻,敌来则集中对付敌人,敌去则分兵发动群众,根据地的扩大应采取"波浪式"方式,但一定不要放弃它。朱德则认为不行,要跳到外线打游击,放弃井冈山。朱德认为,井冈山东西被湘江、赣江夹住,无法徒涉,南北也难以发展,缺乏足够的回旋余地,红军应出远道打游击,光守井冈山守不住。

当时还有一个现实情况:两军会师后,井冈山兵力陡然大增。到过井冈山的人都知道,井冈山地区山多人少,供养如此规模的一支红军队伍,经济上很困难,加上敌人的外线封锁,双方产生意见分歧在所难免。毛泽东认为,朱德要放弃井冈山去打游击是"游击主义";朱德认为,毛泽东守住井冈山不放是"保守主义"。今天,我们客观地分析这一争论,也不能说毛泽东当时的意见都是对的。

后来,毛泽东被迫同意出击赣南。出击赣南后,他发现赣南、闽西空间非常大,最后就在赣南、闽西建立了以瑞金为中心的中央苏区。粟裕当时还是红军的一名基层干部,任第二十八团某连政治指导员。粟裕就讲过:"井冈山作为一个防守的要地是可以的,但作为一个战略出发地不行。"因为井冈山地域狭小,资源有限。

1938年，毛泽东（前排左七）在延安和当年参加井冈山斗争的部分同志合影（王琼 / 供图）

由此可以看出，在最初的朱毛之争中，朱德出击赣南的意见是相对合理的。当时，在他们两人各持己见、争论不下的时候，陈毅出来做调和工作。陈毅认为，朱德、毛泽东各有道理，井冈山地势险要、易守难攻，的确是难得的好地方，但"人口不满两千，产谷不满万担"，敌人还在搞经济封锁，如不分兵远行打游击，很难打破敌人的第三次"会剿"，红军将陷入困境。

柏露会议最终采纳了陈毅的意见，决定由彭德怀率第三十团和袁文才、王佐的部队留守井冈山。朱德、毛泽东率领红四军主力第二十八团、第三十一团出击赣南，外线作战，引开敌军，打破经济封锁。当时还没有想到建立更广大的苏区，本想引开敌军后再回来，结果一去不回。因为一出去就发现了赣南、闽西这块更好的根据地。这说明，朱德当时坚持出击赣南打游击的意见是正确的。毛泽东后来也欣然采纳了此意见，与朱德合力开发了赣南和闽西革命根据地，而闽西就包括古田村所在的上杭县。

但从井冈山出击后的红军也并不是一帆风顺的。当时，刚刚下山的红四军非常困难，前有堵截，后有追兵，连续打败仗。加上沿途都是无共产党组织、无革命群众的地方，红军处境十分被动。那真是红军最困苦的一个时期。

困境导致争论。困境的原因是什么？当时，部队在给养、宿营方面面临很多困难，大家觉得第二十八团、第三十一团不能合在一起，想分兵，由朱德带一部分力量，毛泽东带一部分力量，各干各的。这就是所谓集权、分权之争。集权、分权之争，就是由分兵开始的。后来的罗福嶂会议有一个重要话题就是"分兵"。

罗福嶂会议前，红四军部队进行了改编，这个改编就是为分兵作出的组织准备。部队改编为两个纵队：一纵队由第二十八团、特务营合编，党代表陈毅，纵队长林彪；二纵队由第三十一团编成，党代表蔡协民，纵队长伍中豪。当时，毛泽东坚决反对分兵，他认为，只有整个红军主力在一起行动，才不易被敌人各个击破。所以，在1929年2月3日召开的罗福嶂前委会议上，朱德、毛泽东发生了激烈争论。毛泽东坚决压下分兵意见，决定不讨论这个问题，引发了大多数人的不满。最后，毛泽东在罗福嶂会议上以前委的名义提出，朱德任书记的军委暂停办公，军委机关改编为政治部，毛泽东兼任政治部主任，实际上就使朱德失去了决策权。

当时，毛泽东领导前委，朱德领导军委，要想不分兵，里面就有个统一领导的问题。为了断掉分兵的念头，毛泽东干脆把军委撤了，将军委改编为政治部，自己兼任政治部主任。这个决定后来被一些人说成是毛泽东集权，既担任前委书记又担任党代表，还兼任政治部主任，大权独揽，也为以后更激烈的争论埋下了"根"。

当时取消军委后，最初一段时间红军发展还是很顺利的，没有了前委、军委的相互掣肘，毛泽东指挥战斗得心应手。当时打得很顺，歼灭了敌人两个团，是红军下井冈山以来第一次打胜仗。

正当红军局面有所好转之时，中央的"二月来信"也到了前线。"二月来信"是中央考虑到前期毛泽东、朱德反映的红四军离开井冈山后极为困难的实际情况，在听取了共产国际的意见后提出的，要求朱德、毛泽东脱离部队，速来中央，让红军留在原地分散打游击，因为朱德、毛泽东在一起目标太大。但中央"二月来信"到前线时已是 4 月了，当时的局面已有所好转，红军已不再被动挨打了。所以，对中央"二月来信"的意见，朱德、毛泽东都表示反对。

毛泽东以红四军前委的名义复信中央，指出中央"二月来信"对红四军当时的客观形势和主观力量的估计过于悲观，意见不切实际。朱德虽也不同意"二月来信"的观点，但认为不应批评中央。两人的意见大体是一致的，但表达的方式不同。

当时，毛泽东是下级，上海的中央是上级，毛泽东写信批评中央，就留下了后来被人指责"不服从中央领导，直接写信与中央决策对抗"的话柄。红四军中一些主张分兵游击的人，就以此事为由，讲毛泽东不服从中央、大权独揽，再次要求红四军分兵游击。

应该说，中央的"二月来信"不仅没有调和朱德、毛泽东之间的矛盾，反而使矛盾扩大化了。正在矛盾扩大的时候，来了一个关键性人物——刘安恭。刘安恭的到来，直接导致朱毛之争趋于白热化。刘安恭没有来以前，朱毛之争还只停留在口头交锋，即便在毛泽东采取组织措施撤销军委时，朱德也没有提出过任何实质性意见。但刘安恭一来，却挑起了很多事情。

刘安恭：朱毛分歧的"催化剂"

1929年5月，中共中央派刘安恭到红四军工作。刘安恭早年留学德国，参加过南昌起义，后来又到苏联学习军事。但他的身份背景比较复杂，在苏联学习期间因为有托派嫌疑被苏方遣回，中央也因此将他放到苏区工作。但苏区的同志不知道这些，还认为是中央派来了一位从苏联回来的"大员"。所以，红四军内部争论双方都想争取他的支持。

毛泽东首先作出表示。在前委扩大会议上，他提议成立红四军临时军委，在前委的领导下抓军事工作，由刘安恭担任临时军委书记。同时，毛泽东还将政治部主任让给刘安恭来当。这样，刘安恭不仅担任红四军临时军委书记，还身兼政治部主任一职。

当时，政治部的权力很大，部队"打土豪、分田地"所得及一些筹款都由政治部分配，这在当时是重大的资源分配权。毛泽东主动将这个权力让给刘安恭，实际上是想争取刘安恭的支持。但让毛泽东没有想到的是，刘安恭却是支持朱德的，不仅因为他们是四川老乡又曾一同留学德国，还因为刘安恭并不认同毛泽东的一些做法和观点。

在一次前委会上，刘安恭说，红四军的规章制度在马列主义经典著作里都没有，这些东西都是你们自己搞的，不合规范，土里土气，农民意识太强，应该统统废除。刘安恭的这种本本主义态度，是毛泽东最为反对的。他回应说，脑袋长在自己肩上，文章要靠自己做，苏联红军的经验要学习，但这种学习不是盲目的，要同中国革命的实际相结合。马列主义基本原理与中国实际相结合，是毛泽东历来的主张。可刘安恭听后不高兴了，他反驳毛泽东说，你对马列主义缺乏信仰，马列著作就是要句句照办，你这里老改，改马克思列宁的话不行。

本来，朱毛之争的"温度"并不高，毛泽东处于主导地位，朱德虽然内心有些不同意见，但也没有激烈的动作。但刘安恭一来就挑拨：毛泽东给中央的回信是反中央的，朱德虽有不同意见但保留，是服从中央指挥的，毛泽东是不服从中央指挥的。这就一下子把朱德、毛泽东之间的斗争"温度"撩拨得更高了。

陈毅是反对刘安恭的，他和林彪都特别看不上刘安恭。陈毅后来到上海向周恩来报告时讲，以刘安恭的身份，开始大家对他还相当信任，觉得他是中央派来的特使，"外来的和尚好念经"。因为，在红四军中，一般同志工作日久、相处极密，彼此长短都知道，外边初来的人，至少同志们不知道他的短处，也没有什么成见横梗于胸中，工作就容易了。但没想到的是，刘安恭来后却激化了矛盾。陈毅说，本来就想让刘安恭当个副营长，可最后却让刘安恭当了纵队司令员，一纵队司令员是林彪，二纵队司令员就是刘安恭。

客观上说，当时的刘安恭，在朱德、毛泽东之间的分歧问题上起到了负面"催化剂"的作用，使得一场党内的斗争达到了白热化。

当时，有两个情况很反常：一是1929年5月23日，朱德、刘安恭两人联手上报给中央的红军第四军报告，两人签字后就直接送上去了。本来，红四军的报告都是朱德、毛泽东会签后呈送的，可刘安恭来后取代了毛泽东政治部主任的职务（当然这是毛泽东让给他的），所以，军长朱德、政治部主任刘安恭签字后报告就送上去了。毛泽东作为前委书记，连在报告上签字的权力都没有了。二是毛泽东后来专门给中央写了个报告，署名"前委书记毛泽东"。以前，红四军的报告从不这样署名，都署名是"前委"。他在报告中说，党内目前出现了一些毛病，正在"改进中"。当然，这个"改进中"并不像毛泽东最初想象的那样乐观，其实已经有点失控的态势。

从后来的一个历史细节中也可以看出这一点。1929年6月18日，红四军在龙岩县小池圩召开作战会议，研究部署"三打龙岩"，竟然没有通知毛泽东参加，只通知了政治部副主任谭震林。由此可见，刘安恭来了以后，文件不让毛泽东联署了，开会不让毛泽东参加了。这种组织隔离的措施必然使毛泽东产生"枪要指挥党"的危机感，直接导致了党内斗争进一步升温。本来，大家都认为刘安恭到红四军后能够调和朱德、毛泽东之间的矛盾，结果刘安恭来后却让事态变得更为复杂了。

随后就召开了湖雷会议。1929 年 5 月底，湖雷会议就"党的工作范围"进行了激烈争论。党到底要管什么，管多大的范围？焦点集中在前委是否管得太宽了？权力是否过于集中？是否包办了下级党部的工作，代替了群众工作？前委是不是书记专政，有无家长制倾向？这些问题都直指毛泽东。湖雷会议成为红四军内部矛盾的爆发点。

湖雷会议结束几天后，刘安恭作为临时军委书记主持召开临时军委会议，会议决定前委只讨论行动问题，不要管其他事项，提出了恢复红四军正式军委的请求。这就意味着，担任前委书记的毛泽东只能参与讨论行动问题，对其他事项没有决策权。

湖雷会议上要求限制前委权力的意见，不是少数人的意见，而是得到了多数人附和的。毛泽东只获得了林彪、谭震林、江华、蔡协民等少数人的支持，当时连参加过秋收起义的许多干部也没有支持毛泽东。毛泽东处境空前困难，非常孤立。

湖雷会议导致了双方摊牌的白砂会议。毛泽东看到在湖雷会议上出现了一种非常不正常的现象：下级规定上级的工作范围。刘安恭作为政治部主任、临时军委书记，反而规定毛泽东担任书记的前委"只讨论行动问题，不要管其他事项"。这种下级党委擅自决定限制上级党委职权的不正常做法是前所未有的。毛泽东认为这是原则问题，实在不能继续搞下去了。白砂会议便是在此背景下召开的。

在白砂会议上，毛泽东正式提出取消临时军委，刘安恭则坚持一定要保留临时军委。会议最后表决，以 36 票对 5 票的压倒性优势通过了毛泽东的建议。临时军委被取消了，刘安恭担任的临时军委书记职务自然也被免去。但临时军委被取消以后，刘安恭仍在到处活动、"穿针引线"，还是坚持他那老一套。所以，此后关于这个问题的讨论，范围也越来越大，一些纵队和下面的团都已经在讨论这个问题了。

毛泽东后来干脆提出辞职。他认为，自己作为前委书记，既不能放手工作又必须承担责任，陷入了"不生不死"的尴尬状态，所以请求立即撤换前委书记，让他离开红四军去苏联学习兼休息。我个人以为，当时的毛泽东，有70%是真不想干了，另外30%，或许是他真想去苏联学习、见识一下。当时，那些去苏联学习过或是与苏联领导人有过接触的人，回国后都成了党内权威。比如，项英回国时身上就别了一把斯大林赠送的手枪，他讲话的权威性也随之提高；张国焘同列宁单独谈过话，由此确立了他在党内的权威地位。中国共产党当时只是共产国际的一个支部，毛泽东从来没有去过苏联，或许他真想去苏联学习、"取经"，顺便看一看这些从苏联归来的人到底有何"过人之处"！

陈毅接替毛泽东的职务

毛泽东辞职后，陈毅被推选出来，接替毛泽东担任前委书记。当毛泽东辞职的消息传出去以后，他自己都没想到，林彪当天晚上就给他写了一封言辞激烈的信。林彪在信中写道："现在四军里实有少数同志的领袖欲望非常高涨，虚荣心极端发展。这些同志又比较在群众中是有地位的。因此，他们利用各种封建形式成一无形结合（派），专门吹牛皮的攻击别的同志。"林彪还写道："但是许多党员还不能看出这种错误现象起而纠正，并且被这些少数有领袖欲望的同志所蒙蔽阴谋，（附）和这些少数有领袖欲望的同志的意见，这是一个可叹的现象。"[1]林彪最后写道："你今天提出的像你个人离开前委的意见，我非常不赞成。党里要有错误的思想发生，你应毅然决心去纠正，不要以不管了事。"

　　毛泽东一直想改造红四军中的南昌起义部队——这是红军战斗力的核心，应当完全置于党的领导之下。毛泽东曾寄希望于陈毅，想通过陈毅掌握这支部队，结果没有实现。后又寄希望于刘安恭，也没有实现。毛泽东怎么也没有想到，关键时刻挺身而出的是林彪。林彪当时任第二十八团团长、一纵队司令员。也就是说，红四军中的南昌起义部队完全是由林彪掌握的。得到林彪的支持，对毛泽东最终奠定在红军中的领导地位具有重要作用。

　　毛泽东认识林彪是在井冈山会师之后。在茨坪的会议上，21岁的林彪发言赞成毛泽东提出的意见，认为敌人来进攻时红军应集中力量打击敌人，敌人撤走或被消灭后，红军应就地分散开展群众工作，"打土豪、分田地"，组织赤卫队，建立苏维埃。林彪当时的发言极富特色，概括力和感染力非常强，提出"红军就是要同群众一起红"，给毛泽东留下了深刻印象。这也正是毛泽东一贯强调的政治观点、群众观点。毛泽东当时就问："这是哪个？"陈毅告之是第二十八团第一营营长林彪，"树林子里的三只虎"。毛泽东自此认识了林彪。

　　毛泽东接到林彪来信的当晚非常兴奋，立即给林彪回了封信，全文共6700多字。毛泽东说："你的信给我很大的感动，因为你的勇敢的前进，我的勇气也起来了，我一定同你及一切谋有利于党的团结和革命的前进的同志们，向一切有害的思想、习惯、制度奋斗。"[2]

　　毛泽东给林彪回信的第二天，朱德也给林彪写了封信，因为毛泽东接到林彪的信后，把林彪的信公布在红四军《前委通讯》上，全体官兵都看到了，且林彪在信中指责朱德的一些言辞很尖锐。但朱德给林彪的信并没有公开反对林彪的观点，只是不同意林彪信中透露的过于悲观的情绪。最后，两封信都刊登在《前委通讯》第三期上，这就等于将朱德、毛泽东之间的矛盾公开化了。一时间，上上下下议论纷纷。

　　据接替毛泽东担任红四军前委书记的陈毅描述，当时，朱德、毛泽东"不能有一朝之慨"，说明他们之间的矛盾确实非常尖锐。而后召开的红四军党的七大，一个重要目的也是解决这些矛盾。但这次会议不但没有解决矛盾，反而使矛盾进一步扩大化了。

据当时主持红四军党的七大的陈毅回忆，他当时采取的办法是"各打五十大板"：毛泽东也批，朱德也批，刘安恭也批，凡是参与争论的当事人，他全批。会议通过的由陈毅起草的决议案，列举了毛泽东的七条缺点，包括：A. 英雄主义；B. 固执己见，过分自信；C. 虚荣性重，不接受批评；D. 在党内用手段排除异己，惯用报复主义；E. 对同志有成见；F. 工作态度不好；G. 小资产阶级色彩浓厚。对于朱德的缺点，也列举了七条：A. 用旧军阀的手段，相信私人；B. 有迎合群众造成个人信仰的倾向；C. 无形间有游民无产阶级行动的表现；D. 工作不科学，无条件（理），无计划，马马虎虎；E. 无形中夸大英雄思想的表现；F. 不能坚决执行党的决议；G. 不注意军事训练，不注意维持军纪。决议案指出：此次争论，朱德、毛泽东两同志都有同等的错误，但毛泽东同志因负责党代表与书记之工作，对此次之争论应负较大的责任。会议决定，给予毛泽东严重警告处分，给予朱德书面警告处分。朱德、毛泽东二人虽然被选进前委，但在前委书记的选举中双双落选，陈毅被推选为前委书记。陈毅虽然不想当这个书记，想让给别人来当，但毕竟与会代表选了他，他也只好当了书记。

落选前委书记，成为毛泽东一生唯一自下而上被罢免的事件。毛泽东一生有好几次被罢免的经历：1927年，带队伍上井冈山后，被撤销中央政治局候补委员职务；1931年，在赣南会议上被撤销中共苏区中央局代理书记和红一方面军军委临时前委书记职务；1932年，在宁都会议上被解除红军总政委职务。这几次被罢免、被撤职，都是上级的处理决定，是中央撤了他的职。唯有在红四军党的七大上落选前委书记这次是自下而上的。毛泽东一直认为自己的力量来源于基层，来源于群众，来源于士兵，结果这次被颠覆了。

红四军党的七大开完后，毛泽东病了，到蛟洋养病去了。

红四军党的七大后，陈毅离开红四军到上海向中央汇报工作，朱德临时代理前委书记。这期间，没有了毛泽东所谓的"专断、一言堂、家长制"，红四军的前委会开成了"民主会"，很快变成了纵队长"联席会议"。各纵队长为各纵队的观点、方向、利益吵得不可开交、一塌糊涂。凡事都进行民主讨论，无法决断，更没有结果，会议开得很乱，"民主"得搞不下去了。

后来，红四军打下福建上杭，组织召开红四军党的八大。朱德也觉得这样搞下去不行，会前与部分代表联名写信请毛泽东回来工作。毛泽东复信："我平生精密考察事情，严正督促工作，这是陈毅主义的眼中之钉，陈毅要我作'八边美人四方面讨好'，我办不到；红四军党内是非不解决，我不能够随便回来；再者身体不好，就不参加会了。"[3]这是毛泽东第一次提出"陈毅主义"。后来，毛泽东也承认这些措辞是有些过分的。但当时的毛泽东坚持要辩出个道理是非，认为陈毅在红四军党的七大上列出的所谓"七条缺点"，都是从个人伦理上考虑的，没有从政治原则上考虑。

此时陈毅在什么地方？在上海。陈毅正在上海向中央报告红四军的历史和红四军党内存在的争论。当时担任中央领导人的周恩来、李立三鉴于陈毅反映的问题极为重要，经中央政治局讨论后决定成立由周恩来、李立三、陈毅组成的三人委员会。周恩来负责召集有关人员，专门讨论解决红四军内部矛盾和红四军发展方向的问题。

周恩来的"非凡"作用

朱毛之争得以妥善解决，周恩来起到了非凡的作用。为什么用"非凡"两个字？是因为回看那段历史，周恩来真是不简单。在历史上，毛泽东提出了"枪杆子里面出政权"，但我们一定不要忽视了周恩来的军事地位，因为最早摸到枪杆子的中国共产党人就是周恩来。周恩来在黄埔军校担任政治部主任的时候，就组织、筹建了中共第一支武装——大元帅府铁甲车队，后来扩编为国民革命军第四军独立团，即著名的叶挺独立团。毛泽东后来评价说："中国共产党懂得直接准备战争、组织军队的重要性，是从1924年参加黄埔军事学校开始的。"

担任黄埔军校政治部主任时期的周恩来
（新华社／供图）

　　可以说，周恩来是中国共产党人中最早接触军事、最早组织"抓枪杆子"的。而且，周恩来还是我党历史上第一位军事部部长（中共两广区委军事部部长），后来担任过中共中央军事部部长。周恩来更是南昌起义的主要领导者和指挥者。我们今天常说，为什么周恩来在认识和处理军事问题的时候，眼光独到、措施老辣？这与周恩来多年的军事实践紧密相关。

　　讲到周恩来的非凡作用，就不能不提他与陈毅、朱德之间的关系。周恩来与陈毅是老朋友，两人早年同在法国勤工俭学；南昌起义时，陈毅的职务还是周恩来委派的。陈毅向中央汇报红四军党内存在的矛盾时，提出过两点建议：第一，中央如能另行委派，朱德、毛泽东都可离开；第二，如不能委派，毛泽东可先走，朱德可暂留工作，因军长无人替代。毛泽东先走可减少矛盾。

　　而周恩来与朱德的关系更不一般。周恩来是朱德的入党介绍人，1922年，周恩来在德国介绍朱德加入中国共产党。南昌起义时，周恩来又是朱德的直接领导。两人关系十分亲近。而且，周恩来知道毛泽东曾激烈反对自己亲自起草的中央"二月来信"。实际上，当时周恩来对毛泽东并不太了解，彼此也没有深入接触过，与陈毅、朱德却交情弥深。

在这样的情况下，试问如果你是当年的周恩来，该作何处理？

今天来看，真可以用"非凡"二字来形容周恩来当时的决策。他浑身上下都是原则，一点不被人情关系所左右。对朱毛之争，周恩来不偏袒任何一方。他在处理朱毛分歧的时候不是采取"改组"、更换领导人的方式，而是一再强调要支持红四军前委的领导，要维护毛泽东的领导地位和威信。关于集权与分权的争论，周恩来直指朱德和陈毅的观点错误。他批评陈毅说："军队只能集权，才能行动敏捷、步调一致、便于行军作战。你们（指朱德、陈毅）去年湘南失败，就和放任让群众自由讨论有关。"

周恩来用第二十九团在湘南的溃散来说明毛泽东是对的，军队必须集权。

周恩来之所以受人尊敬，不仅因为他长期居于中央高位，更因为其思想与言行早已超越个人情感、个人恩怨和个人利益，一切以中国革命的伟大事业为准则，以共产党人实事求是的原则为准则。后来在处理红四军党内矛盾问题上发挥重要作用的中央"九月来信"，就是周恩来多次与陈毅谈话、做工作的结果，最终把陈毅的思想转变过来。周恩来特别赞成毛泽东一贯坚持的"党的一切权力集中于前委指导机关""党对军队的指挥……经过军部指挥军事工作，经过指挥部指挥政治工作"[4]的主张。红军不仅要打仗，而且还要成为党的一支强大的宣传队、群众工作队。周恩来说，"虽然毛泽东担任前委书记时人事关系紧张了点，但大政方针是对的，而且创造出了不仅属于闽西，更属于全国的创建革命根据地的宝贵经验"。这是当时周恩来对毛泽东的高度肯定。最终，陈毅遵照周恩来的指示精神，起草了中央"九月来信"。

周恩来还在比较了朱德、陈毅和毛泽东各自的情况后说，"前委要加强指导机关的威信……毛同志应仍为前委书记，并须使红军全体同志了解而接受"[5]。他还专门嘱咐陈毅，回去后一定要请毛泽东复职。要知道，当时的周恩来任中央组织部部长、中央军事部部长、中央军委书记。由于中共中央总书记向忠发能力很弱，中央的实际负责人就是周恩来、李立三，而周恩来的态度基本上就代表了中央的态度。

1929年9月，中央政治局讨论通过了中央给第四军前委的指示信，史称"九月来信"。10月，陈毅返回红四军，于10月22日以前委书记的身份主持召开了红四军前委会议，传达中央"九月来信"指示精神及中央对自己和朱德的批评意见，并决定请毛泽东复职。此时，距古田会议召开还有两个月的时间。

当时，担任二纵队司令员的刘安恭，在一次战斗中被子弹击中头部壮烈牺牲了。刘安恭这个人虽然有错误、有缺点，但客观地说，他也是个一心一意干革命的人，始终觉得自己那一套都是对的。

1929年10月23日，陈毅派专人将中央"九月来信"送给毛泽东，并附上了自己的一封信。陈毅在信中写道："七大没有开好，我犯了错误，中央认为你的领导是正确的，四军同志盼你早日归队，就任前委书记。这是中央的意思，也是我和玉阶（朱德）以及前委的希冀。"[6]

毛泽东后来回到了红四军，回到了长汀。陈毅、朱德当面向毛泽东作了自我批评。毛泽东也承认说了一些伤感情的话，请朱德、陈毅多多包涵。自此，三位领导人的手再次紧紧地握在了一起。

中共领袖集团的成熟

共产党的核心力量是斗争的力量。通过斗争发现正确的道路、正确的方法、正确的策略，而不是调和、妥协，这是中国共产党走向成功的重要经验。可以这样说，如果没有朱德、毛泽东之间的争论，没有前委、军委之争，就没有后来的古田会议。朱毛之争，不是个人权力之争，而是要争出一条正确的路线、正确的革命途径来。

1958年，毛泽东在杭州汪庄对时任浙江省委书记江华谈起过这段历史，比较公道地评价了当时的陈毅。他说："七大不怪陈毅，那时候就那个气氛，因为已经造成了那种形势，他只能这样。"当时，中央"九月来信"精神传达后，毛泽东回到红四军并给中共中央写信："中央：我病已好。十一月二十六日偕福建省委巡视员谢同志从蛟洋到达汀州，与四军会合，遵照中央指示，在前委工作。……四军党内的团结，在中央正确指导之下，完全不成问题。陈毅同志已到，中央的意思已完全达到。"可见，对周恩来的处置决策，毛泽东是心悦诚服的。

当然，毛泽东作为领袖，也有一个成熟的过程。因为在红四军党的七大以前，包括在罗福嶂会议、白砂会议中，毛泽东也有感情用事的一面，也有作为政治家不够成熟的地方。比如说红四军党的七大后，毛泽东辞职不干了。但自此以后，毛泽东再也没有主动辞职过。1932年，在宁都会议上被撤销了职务的毛泽东要到后方去，周恩来当时取代毛泽东出任红军总政委。周恩来讲有问题还要找你，毛泽东当时讲"随叫随到，我到后方休息，有什么问题找我"。可以说，在红四军党的七大、罗福嶂会议、湖雷会议、白砂会议的斗争中，毛泽东逐渐成为一个成熟的政治家和领袖。

1929年12月28日至29日，红四军党的九大在福建古田召开，史称古田会议。会上，陈毅传达了中央"九月来信"的精神。随后，毛泽东、朱德分别作了政治报告和军事报告，会议通过了《中国共产党红军第四军第九次代表大会决议案》（又称"古田会议决议"），毛泽东再度当选前委书记。

从井冈山会师到古田会议，朱德与毛泽东刚刚相处了一年半时间。通过争论，朱德进一步认识到毛泽东的才干，最后心悦诚服。朱德后来说："我一生中有两位老师，一位是护国军第一军司令蔡锷，另一位是毛泽东。"

古田会议的成果绝不只是通过了一个古田会议决议，找到了一条正确的路线，提出了"思想建党、政治建军"等口号，更关键的是，它见证了我党领导人的成熟，这是古田会议很大的一个成果。我们知道，毛泽东提出的《关于纠正党内的错误思想》是古田会议决议的核心部分，深刻地批判了红四军党内存在的单纯军事观点、极端民主化、非组织观点、绝对平均主义、主观主义、个人主义、流寇思想、盲动主义残余等错误倾向，列举了各种错误倾向的根源和具体表现，提出了纠正办法。古田会议决议的中心内容是强调加强党和军队建设，加强马克思列宁主义和党的正确路线教育，纠正党内的非无产阶级思想，把党建成马克思列宁主义的无产阶级政党，把军队建设成为接受党的绝对领导的人民军队。这是在斗争中、在失败的教训和胜利的经验中总结出来的真理。

可以说，没有朱毛之争，就不会有古田会议；没有古田会议，"思想建党、政治建军"这样一个原则就难以形成。这是古田会议的最大成果。而在其中，作为争论的一方，朱德也作出了重大的贡献。

为什么这么说？在红四军党的七大上，朱德曾讲："有人说我'放大炮'，说大话，说过要红遍福建、江西，打到武汉、南京，解放全中国。这不是'放大炮'、说大话，吹牛皮，这是为了鼓舞革命斗志，向前看，向远看，对革命前途要充满信心。又有人说我拉拢下层，常和下面官兵混在一起。这不是拉拢下层，搞什么小组织活动，这是为了和下级打成一片，便于及时了解下面情况。还有人说我游击习气，不像个官样，穿的和士兵一样破破烂烂。这并不是游击习气，这是因为目前我们生活等各方面条件还很差，是为了群众化，不脱离下面官兵，不脱离群众。"[7]

今天来看，红四军党的七大、九大对朱德的一些批评也不尽合理。因为，当时的朱德毕竟来自旧军队，而朱德、毛泽东两人接触才一年多一点时间，需要有一个磨合期。后来，随着时间的推移，毛泽东对朱德真正了解后，朱德的忠诚就成为鲜明而宝贵的特质。

为古田会议作出很大贡献的不仅有朱德，还包括陈毅。陈毅在古田会议之前的历次争论中一直扮演了调和者的角色，但被毛泽东批判为"陈毅主义"。陈毅后来讲："不上高山，难见平地。"他说，当局者迷，在红四军干的时候，整天在那儿争吵，感觉不出来。到了中央，周恩来向他介绍全国的形势，介绍了红四军经验的推广对各个根据地的示范作用，令他大吃一惊。原来，吵吵闹闹的红四军竟然是那么坚定地走着正确的革命道路；毛泽东、朱德竟带头创造出了这么宝贵的经验。后来，陈毅几次对身边工

珍藏于中央档案馆的"九月来信"复制件（文化传播／供图）

作人员说，到上海党中央两个多月，等于上了两个多月的训练班。

　　当然，这其中也包括周恩来所作的贡献。周恩来最早起草了要求朱德、毛泽东离队的中央"二月来信"，遭到毛泽东的激烈反对。周恩来收到毛泽东的来信后，发现自己判断错误，迅速纠正调整，马上复信不再要求分散，同意朱德、毛泽东暂时不来中央，真正做到了实事求是、从谏如流。1929 年 8 月，周恩来代表中央起草了给红四军前委的"八月来信"，充分肯定了毛泽东的建军主张，提出"红军中政治部工作及宣传队组织（或如你们所称'宣传兵'）是红军中政治命脉"[8] 这样鲜明的口号，要求绝不能动摇这一根本路线。所以，政治建军绝不单单是毛泽东的个人认识，周恩来也高度重视政治工作，认为这是红军中的政治命脉。陈毅到上海后，周恩来多次与之交谈，才最终形成了更加明确地肯定和维护毛泽东主张的中央"九月来信"。

红四军领导层能够最终化解矛盾，走向团结，毛泽东能够进一步施展才华，成长为全党领袖，都与周恩来的果断支持密不可分。周恩来作为当时的中央实际负责人，如果存有私心或判断失误，对毛泽东进行打压，我们很难设想中国革命未来的发展。

共产党最大的力量所在

今天，我们回看当时红四军内部的争论，会发现争论的各方都有问题和缺点。把各方面正确的东西综合起来，把各方面错误的东西加以排除，这是中国共产党最大的力量所在。

整个红四军争论的过程、古田会议争论的过程，最直接的参与者是毛泽东和朱德，然后是支持朱德的陈毅和支持毛泽东的林彪，还有将局面搅得更乱的刘安恭以及最后作出正确决策的中共中央领导人周恩来。除牺牲的刘安恭外，其他人后来都成为我党我军的领袖、领导人。虽然他们已随历史远去，但今天看来依然值得我们敬仰。其实，如果我们设身处地换位思考，当年的他们，就是一伙为革命、为理想而不懈奋斗、不断探索的年轻人。当年，毛泽东36岁，朱德岁数大一些（43岁），周恩来31岁，陈毅28岁，刘安恭30岁，林彪22岁。这伙年轻人，有矛盾、斗争、分歧、争论：革命怎么搞？红军怎么建设？胜利怎么夺取？在这样的一个进程中，他们都是杰出的、勇敢的探索者，并不能说哪一个人是绝对正确的或是绝对错误的，大家是在相互促进。最终，他们探索出了一条中国革命的正确道路，逐渐成长为这个党、这支军队不可替代的中坚力量。这样一个领袖集团、这样一个指挥班子、这样一支队伍，使中国革命的最后胜利成为历史必然。这才是古田会议最大的意义所在。

古田会议的召开，标志着以毛泽东、朱德、周恩来等人为领导主体的中国共产党人，开始完成对一支以农民为主体的军队的改造，避免中国共产党领导的土地革命和这支武装再次走入农民起义轮回的历史困境。中国历史上的历次农民起义，进了城、夺了权、坐天下，最后都垮掉了。中国共产党没有成为任何一支农民起义队伍的"尾巴"，没有走他们的老路，其中通过斗争完成对队伍的改造发挥了至关重要的作用。

大革命失败后，中国共产党在残酷的斗争现实面前，不得不突破教条主义的框框，立足中国国情，把中国革命明确定位于以农业为主要经济的中国的革命，开始了革命重心由城市向农村的历史性转变。在这一转变过程中，由于农民大量加入，党和红军的成分迅速发生了质的变化。从关于当时红军历史状况的一些统计报告中可见，当时的南昌起义余留部队，即叶挺部、贺龙部的人员，后来大部分成了红军的干部，只占全军人数的五分之一。从赣南、闽西农民中新招募的士兵占四分之一。农民成为这支队伍的主要力量，这是与马克思主义关于共产党以工人阶级为核心的理论相悖的，因此这支队伍具有很多农业社会的特点。

革命根据地创建初期，浓厚存在于农村的宗族观念、地方观念、排外观念、太平享乐观念等，与农民的革命主体地位严重不相适应，负面影响日益凸显，产生了诸多有悖于革命宗旨的倾向。比如，顽固的宗族观念。这在党领导的农民暴动中表现得尤为突出。又如，仇视城市的观念。一些人笼统地反对城市，当时中央的报告中描述为"一些人笼统地反对城市，斗争一起来便要攻城，倾向于采用极端、暴力的途径，导致城乡的对立"。再如，严重的地方观念。当时，第二十八团想去赣南打游击，因该团赣南人多，第三十一团想回浏阳、平江，第二十九团想去湘南，湘赣边界的同志主张在边界游击，都不愿意到远离家乡的地方去打仗。还有，组织纪律观念淡薄。长期的小农经济生产生活，使农民队伍很难适应严格的组织纪律。有的队伍刚刚组织起来，很快又散掉了。有的农民来参军，一看不适应，很快又走了。这从后来中央的报告中提到的一个现象就可见一斑。当时，红四军浴血奋战打下汀州（今长汀）城后，一些农军见稻谷正值成熟期，便纷纷脱离队伍回家割稻，城防竟无人顾及，导致在豪绅地主武装的反扑下，汀州城得而复失。从这个事例可以看出，这是一支纪律涣散的农民队伍。

张国焘在 1931 年 5 月《关于鄂豫皖区情况给中央政治局的综合报告》中写道，"分明是一个贫农，一旦被选为苏维埃执委，就要千方百计去找件长衫和马褂穿起来"[9]，要当富人，当人上人。这种思想行为与革命的观念与目标相去甚远。毛泽东描述当时的队伍说，"他们是'流寇主义'的游击政策。他们忙的不是建设政权和分配土地，而是扯起红旗到处乱跑"。这就是红军建立初期的真实情况。

在这样一支队伍中，农民成为革命的主体，可能导致中国共产党丧失无产阶级先进性，出现农民意识影响到党的组织路线，导致发生"尾巴主义"的危险。当时，中央已提出过这方面的警告。

周恩来在他起草的中央"八月来信"里讲："红军不仅是战斗的组织，而且更具有宣传和政治的作用。每一个红军士兵都负有向群众宣传的责任；整个红军的游击，更充分负有发动群众、实行土地革命、建立苏维埃政权的使命。谁忽视了这一点，谁便要将红军带向流寇土匪的行径。"应该说，周恩来的观点是很尖锐的。

当时发生过这样一件事：第三十一团第三营党代表毛泽覃把猪贩子当土豪打。毛泽东知道后，当街严厉批评了毛泽覃。

今天回顾那一幕，可以想象毛泽东当时面对这种状况，内心非常着急。当时很多人的想法就是分光吃净。在中国历史上，农民由于不堪忍受剥削和压迫，揭竿而起、上山称王的从来不乏其人。但最后不是落草为寇，就是接受招安，个别成功当上皇帝的，也只是重复封建王朝的新旧轮替而已。

可以看出，当时真正觉悟的不是多数，而是少数。是毛泽东等少数先进分子通过一个个事例让大家慢慢觉悟。面对红军内部单纯军事观点、极端民主化、平均主义、流寇主义、盲动主义、军阀主义残余等问题，毛泽东深刻指出："若不彻底纠正，则中国伟大革命斗争给予红军第四军的任务，是必然担负不起来的。"[10]

正是从这个意义上说，古田会议是关于建设一支什么样的军队、怎样

古田会议会址（雷厉/供图）

建设这支军队的指导思想和前进方向的较量。这是一支成长于传统环境的农民队伍在错综复杂的矛盾中向革命军队转型的过程，是一次艰难痛苦的蜕变。问题解决得好坏，关系到农民在革命中的主体地位能否确立，更是"农村包围城市最后夺取城市"这条道路能否走下去的关键。

工农红军并不天然具有先进性。如果不确立党的坚强领导，不确立群众路线和全心全意为人民服务的宗旨，不实行严格的纪律，不自觉保持艰苦奋斗、牺牲奉献的革命精神，这支队伍就无法避免滑向传统农民起义的路径。

在当时无法吸收广大工人来改变红军成分的情况下，如何紧密结合中国革命实际情况创造性地解决这一难题？这个任务就历史性地落在了古田会议肩上。

锻造一支新型军队，这是古田会议最大的意义所在。这支新型军队能不能锻造出来？毛泽东说："不为个人争兵权，要为党争兵权。"只有如此，才能完成少数人对多数人的改造，否则持正确意见的少数人就会被多数人同化掉。毛泽东当时干的就是这件事。在今天看来，这是件惊天动地的事情。

古田会议认为，红四军党内之所以出现种种不正确的思想，是由于党的组织基础的最大部分是由农民和其他小资产阶级出身的人所构成的。这是古田会议认识问题和解决问题的前提。

古田会议强调，红军不是单纯地为了打仗才去打仗，脱离了对群众的宣传、组织、武装和建立革命政权等目标，就失去了打仗原有的意义，也就失去了红军存在的意义。这是古田会议解决问题的目标和基础。

古田会议通过坚决斗争以消除负面影响，也通过正确教育和引导做到了决策的行之有效。这是古田会议解决问题的方法。

古田会议提出了"争取有斗争经验的工农积极分子加入红军队伍，改变红军成分"。这是古田会议在解决问题过程中注重发挥群众的力量，提出了最终改变要从群众自身开始的重要思想。

古田会议决议确定：

第一，"中国的红军是一个执行革命的政治任务的武装集团"，规定了红军的无产阶级性质和全心全意为人民服务的根本宗旨。

第二，党的领导机关是"领导的中枢"，确立了中国共产党对军队实行绝对领导的原则。

第三，"红军党内最迫切的问题要算是教育问题"，探索了克服各种非无产阶级思想的方法和途径。

第四，增强了党内生活的政治性、原则性、战斗性，开了党内积极思想斗争的先河。

古田会议决议系统地回答了如何建党、建军的一系列根本问题。它最终使中国共产党领导的这支武装，不同于中国历朝历代任何一次农民暴动、武装起义队伍，也不同于国民革命武装。枪杆子要为人民打江山，枪杆子要捍卫革命的成果和人民的政权——这就是古田会议的辉煌成果。人民军队的军魂在这里铸造。

古田会议重新塑造了一支武装。这支武装不同于历次农民起义武装，尤其我们进行的是一场土地革命。在土地革命战争中，农民获得的权力和实惠是用生命和鲜血换来的，必须用生命和鲜血加以保卫。一切只顾个人和小团体利益的小农意识都成为不现实的妄想。残酷的斗争现实，加上革命思想的注入引导，开始重新塑造这支参加土地革命战争的农民军队。特别是当认识到只有革命不断发展，才能保障农民自己所得到的土地及一切利益的时候，"广大农民如铁屑之追随磁石，凝聚在了苏维埃旗帜之下"。抛弃旧观念，以空前的艰苦卓绝、不怕牺牲的精神，创造出一支崭新的革命队伍，这是古田会议的后续效应。

古田会议对我党我军影响重大。概括地说，古田会议就是形成了思想建党、政治建军的理念，就是形成了中国工农红军是一支执行革命的政治任务的武装集团的理念。当这些正确的理念变为一种基因真正融入一支军队的血脉时，一支新型人民军队就此诞生了。而这种无形的、巨大的力量，推动中国共产党领导的中国革命从小到大、由弱到强，直至取得最后胜利。古田会议之后的中国工农红军，历经五次反"围剿"、二万五千里长征、抗日战争、解放战争。这支队伍里曾经带有的宗族观念、地域观念、非组织观念等错误观念，已经完全被转变了。

毛泽东讲过："这个军队具有一往无前的精神，它要压倒一切敌人，而决不被敌人所屈服。不论在任何艰难困苦的场合，只要还有一个人，这个人就要继续战斗下去。"[11] 这支军队在革命战争年代做到了这一点，一扫旧军队的残余，一扫农民起义队伍的痼疾，锻造出了一支全新的武装力量。

大革命失败后，中国共产党人深刻认识到了"枪杆子里面出政权"。但是枪杆子打出了政权后，建立一支什么性质的军队？如何领导好这支武装？为了回答这些问题，毛泽东、朱德、周恩来等老一辈共产党人作出了不懈努力，进行了艰苦卓绝的探索。这其中，毛泽东的眼光最为远大，因而贡献也最大。

注 释

1.　中共中央文献研究室编：《朱德传》(修订本)，中央文献出版社 2006 年版，第 212 页。

2.　《毛泽东文集》第一卷，人民出版社 1993 年版，第 64 页。

3.　中共中央文献研究室编，逄先知、金冲及主编：《毛泽东传》第一册，中央文献出版社 2011 年版，第 205 页。

4.　中共中央文献研究室、中央档案馆编：《建党以来重要文献选编（一九二一——一九四九）》第六册，中央文献出版社 2011 年版，第 520 页。

5.　同上书，第 522 页。

6.　李颖、齐雄：《民主生活会制度的产生、发展与完善》上，《新湘评论》2016 年第 4 期。

7.　中央文献研究室第二编研部编：《话说朱德》，中央文献出版社 2000 年版，第 180 页。

8.　中共中央文献研究室、中央档案馆编：《建党以来重要文献选编（一九二一——一九四九）》第六册，中央文献出版社 2011 年版，第 395 页。

9.　中国工农红军第四方面军战史编辑委员会：《中国工农红军第四方面军战史资料选编》(鄂豫皖时期·下册)，解放军出版社 1993 年版，第 140 页。

10.《毛泽东选集》第一卷，人民出版社 1991 年版，第 85 页。

11.《毛泽东选集》第三卷，人民出版社 1991 年版，第 1039 页。

第五章

星火燎原

共产党人为什么能夺得政权

蒋介石动用了"十八般兵器"

中原大战尚未结束，蒋介石对苏区旷日持久的"围剿"就拉开了帷幕。

第一次"围剿"（1930年11月至1931年1月），蒋介石兴兵10万，以江西省主席鲁涤平为总指挥，长驱直入，分进合击。他悬赏5万光洋缉拿朱德、毛泽东、彭德怀、黄公略，同时宣称"期以三月，至多五月，限令一律肃清"红军。

1930年12月5日，蒋介石乘军舰由南京到九江，指挥"剿共"。在内心里，他对朱毛、彭黄红军是瞧不起的，只到江西草草转了一圈，带领幕僚游了一趟庐山，便将指挥大权交给鲁涤平，然后返回南京坐等胜利消息了。此时的蒋介石，已制服拥兵20万的唐生智，压垮拥兵30万的李宗仁、白崇禧，收编拥兵近40万的张学良，又刚打败拥兵70余万的冯玉祥、阎锡山。赣南的3万红军，根本没被他放在眼里。

没想到，等来的不是胜利的消息，而是"围剿"主力第十八师师长张辉瓒（字石侯）的首级和鲁涤平一封悲痛万分的电报：龙岗一役，第十八师"片甲不归"。何应钦、鲁涤平在南昌泪水涟涟、凭棺哭吊；蒋介石也在南京大叹"呜呼石侯，魂兮归来"。第一次"围剿"

在葬礼中悲悲戚戚地结束。

第二次"围剿"（1931年4月至5月），以军政部部长何应钦为总指挥，开始便想"以生力军寒匪之胆"，除原有部队外，特增调王金钰第五路军、孙连仲第二十六路军入赣参战，兴兵20万。

可"生力军"却不愿生力。王金钰左推右挡，迟迟不动。直到蒋介石许以江西省主席，他才勉强带领北方部下开拔，一路还借口有"共军"骚扰，走走停停，甚为迟缓。孙连仲的部下则开始破坏南下的铁路和车辆。该部半年前还在中原战场与蒋军血战，现在掉头去充当蒋军炮灰，转变实难。

待蒋介石、何应钦软硬兼施，将王、孙两部连哄带压弄到指定地点，原定作战发起时间已经过去了半个月。以非嫡系军队"剿共"，本是蒋介石心中盘算的一箭双雕之计，却只换得惨败。

第三次"围剿"（1931年7月至9月），用兵30万，蒋介石亲任总司令，动用其核心主力，将黄埔起家的老本——嫡系赵观涛第六师、蒋鼎文第九师、卫立煌第十师、罗卓英第十一师、陈诚第十四师全压了上去，分路围攻，长驱直入，但仍未换来成功。蒋介石这才真正认识到问题的严重性。他用一个晚上就可以摧垮共产党人在城市的组织，但面对武装割据的工农红军，三次"围剿"都无损朱毛一根毫毛。

第四次"围剿"（1932年7月至10月对付鄂豫皖、湘鄂西苏区，1932年12月至1933年3月对付中央苏区），蒋介石自任鄂豫皖"剿匪"总司令，委任何应钦为赣粤闽边区"剿匪"总司令，先以30万兵力围攻鄂豫皖苏区、以10万兵力围攻湘鄂西苏区，得手之后再集兵50万进攻中央苏区；军政并进，逐步"清剿"。周恩来、朱德等运用前三次反"围剿"的成功经验，坚持正确的作战指导思想，取得了这次反"围剿"的胜利。

第五次"围剿"（1933年9月至1934年10月）更是倾全国之兵，集兵百万，其中用于中央苏区50万。其嫡系部队倾巢而出。蒋介石自任总司令，三分军事、七分政治，严密封锁，以守为攻。

蒋介石一心一意"攘外必先安内"，为了"剿共"，兴兵不可谓不多，战略战术不可谓不周密，有"十八般兵器"就用上了"十八般兵器"，可结果却未能如愿。

军旗为什么这样红

1997 年我在美国国防大学学习期间，有一次参观西点军校，美方安排驻华陆军副官胡柏陪我参观。他当时向我表示，非常钦佩中国共产党率领的这支队伍。他想不明白，为什么在抗美援朝战争中，美国七个营的兵力抢占不了中国两个连坚守的阵地。

要回答这个问题，我们得从人民军队艰难创建的历史说起。

正是这七八百残兵，日后变成了燎原之师

中国共产党率领的队伍，是中国近代历史上前所未有的，清王朝没有，北洋军阀没有，民国政府没有，它是一支全新的队伍。

八一军徽闪闪发亮。这个八一军徽，也是国防大学的校徽。国防大学可以追溯到工农革命军第一军第一师第一团教导队，那是毛泽东建立的教导队，也是国防大学的前身。

八一军徽上的"麦穗"有什么含义？毛泽东建立的这支教导队是从秋收起义来的。1927 年 9 月 9 日秋收起义，共 5000 余人参加，到 1927 年 9 月 30 日"三湾改编"前，仅剩不足 1000 人。就这近 1000 人，毛泽东还办了教导队。当别人把这支队伍作为农民起义队伍看待的时候，他在想着办学校，想着培养自己的人才，这是怎样的一种抱负？

这支队伍的前面绝对没有红地毯和鲜花，更没有一路高歌猛进。秋收起义，队伍剩下了近 1000 人；南昌起义队伍由原来的 2.25 万多人，最后只剩七八百人。谁能想到这支队伍最后能干出这么大的名堂！

大多数人相信"眼见为实，耳听为虚"，而毛泽东 1930 年讲"星星之火，可以燎原"，当时离胜利还有近 20 年。手下就这点儿力量，怎么燎原？所

湖南韶山毛泽东同志纪念馆展出的中国共产党独立领导工农武装斗争的第一面军旗（复制件）（海峰/供图）

以，我觉得这是一批了不起的人，即使在那么黑暗的时候，他们的心里也充满信仰。因为信仰坚定，他们最终实现了目标。

再看看朱德，当年的滇军少将旅长，专门跑到上海找陈独秀提出入党要求。陈独秀没同意，朱德费了很大的劲，赶去巴黎，又到柏林，终于入了党。

大家都知道，朱德是中国人民解放军总司令，八一南昌起义则揭开了中国共产党独立领导武装斗争和创建革命军队的序幕，因此很多人都认为朱德是南昌起义的重要负责人，但事实上并非如此。当时朱德不仅在党内资历浅，而且带的队伍少，在南昌起义时不是主要负责人。但是，南昌起义失败后，只剩2000多人，军心大乱，队伍在三河坝会师时群龙无首。关键时刻，朱德站了出来，他说大家不要散，我们现在有人有枪，一定有办法。后来很多老同志回忆，当年在三河坝没有散伙，就是因为听了朱德的意见。

这支剩余的部队，跟着朱德，一直走到10月底，还是穿着短衣短裤，没有药品，没有食物，人越走越少，走到江西安远天心圩时只剩下七八百人。军事干部、政工干部所剩无几，中国革命危在旦夕。

朱德硬是把这七八百人稳住了。他说，大革命失败了，但我们还是要革命的。就是这么一个从旧军队里走出来的旧军人，坚信革命一定会成功。这七八百人像是一支丢了魂的队伍，而朱德给了他们一个灵魂。这支七八百人的队伍中，每一个自愿留下来的人，都从朱德身上感受到了革命一定会胜利的信念。正是这七八百残兵，日后变成了燎原之师。

填平"最勇敢"与"最有觉悟"之间的鸿沟

中国革命有两个很大的特点：第一，在最发达的城市获取最先进的思想，比如共产党早期组织——北京共产党早期组织、上海共产党早期组织、广州共产党早期组织、长沙共产党早期组织等，都出现在大城市；第二，在最落后的山村获得最勇敢的战士。

当然，矛盾也就出现了，最先进的思想要在最落后的山村获得认可和普及，并非易事。最勇敢与最有觉悟之间，曾经有着巨大的鸿沟。如何填平这一鸿沟，避免历史上农民起义的结局，不成为"陈胜吴广第二""李自成第二""石达开第二"，是红军面临的首要难题。

当时在落后地区组建军队，红军中存在着严重的乡土观念。朱毛会师组成红四军后不久，第二十八团想去赣南，因为赣南人多；第二十九团想去湘南，因为家乡在那里；第三十一团想去浏阳、平江，也是想回家。这一倾向导致红军部队指挥调动困难。第二十九团在返乡途中，战士枪杆上挂着、腰上夹着的都是带给老婆和娃娃的物件。顽固的宗族观念，长期的小农经济和散漫的生产生活方式，导致士兵很难适应严格的组织和严密的纪律，队伍刚刚组织起来，很快又散掉。当年贺龙曾经回忆，那时候的部队，就像抓在手里的一把豆子，手一松就会散掉。

红军中还存在严重的享乐观念，认为革命就是改朝换代，就是你下我上，你方唱罢我登场。红军队伍发展也不平衡。朱毛会师组成红四军，军长朱德，党代表毛泽东，但是，两支队伍融合起来并没有那么容易。第二十八团是南昌起义部队，作战能力强；毛泽东的第三十一团是秋收起义部队,主要的财力掌握在第三十一团。南昌起义的"铁军"瞧不起秋收起义的"农军",嫌他们"土气";秋收起义的"农军"看不惯南昌起义的"铁军",嫌他们"流气"。"铁军"打胜仗多,人多枪好,不愿意拿出来支援"农军";"农军"占乡据村,收入多,也不愿"共"出来资助"铁军"。问题和矛盾很多。

可以想象,当时毛泽东面对这种状况,内心非常着急。大革命失败后,共产党人深刻地认识到"枪杆子里面出政权",但是,建立一支什么样性质的队伍?如何领导好这支武装?怎么获得劳苦大众的真正信任?如果连改朝换代的思想都无法超越,共产党的先进性又体现在哪里?这些问题亟待解决。

这是一支成长于传统环境的农民队伍,在错综复杂的矛盾中向革命军队转型,进行艰难痛苦的蜕变。问题解决得好坏,关系农民在革命中的主体地位能否确立,更是农村包围城市、最后夺取城市的道路能否走下去的关键。

重要的转折发生在古田会议。

工农红军并不具有天然的先进性。如果不能确立党对这支队伍的坚强领导,不能确立群众路线和全心全意为人民服务的宗旨,不能实行严格的纪律,不能自觉保持艰苦奋斗、牺牲奉献的革命精神,就无法避免滑向传统农民起义的旧途。

因此,古田会议明确指出:第一,中国红军是一个执行革命的政治任务的武装集团,规定了红军的无产阶级性质和全心全意为人民服务的根本宗旨。这个规定,从根本上划清了新型人民军队同一切旧式军队的界限。第二,提出党的领导机关是"领导的中枢",确立了中国共产党对军队实行绝对领导的原则。第三,提出"红军党内最迫切的问题,要算是教育的问题"[1],探索了克服各种非无产阶级思想的方法和途径。第四,增强了党内生活的政治性、原则性、战斗性。古田会议使毛泽东在红四军的核心领导地位得以确立。

古田会议一结束,毛泽东就说"星星之火,可以燎原",因为他心里有底了,这个队伍有指望了,革命胜利可以预期了。

古田会议重塑了一支不同于历次农民起义的革命武装。其中的关键，是通过确立"党指挥枪，而不是枪指挥党"这一根本原则，实现少数先进觉悟者对大多数人的改造，从而保证了红军思想、组织、作风的先进性。

站在前人的肩膀上，血性赢得尊严，灵魂赢得光荣

在此后的五次反"围剿"、二万五千里长征、抗日战争、解放战争中，这支队伍一扫旧军队的面貌，一改农民起义的弊端，以空前的艰苦卓绝、不怕牺牲的精神，创造出一支崭新的革命队伍。

这批军人，绝大多数都是农民。如果没有中国革命，他们可能会一辈子面朝黄土背朝天。中国革命极大地改变了他们的命运，而他们通过奋斗，也极大地改变了中华民族的命运。他们都是被苦难所逼，被迫扯起战旗，投奔共产党闹革命；他们都是戎马生涯，以命相搏，置之死地而后生。

近代以来，没有哪一个政治团体像中国共产党这样，拥有如此众多为胸中的主义、心中的理想而抛头颅洒热血、前仆后继、义无反顾、舍生忘死的奋斗者，他们不为官、不为钱，不怕苦、不怕死，只为主义、只为信仰。

让我们来说说其中的一个代表人物，开国中将张国华。

张国华是农民出身，一路跟随毛泽东、朱德南征北战。1949 年开国大典后不久，毛泽东就十分关注西藏问题，他致电彭德怀，"解决西藏问题不出兵是不可能的"。1950 年 1 月，刘伯承、邓小平反复思量，不约而同想起了第十八军军长张国华。他们紧急找张国华谈话，张国华没有丝毫犹豫，当即表示："一切听从党安排，坚决完成任务。"

张国华同意出兵西藏，但部队没有转过弯来。当时内定第十八军接管富庶的川南，张国华已内定为川南行署主任。从天府之国突然改为不毛之地，部队里很多人有意见，逃兵数量猛增，严重的时候一个班只剩下班长、副班长，连队干部夜里不敢睡觉，轮流把门，营团干部天天追问逃兵数量。干部队伍也出现动摇，第十八军第五十二师第一五四团副政委写信提出："身体不好，不能进藏。"张国华看完信后气得手直发抖。

在动员全军进藏的大会上，张国华说："你们把西藏看成是不毛之地，

可英帝国主义却从来不嫌它荒凉，百余年来拼命往那里钻，现在美帝国主义又积极插足，难道我们对自己的国土反倒不如帝国主义热心？"邓小平亲自坐镇第十八军动员大会，对张国华的讲话带头鼓掌，并给第十八军将士题词："接受与完成党所给予的最艰苦的任务，是每个共产党员每个革命军人无上的光荣！"[2]

1950 年春，张国华率第十八军进军西藏。代价是巨大的，他的女儿病逝于进藏途中。当时那批军队的领导人都有这样一个特点：不是只有部下牺牲，而是率先牺牲，一家子进藏。

1972 年，张国华去世，终年 58 岁，就是因为长期在西藏生活，心脏、血压都出了问题。张国华病逝后，周恩来在北京迎接张国华的骨灰。周恩来一生迎接过两个人的骨灰。一个是陈赓。1961 年，陈赓在上海去世，骨灰空运到北京，周恩来在机场迎接。第二个就是张国华。周恩来对张国华的党性特别欣赏，张国华去世的电报传到北京，周恩来连续讲了三次"可惜了"。

解放战争期间，张国华（前排左一）与战友合影（张庆民／供图）

　　我们这支军队培养的，就是这样有灵魂、有本事、有血性、有品德的新一代革命军人。有灵魂就是要信念坚定，听党指挥；有本事就是要素质过硬，能打胜仗；有血性就是要英勇顽强，不怕牺牲；有品德就是要情趣高尚，品行端正。

　　今天，我们依然有这样一批军人，他们依然有灵魂、有本事、有血性、有品德，始终引领着人民军队继续前进。他们的信念来自哪里？就来自毛泽东当年对军队的建立和对军队的改造，那些思想至今仍在影响着他们。

　　一代一代的士兵站在前人的肩膀上，用血性赢得尊严，以灵魂赢得光荣。灵魂与血性永远是军人的脊梁、胜利的刀锋。八一军旗为什么这样红？就是因为我们拥有这样一批有灵魂与血性的军人。

如何打造一支有血性的队伍

人多就是力量吗

　　很多时候，我们泛泛地谈管理。管理的核心是什么？是建设一支有灵魂、有血性的队伍。道理很简单，你能不能干成大事，不看宣言，看队伍。宣言好做，队伍难带。

　　《三国演义》里，刘备路子很正——身为皇叔，宣言也不错——要恢复汉室的正统，可队伍不行，除了桃园三结义的刘备、关羽、张飞，其他能信任的、能用的人不是很多，最后弄了个"蜀中无良将，廖化作先锋"。再看曹操，从来不黄袍加身，声称自己就是当丞相辅佐汉献帝，但大家一看曹操手下的队伍，文臣武将齐备，这个家伙一定会取天下。这就是"不看宣言，看队伍"。

　　近代中国最糟糕的是什么？我们没有一支坚决捍卫国家利益的队伍。1840 年，第一次鸦片战争，英国派出 28 艘军舰、1.5 万人的军队，就打赢了。

1900 年八国联军入侵北京，总兵力加起来 18811 人。我们呢，京津冀这一带，义和团五六十万，清军十五六万。八国联军 10 天之内就攻陷了北京。

一到关键时刻就不顶事，这是近代以来我们麻烦灾难不断的根源。人多就是力量吗？并不是。

近代以来，训练新军最成功的是袁世凯，袁世凯的小站新军被称为中国第一支近现代武装。袁世凯一度全部西法练兵，八旗、湘淮军那套统统不要。刚开始学德国步兵，后来又全部学习日本步兵。小站新军不但在训练、战术等方面有全新改变，而且在思想文化方面陶冶锤炼将士，在军事变革上呈现出前所未有的风貌。

这支队伍后来走出四位民国总统、六位国务总理和陆军总长，成为近代中国最大的军事政治集团。

小站新军虽然有先进的教育和训练，却仍然不是民族和国家利益的捍卫者，而是个人利益和野心的捍卫者，最终以北洋军阀集团的标签落得个祸国殃民的千古骂名。

近代以来，一批批人组建队伍，结果每临国难，队伍都作鸟兽散。就是在这种情况下，共产党开始组建自己的队伍。

有远大抱负的人是少数

一个人的远大抱负，绝不是在你志得意满的时候展现，而是在你一文不名的时候。毛泽东讲"星星之火，可以燎原"的时候，根据地还是一片穷困潦倒。什么叫力量？我们有句话，"多数人因看见而相信"，耳听为虚，眼见为实；"唯少数人因相信而看见"，毛泽东相信，他最终看见，这就是信仰的力量。

中国历史上有两种人最可怕：一是有信仰的书生，二是被逼上梁山的草寇。更可怕的是这两种人的结合。中国革命者就是这两种人的结合。

前面我说过，初创时期的红军，由于种种错误观念的影响，导致党对红军的领导有很多困难。毛泽东敏锐地发现了这一点，提出了解决之道：必须改造队伍。前面说过，毛泽东的亲弟弟毛泽覃把猪贩当土豪打，要没收猪肉给部队改善伙食。毛泽东知道后非常生气，当街严厉批评毛泽覃，甚至要动手打他。这还引发了在场等候吃猪肉的一些官兵的强烈不满。

当时很多人的想法就是分光吃净。毛泽东眼看自己拉起的这支队伍，要打家劫舍分光吃净，又滑到农民起义的历史轮回里去了，他决心一定要把队伍带出来，从这个历史轮回中解脱出来。

从毛泽东不让大家吃猪肉可以看出，当时真正觉悟的不是多数，而是少数。这是一场少数人对多数人的引导和改造。

为什么讲古田会议使红军实现了凤凰涅槃？因为当年共产党对队伍的改造力度前所未有。如果不赋予队伍灵魂与血性，就是一支分光吃净的队伍，这样的队伍不可能获得胜利。

领导层里要有先进

古田会议让一支被别人称为草寇的队伍获取了最先进的思想。这里我给大家讲众多农民将领中的一个，韩先楚。

韩先楚，放牛娃出身，大字不识几个，却成为一名杰出的战将。1946年5月指挥鞍海战役，开创了令敌军一个师战场起义的先例；1946年10月新开岭战役，开创东北战场一仗全歼一个师的战例；1947年5月梅河口作战，开创一个师歼敌一个师的战例；1947年冬季攻势作战，奇袭威远堡，开创长途奔袭敌主力的战例。

1950年1月10日，毛泽东电令：争取春夏两季解决海南岛问题。但两次登陆作战失利，海南岛作战时间推迟。毛泽东要推迟，武汉的林彪要推迟，广州的叶剑英要推迟，韩先楚的几个上级都要推迟。

但韩先楚继续发电报：大规模渡海作战条件已经成熟，可以打！仍然没人理。发到最后，军政委都不跟他连署电报了，说别一而再、再而三不与中央保持一致了。

4月10日，韩先楚说服了林彪，林彪说服了毛泽东，毛泽东电令叶剑英，中央军委下达大举强渡作战命令。4月16日，海南岛战役开始，韩先楚置个人生死和军事荣誉于度外，在没有海空军配合的情况下，冒着丧失琼州海峡的极大风险，亲率第四十军、第四十三军四个师 3 万关东子弟，乘坐 400 多艘风帆船，从雷州半岛灯楼角起渡，跨海进击，势如破竹，并以军长身份第一个登岛。5 月 1 日，海南岛全境解放。6 月 25 日，朝鲜内战爆发。6 月 27 日，美国第七舰队进驻台湾海峡。

就差了一个多月。没有韩先楚的积极主战，我们今天该怎么看海南岛？

中国共产党凭什么获得胜利？仅仅凭领袖一个人吗？这个队伍的灵魂与血性爆发出了积极性、主动性、创造性。韩先楚这种将领，给这支队伍带来了最大的血性与灵魂。

今天我们可以看见，市场经济的冲击、封建残余的发酵，导致一些人思想防线崩塌，理想信念丢失，社会上一度形式主义成风、贪污腐败蔓延、监督纠错缺位，队伍的灵魂与血性面临空前严峻的考验。

但只要我们的主要领导有远大理想、崇高追求，就能把队伍带出来。

人是靠思想站立的，队伍是靠灵魂支撑的。有两个带队伍的杰出典范：一个是成吉思汗，讲了句话"越不可越之山，则登其巅；渡不可渡之河，则达彼岸"。一个是毛泽东，他讲"红军不怕远征难，万水千山只等闲"。

你看看，成吉思汗带出了什么样的队伍？毛泽东带出了什么样的队伍？都是极其具有战斗力的，能打仗、打胜仗的队伍。我们的队伍，要在不断变革中获得胜利，用自己的灵魂与血性保证未来的胜利。

共产党人对正义的坚守

共产党人主持了人类的正义、社会的正义，这是我们的话语权

我们是正义的吗？我们主持过正义吗？我们还将为正义而奋斗吗？今天，一些人对这些问题产生了动摇，甚至有的人觉得"两头真"——参加

革命前是真的，今天退休了是真的，中间跟着共产党干的这一段成了假的。就像黄永玉画的那幅讽刺漫画："这个人的一生：正确的 + 错误的 = 零，白活了"。还有一些人热衷于以小博大、以偏概全，用小考证颠覆大历史，用局部之真颠覆历史之真，把民族解放、人民革命的大时代描绘为大灾难、大悲剧。这种扭曲心态，哪里还能感觉到一丝一毫的社会正义？

我觉得，中国共产党从建立之日起，从"打土豪、分田地"到为人民服务、实现共同富裕，都体现了对社会正义的追求。这是我们的资本，是共产党民心归一的力量源泉。我们今天讲话语权，当然需要语言技巧和传播技巧，但是最根本的影响力来自对社会正义的主持。这意味着什么？意味着需要挺身而出，需要大义凛然，需要坚守原则！

我写过一部电视纪录片《血性军人》的脚本，其中一位典型人物是我军一位优秀的教育工作者，最后倒在了讲台上。最近看材料，知道他年轻时的理想是"向往当一个梁山好汉"，"当个打抱不平的英雄"。这是那一代共产党人对正义的典型追求。哪像我们今天的一些人，路见不平掉头就走，哪有什么拔刀相助啊！这种顶天立地的正义感消失了。对除恶的担当、对平等的向往、对正义的力挺，是那一代共产党人最强大的力量。一旦失去这种英雄气概、担当精神，必然是绥靖的空气、委曲求全的空气、是非不清的空气、"活麻雀比死老鹰强"的空气。

同样，一些人认为经济发展就是一切，用利益取代正义。我觉得，这是对党的工作重心的片面理解。就像恩格斯所批评的第二国际伯恩斯坦所犯的错误："运动就是一切，目的是没有的。"[3]只要增长，不在乎正义，最后导致原则模糊不清甚至丧失。"一切通过发展来解决"成为普遍的思路，"以空间换取时间"成为普遍的方式。用钱来摆平一切行不行？我觉得不行。

共产党人不能放弃原则性、失去坚定性。一些人主张要加入"富国俱乐部"。有一次在一个学术讨论会上，某著名大学的一位学者公开讲，中国人要有富人心态，要加入富人行列，跟富人在一起，不要老跟穷人混在一起。这种心态和论调，居然可以登堂入室！这让我想起 1997 年参观美国西点军校时的情景。当时美国驻华陆军副官胡柏中校陪同我参观，他是西点军校 1978 年的毕业生。西点军校的纪念馆内陈列着上甘岭 537.7 高地和 597.9 高地两个模型。胡柏中校指着模型对我说，这两个高地你们只有两个连守卫，而我们七个营轮番进攻，就是攻不上去，这是为什么？

是的，我们当年守住高地，只用了两个连。而在今天，还有没有这样的精神高地？还有没有这样坚强的队伍？还能不能在炮火硝烟中看到仍然高扬的旗帜？今天，一些人举着思想解放、社会多元的旗号，主动地、全面地、大张旗鼓地弃守高地，"告别革命"，甚至还有人提出"你是站在政府一边，还是站在老百姓一边？"如果到了这一步，那么毛泽东当年提出的"中国的红色政权为什么能够存在"这个命题再次出现了，这是我们共产党人今天必须面对的历史性拷问。

一位军队干部跟我讲，前几年参加会议，一位领导推荐大家看一本书——《忠诚与背叛》，讲当时地下党一些骨干腐化叛变、出卖组织的故事。

1952 年中国人民志愿军战士在上甘岭 537.7 高地上阻击敌人（高亚雄／供图）

这位干部跟我说："他讲这些话的时候，眼中泪花闪烁，我们当时都很感动，我回去要求给大家每人买一本。可是今天他也出了腐化问题。我该怎么给干部战士们解释？！"他问得很诚实，也很尖锐。

一位高级领导干部，如果失去信仰和人格的约束，同样会陷入万劫不复的泥潭。苏军元帅朱可夫在二战胜利后担任驻德苏军总司令期间，把德国的油画、貂皮大衣、水晶器皿搞了好多回来。克格勃向斯大林举报，说朱可夫贪污。斯大林就派他出差，克格勃乘机去家里搜查，把财物全部拉走上报。朱可夫回来一看事已至此，给斯大林写了一封信，最后署名都不敢提苏联元帅的军衔、陆军总司令的职务，就写"布尔什维克朱可夫"，只请求保留他的党籍。你不能说朱可夫不能打仗，可是没有自律和监督制约机制，特别容易出问题。同样，我们从来没有像今天这样接近民族复兴的目标，但也从来没有像今天这样面临精神危机。因此，习近平总书记一再强调要坚定理想信念。

中国共产党的命运，掌握在中国共产党人手里；中华民族的命运，掌握在中华民族手里。我们今天讲话语权，我们是否还拥有强有力的思想武器？是否在精神上已经被人缴械了？能不能也向全世界提供精神产品？今天，一些人在外面到处寻找"思想武器"。中科院一位领导同志说，里夫金的《第三次工业革命》是什么？信息技术与能源结合就是第三次工业革命了？明显是忽悠嘛。对这本并不严谨的书，我们竟然如此重视，连里夫金本人都感到吃惊。这是什么问题呢？不接地气地"山寨"别人的思想，能解决中国的问题？没有自己的思想，我们何谈掌握话语权？

正义离不开精神高地，离不开捍卫这一高地的斗争精神

共产党人最有力的精神就是斗争精神。1949 年 6 月，蒋介石下野四个月后，检讨自身失败时，把中国共产党的优点概括为"七条"：第一，组织严密；第二，纪律严厉；第三，精神紧张；第四，手段彻底；第五，军政公开；第六，办事调查；第七，主义第一。对手是一面镜子，有时候对手对我们的研究，比我们自己还要深刻。如果我们认真思考一下对手总

结的这七条优点，就会发现它们确实是共产党的力量——真正的力量、最大的力量。丢掉这些，只会丧失自己。香港回归时，一些人跑了，觉得共产党的斗争精神太厉害，后来一看没什么动静，又都回来了。"一国两制"的前提是"一国"，但一些人只记住了"两制"，忘掉了"一国"。

今天香港问题的关键是什么？我认为是去殖民化。任何一个过去被人家统治、今天获得民族独立的国家和地区，都要进行大量去殖民化的工作。你看看印度、韩国，再看看蒋介石到台湾后的去殖民化。印度独立后，德里、孟买、加尔各答这些城市，英式拼法全部改成印式拼法；蒋介石到台湾后，日语教育取消，日本教材停用，日本名字不许再叫了。李登辉原来叫"岩里政男"，蒋介石不让他叫了，只好又叫李登辉了。然而，1997年香港回归后，我们在这方面的措施是不够的。例如，香港英国殖民统治时期的维多利亚湾，今天还叫维多利亚湾；那时的麦理浩道，今天还叫麦理浩道。香港实施了《基本法》，主权确实归我们了。但是，香港过去的司法体制、教育体制，特别是学校国民教育的教材，我们却触及不多。从这个意义上讲，我们实行的"一国两制"是不够的。前几年，香港少数人打着殖民统治时期的旗帜游行，给我们提了个醒。我认为，从某种程度上说，这是内地问题在香港的反映，是我们某些同志对"斗争主动权"或有意或无意的放弃。看看我们内地党的某些干部，他们不想抓也不会抓党的建设，不想抓也不会抓思想建设，他们也不关注社会的公平正义，只把精力放到关注GDP（国内生产总值）上，放到经济发展的数字上。一些地方的党委书记，工作的重点是招商引资、土地出让和项目开发，造成他们管辖的地方党不管党、政不议政。他们忘掉了共产党人追求的正义，放弃了共产党人需要牢牢捍卫的精神高地。

《白鹿原》作者陈忠实讲过一句话，很深刻。他说，我们今天缺乏的不是思想，而是思想的力度。我们今天思想太多了，东方的、西方的，古典的、现代的，什么思想没有啊，但没有力度。什么叫思想的力度？毛泽东说，马克思的思想势如破竹，鲁迅的思想势如破竹。势如破竹就是力度。同样，毛泽东思想也势如破竹。势如破竹的基础在哪里？第一，植根于中国大地；第二，能够找到解决这块土地上发生问题的办法。古希腊的普罗塔哥拉讲，大脑不是一个等待填满的容器，而是一个需要点燃的火炬。中国共产党人最有价值的工作，就是做点燃人们大脑的火炬。马克思列宁主义最有力的武器是批判，真理是在批判和斗争中实现的。而今天，我们一些同志放弃了精神上的武装。如果这样下去，我们还能感觉到自己从事的事业是正义的吗？

不管职位高低，共产党人首先要做一个有正义感的人。你不主持正义，没有原则，有谁愿意跟你走？地质学家丁文江曾说过一句极具内力的话："只要有少数里面的少数，优秀里面的优秀，不肯束手待毙，天下事不怕没有办法的。"共产党人就是这样的优秀分子。这样的共产党人，才能真正带领全民族前进。

中国的红色政权为什么始终存在

共产党人为什么能夺得政权

中国共产党刚刚成立的时候，世界上每天成立的政党和每天解散的政党一样多，没有人认为中国共产党能在中国夺得政权。

孙中山不相信中国共产党人能够夺取政权，斯大林也不相信，托洛茨基更不相信。十月革命后，托洛茨基担任陆海军人民委员、革命军事委员会主席，被人们称作"红军之父"。

应该承认，在对待蒋介石的问题上，是托洛茨基最先发出警告的。当苏联与共产国际领导人普遍将蒋介石当作代表中小资产阶级的"雅各宾党人"之时，托洛茨基已经提出要警惕蒋介石是"波拿巴式的人物"了。他不仅最先提出要警惕蒋介石，在蒋介石叛变革命后又立即提出要警惕武汉的汪精卫，这些无疑皆是难能可贵的。但他又认为中国革命没有民主革命阶段，也搞不成什么统一战线，应该直接进入社会主义阶段，否则不会成功。

托洛茨基尤其低估了农民群众在中国革命中的作用。他的结论是：只有工人运动高涨，才有农民运动的高涨；在城市无产阶级的革命运动陷入低潮的情况下，红色政权在落后的农村无法存在。托洛茨基认为，只有当大革命没有彻底失败以前，提出苏维埃的口号才是正确的；大革命失败后，革命形势处于低潮却提出组织苏维埃的口号，一切都太迟了，因为无产阶级现在只能进行秘密活动，而秘密活动是无法组织苏维埃的。尤其在失去了城市工人阶级的力量、转入农村的时候，苏维埃更不可能在农村得到实现。托洛茨基反对在中国先进行民主革命，否认统一战线，否认农民的革命性和农村根据地的作用。他根本不相信中国共产党人依靠农村根据地能够夺取政权。当斯大林开始不断修正对中国革命的判断，使之越来越接近实际之时，托洛茨基却开始偏离原先的正确判断，而且在错误的认识上越滑越远。智慧与谬误，可能永远就像这样，在历史中难解难分地交织在一起。

孙中山、斯大林、托洛茨基，都认为中国的红色政权无法独立存在，更无法获得胜利。

只有毛泽东石破天惊地回答了这个问题。1928 年 10 月，毛泽东写了《中国的红色政权为什么能够存在？》，第二部分专门谈"中国红色政权发生和存在的原因"。五条原因中的第一条就是"白色政权之间的战争"，即军阀混战。毛泽东说："一国之内，在四围白色政权的包围中，有一小块或若干小块红色政权的区域长期地存在，这是世界各国从来没有的事。这种奇事的发生，有其独特的原因。而其存在和发展，亦必有相当的条件。"[4]什么条件呢？第一条就是"它的发生不能在任何帝国主义的国家，也不能在任何帝国主义直接统治的殖民地，必然是在帝国主义间接统治的经济落后的半殖民地的中国。因为这种奇怪现象必定伴着另外一件奇怪现象，那就是白色政权之间的战争"[5]。

毛泽东有众多名篇著称于世，如《中国社会各阶级的分析》《湖南农民运动考察报告》《关于纠正党内的错误思想》《中国革命战争的战略问题》《论持久战》《实践论》《矛盾论》，等等。《中国的红色政权为什么能够存在？》这篇文章被提到的不是很多。但恰恰是这篇文章表述的思想，回答了中国革命中一个最为根本性的、其他人都无法解答的问题。

解决了这个问题，才可能进一步提出那个像闪电划破暗夜一样的论断——"星星之火，可以燎原"；马列主义普遍真理才开始获得与中国革命具体实践结合的时间和空间；才真正可以说，"中国出了个毛泽东"。

当年认定"中国并无使此项共产制度或苏维埃制度可以成功之情况"的孙中山，如果知道最终由中国共产党人通过"唤起民众及联合世界上以平等待我之民族，共同奋斗"[6]，建成了"强盛独立之中国"，难道不也会同样感到欣慰吗？

可塑性：现代共产党政权的生命力源泉

惊天动地的革命年代过去了，但"中国的红色政权如何存在"这个问题并没有消失，而是以十分尖锐的形式一再出现。欧洲的柏林墙倒塌、苏联解体，使西方世界普遍认为中国的红色政权垮台只是时间问题，他们没有人能够想到还有邓小平的南方谈话，没有人能够想到邓小平南方谈话后中国改革开放事业开始新一轮快速发展。

但问题也会连续不断。后来中国又出现了税制改革问题、化解"三角债"问题、国有企业亏损问题、"三农"问题，加上世纪之交驻南联盟使馆被炸事件、李登辉的"两国论"导致台海形势紧张、中国加入世界贸易组织使原有经济可能面临巨大的冲击，等等。2001 年，美籍华人章家敦出版了风靡一时的《中国即将崩溃》，预言中国经济将在五年内崩溃——后来自己又改成十年，提出的仍然是这个问题：中国的红色政权如何存在？

"中国崩溃论"出笼没几年，便在不知不觉间偃旗息鼓了。取而代之的是"中国威胁论"。中国的红色政权不仅没有倒台崩溃，反而蒸蒸日上，以至于西方世界惊呼为"威胁"。原因何在？

2008 年 5 月 12 日汶川大地震发生后，法国《世界报》于 5 月 29 日刊登了一篇文章，标题是《中国新的社会契约》，可以说间接地回答了这一问题。文章说："每一次中国出现危机，都会有共产党垮台的预言。垮台论的预言家没有看到的是，中国共产党人的反思让其表现出全球共产党历史上前所未有的可塑性。他们所具有的快速调整、自我批评以及不断考察国外有效模式等灵活方式，不但巩固了其政治基础，而且还具有与民众达成一种新的'社会契约'的能力。这种契约基于经济效率和爱国主义（或曰民族主义）两根支柱。"

也许这是一个带有根本意义的评价。从毛泽东到邓小平，再到新一代中国共产党中央领导集体表现出的可塑性，是这个政权生命力和发展力的来源。

2008年下半年，美国引发的国际金融危机正在造成第二次世界大战结束以来全球经济最为剧烈的动荡。美式战略思维的核心就是实力（Power），从硬实力（Hard Power）、软实力（Soft Power）到巧实力（Smart Power）。美国最大的软实力就是美式发展模式、美国生活方式。但现在，它们都正在遭遇前所未有的挑战。

从"华盛顿共识"面临的空前麻烦，到"北京共识"（这是美国人提出来的，我们并不承认）现在获得的夸赞，似乎"中国的红色政权为什么能够存在"再次被打了一个结。

这个问题今后还会不断地出现，成为我们调整、发展、改革的动力。按照法国《世界报》的评论，共产党人表现出的前所未有的可塑性，就是我们面对此问题的历史自觉。不断地用我们的行动、我们的成绩、我们的信心、我们的努力回答这一问题，我们就能不断获得发展，不断获得进步。

没有过去的革命奇迹，就没有今天的经济奇迹

中华民族正处于关键性的历史进程中。我们取得了很大的建设成就，具有了很好的物质基础，但也面临着很多全新的矛盾和问题。人们思维活跃，社会思潮激荡，选择空间可以说前所未有，但是不同选择的后果又大相径庭。

　　历史是现实的一面镜子。近代以来中国那段最为艰难曲折、最为惊心动魄的追求、选择和奋斗史，其中的养分太多了。但是，由于种种原因，对这笔巨大的财富，我们并没有很好地开掘。现有的开掘又多被认为是观念说教，难以引起广泛持久的注意。

　　对任何一个国家、任何一个民族来说，多一些"我们从哪里来""我们向哪里去"的设问，多一些对国家命运和民族命运的追溯和探寻，有助于拓展人们的思维深度和思维宽度。尤其对大国来说，这一点更为重要。美国只有200多年国家史，却把它开掘利用得那样充分，使每一个美国公民都能清晰感觉到自己的根基。苏联卫国战争不过四年，文卷却浩如烟海，足令今天的俄罗斯人坚信和平与强军密不可分。与他们相比，我们是有所欠缺的。中国的崛起已经举世公认，面临的挑战也空前严峻。如何在纷繁复杂的世界中实现我们的坚守和完成我们的担当？我们需要汲取的营养是多方面的。

　　近代以来，中华民族一直在追赶时代发展潮流。今天的改革开放和社会主义现代化建设，是100多年来中国人民争取民族独立和人民解放、实现国家富强和人民幸福的延续。我们一代又一代人，都在做着前人没有做过的事情。但历史从来没有割断，也不可能割断。我坚信，今天为中华民族伟大复兴默默工作与坚韧奋斗的人们，能够从先辈们的奋斗中吸收丰富的营养。不论我们如何富强，都永远不会改变国歌中的这一句："起来，不愿做奴隶的人们，把我们的血肉，筑成我们新的长城。"不论我们如何艰难，都会永远记住国际歌中的这一句："从来就没有什么救世主，也不靠神仙皇帝。"

　　如果我们不仅能够站在前人创造的物质财富肩膀之上，而且也能够站在前人创造的精神财富肩膀之上，那么未来我们去完成的，才真正是中华民族的伟大复兴。前人创造的精神财富，最突出最厚重的首先就是共产党人的革命奋斗史。共产党人的革命奋斗史，是中国历史的奇迹，也是世界历史的奇迹。应该承认，历史给予中国共产党人的机会不是很多，给予他们的挑战和磨难反而层出不穷。共产党人的胜利，既不是社会规律的宿命，也不是历史良机的赐予，而是无数人忠于信仰的英勇奋斗和善于珍惜、勇于把握难得的历史机遇的结果。全面挖掘、再现、学习这一段历史，将会使我们获得无穷的精神力量。通过艰苦卓绝斗争获得的一系列惊天动地的胜利，中国共产党人使中华民族达到了前所未有的历史高度，探测到前所未识的时代宽度，同时培养出一大批天不怕、地不怕、神不怕、鬼不怕的共产党人，清除了颓丧萎靡之气，完成了中华民族的精神洗礼。因此，曾经通过《阿Q正传》等著作强烈抨击国民劣根性的鲁迅，在红军长征到达陕北后特意致电："在你们身上，寄托着人类和中国的将来。"

今天中国获得的发展和进步，成为新世纪的斯芬克斯之谜。外国人没有想到，我们中国人也没有想到，绝大多数经济学家、专业人士都没有想到。诺贝尔经济学奖获得者米尔顿·弗里德曼说，谁能够破解中国经济发展之谜，谁就具有获得诺贝尔经济学奖的资格。其实，这并不是不解之谜。中国的经济奇迹，并非中国共产党人带给世界的第一个奇迹。第一个世界奇迹应该是中国革命的胜利。共产党人夺得政权，与在其领导下中国取得的经济奇迹同样出人意料。没有过去的革命奇迹，就没有今天的经济奇迹。寻找我们的力量来源，让这力量来源在今天不至于衰落以致消失，而是重新发扬光大，才能继续支撑我们的事业蓬勃发展。

注 释

1. 《毛泽东文集》第一卷，人民出版社1993年版，第94页。

2. 《邓小平军事文集》第二卷，军事科学出版社、中央文献出版社2004年版，第283页。

3. 中央编译局《马列主义研究资料》编辑部编:《马列主义研究资料》（第三辑），人民出版社1982年版，第224页。

4. 《毛泽东选集》第一卷，人民出版社1991年版，第48—49页。

5. 同上书，第49页。

6. 《孙中山全集》第十一卷，中华书局1981年版，第639页。

第六章

阴霾东来
日本法西斯的毒牙

九一八事变的前奏

张作霖想统一中国，日本人想的却是分裂中国。就这一点看，关东军的高级参谋河本大作对张作霖内心深处的认识，并不比张作霖的老朋友、日本首相田中义一来得肤浅。

河本以关东军司令官武藤信义随员的身份，参加了田中的"东方会议"。田中完全没有想到，他在规划占据中国东北的计划，河本也在规划；而且这个在会议上根本没有发言权的无名小辈河本，竟然一下子就弄翻了他精心设计的那条船。

河本就是裕仁钦定、大川周明担任主讲的"大学寮"的产物。

河本曾任驻北京的武官助理，回日本后出入大川周明在皇宫气象台组织的"大学寮"，是永田铁山的"一夕会"的重要成员。对"一夕会""樱会"这些少壮军人组织成员来说，与其说不满意田中义一的大陆政策，不如说不满意田中本人以及他所代表的势力。他们改革陆军人事的首要目标便是打倒长州系军阀的统治。

而长州系军阀的首领恰是田中义一本人。

于是在这伙少壮军官的有力支持下，河本大作独立策划了皇姑屯爆炸案。这些日本少壮军官要以炸死张作霖为契机，使东北陷入全面混乱，而关东军可以以收拾局面为借口，一举夺占全东北。

田中要玩傀儡游戏，把张作霖变为手中的傀儡。

河木等少壮军官收拾田中的办法，便是把他手中的傀儡砸碎，让他的把戏玩不成。

虽然并非仅仅河本一人，关东军的秦真次少将、土肥原贤二中佐等人也想采取类似行动，但河本根本看不上他们，觉得他们不过是在玩纸上游戏。

河本在"交代材料"里说：

中国军队是头目与喽啰的关系，只要干掉头目，其喽啰便会四散。结论是，我们唯有采取埋葬张作霖的手段。我们同时得出结论：要实行这个计划，唯有满铁线和京奉线的交叉要点才安全。但满铁线在京奉线上面，因此要在不破坏满铁线的范围内行事，实在很不容易。于是，我们装设了3个脱线器，万一失败时，要令其脱线，以便用拔刀队来解决。

1928年4月18日，距皇姑屯事件只有一个半月，河本大作给其挚友矶谷廉介大佐写了一封密信：

若张作霖辈死一二人又有何妨，此次定要将他干掉，即使因此获咎革职，亦在所不惜。

"在所不惜"的河本，为炸死张作霖准备了200公斤烈性炸药。其策划是精心的：

我们得悉张作霖要于6月1日从北京回来，所乘火车应该于2日晚上到达我们所预定地点，唯该班火车在北京、天津间开得很快，在天津、锦州间降了速度，而且在锦州停了半天左右，所以比预定时间还要慢，迟至4

日上午 5 时 23 分多才抵达该地点。我们躲在监视偷货物的监视塔里头，用
电钮点火药。张作霖乘蔚蓝色的钢铁车。这个颜色的车辆，晚间很难认得
出来，因此我们在交叉地点临时装上了电灯。但张作霖的火车怎么也不来，
所以有些人甚至欲离开监视塔。

张作霖的车子终于来了，慢了 1 秒钟，我们点了预备的火药，随即点
了其他火药，这一下炸到了张作霖的车辆。

1928 年 6 月 4 日，一个迫使东方政治急剧转向的日子。沈阳城外皇
姑屯方向一声巨响，黑烟飞扬到 200 米的上空，张作霖乘坐的蔚蓝色钢铁
列车被炸成两截。

虽然东北军方面立即封锁消息，密不发丧，但田中义一首相听到这个
消息后，流着眼泪写信给满铁总裁山本条太郎："一切都完了。"

他不是单哭张作霖。自张作霖乘坐的那辆列车在皇姑屯被炸之后，日

皇姑屯事件中张作霖所乘列车被炸毁后的情形（海峰 / 供图）

本政治便脱离了田中的控制。田中还想作最后挣扎，收拾这些打乱自己全盘计划、无法无天的少壮军官，但军部坚决反对，自己的政党政友会也不支持、不处理。天皇裕仁又传过话来，说首相说话前后矛盾，解决满洲问题一会儿说不用武力，一会儿又说要用武力，所以不愿同他再见面了。

河本大作的一包炸药要了田中义一老朋友的命，也使田中本人成了风箱里的老鼠。

田中后来大骂河本大作："真是浑蛋！简直不懂为父母者之心！"

从历史角度看，田中等老派藩阀政治人物对"夺占"的理解与运用，远比河本大作等"一夕会""樱会"少壮军官老辣深沉。但日本军部这台战车已经由一批更加年轻、更加野蛮的军官操纵。田中精心策划的"不战而屈人之兵"的谋略，随着皇姑屯爆炸那股冲天的黑烟，化成齑粉。

河本大作也骂了田中："田中义一出卖了军部！"

日本也有冤假错案。田中当年参加甲午战争侵略中国时，河本还在穿开裆裤。田中的"意欲征服中国，必先征服满蒙；意欲征服世界，必先征服中国"更成为日本军部后来实行侵略的战略步骤。无怪乎有人说，田中义一是日军中的"施里芬"，何来"出卖"之说？

说这样的人"出卖军部"，确实是欲加之罪，何患无辞了。

田中虽然不是傻瓜，但真正的底案他至死不知：天皇裕仁早已下定了用少壮军官替换长州系军官的决心，一生从事侵略扩张的田中义一突然之间变成一件老旧过时的工具，孤家寡人，只有灰溜溜地下台。

皇姑屯事件不单单炸死了一个张作霖，或整掉了一个田中义一。以一个幕僚军官策划一起国际阴谋事件并导致内阁下台为契机，昭和军阀集团在日本政坛正式登台现身。

观察日本这部法西斯战争机器，一定要注意那一个又一个越过上级军官挑起战事的陆军参谋。河本大作、板垣征四郎、土肥原贤二、石原莞尔、辻政信、濑岛龙三等都是这样的人物，而石原莞尔、辻政信、濑岛龙三这三人，甚至被并称为"昭和三参谋"。

在日本，只有在陆军大学毕业，才有资格当参谋，所以参谋在日本陆军中被看作精英中的精英。日本陆军大学创立于1883年，以普鲁士军事参谋教育制度为蓝本，自成立那一天起就在为侵略战争做准备。从1883年到第二次世界大战结束的1945年，63年时间，3485名军官从这里毕业，这批人成为日本发动侵略战争的中坚和骨干。每年毕业生以成绩排序，前六名为优等生，能够得到在天皇面前宣读论文的荣誉，并能获得天皇亲授的军刀一把，因此这六人又被称为"军刀组"，在日本陆军中非常显赫，必受重用。这些从陆军大学毕业后首先担任参谋继而担任高级参谋的军官能量之大，超过其他所有军队中的参谋。1948年，东京国际军事法庭审判的28名日本甲级战犯中，做过陆军参谋的有15名。被判处绞刑的七人中，除了前首相广田弘毅是文官之外，东条英机、板垣征四郎、土肥原贤二、松井石根、木村兵太郎、武藤章六人，都是清一色的陆军参谋出身。主导日本军国主义的昭和军阀集团，主要就由这些陆军大学毕业的参谋组成。日本政治和军事中一再出现的"下克上"现象，也是这些参谋首先开启的魔瓶。这是日本军国主义政治中十分独特而至今未被人们研究透彻的现象。

日本军部左右日本政治，就是自皇姑屯爆炸案始。

这一事件成为日本政治向法西斯政治演化的里程碑。

下一个事件的发生已经是必然的了，只不过时间或迟或早。

三年之后，它果然来了，那就是震惊中外的九一八事变。

"蒋廷黻之问"

九一八事变发生时，东北军兵力10倍于日军，可只四个多月就丢掉了东北；七七事变发生时，宋哲元部第二十九军兵力10多倍于日军，可只一个多月就丢掉了华北。不错，我们有马占山，有佟麟阁，有赵登禹，他们的抗争与牺牲是何等的悲壮，却又何等的孤独。这是为什么呢？

1938 年，在抵抗日本侵略者最艰苦的阶段，蒋廷黻用两个多月的时间写了一本《中国近代史》，使他享誉史学界。蒋廷黻在这本书中提出了一个问题，问得非常深刻，可谓中华民族根本之问，我称之为"蒋廷黻之问"。

近百年的中华民族根本只有一个问题，那就是：中国人能近代化吗？能赶上西洋人吗？能利用科学和机械吗？能废除我们家族和家乡观念而组织一个近代的民族国家吗？能的话，我们民族的前途是光明的；不能的话，我们这个民族是没有前途的。[1]

民族积弱之源、失败之根本，所有的核心问题，就在于我们不能组织起一个近代的民族国家。

第一次鸦片战争时，像广州三元里人民的那种抗英活动是非常少的，大多数民众就地观战。英军登陆后，民众主动向其出售蔬菜、牲畜和粮食。普通百姓认为：这是洋人在跟皇帝打仗，与我何干？打败了是割皇帝的地、赔皇帝的款，与我又有何干？我还是得过自己的日子。

第二次鸦片战争，英法联军火烧圆明园，一些普通民众也加入了哄抢圆明园财物的行列。我在前面讲了，1900 年，八国联军只有 1 万多人，10 天内就攻下了北京。八国联军是怎么占领北京的？当时我们中国民众有给八国联军后勤辎重推小车的；北京城高墙厚，有给八国联军通风报信提供情报的；攻陷皇宫，有民众帮着填平壕沟，帮着架梯子、扶梯子的，还有民众坐在城头上帮着八国联军瞭望、传递信息的；八国联军在北京杀人，指定中国人捆中国人、中国人砍中国人脑袋。真是一盘散沙之惨状。

人多就有力量吗？没有有效组织的民众就是一盘散沙。中国的积弱之源，是因为王朝的变换就是家族的变换。刘姓的汉朝变成李姓的唐朝、赵姓的宋朝、朱姓的明朝、爱新觉罗氏的清朝，就是姓氏的变化。"普天之下莫非王土，率土之滨莫非王臣。"我们这种封建王朝制的分散性，根本无法与西方的现代民族国家抗衡。他们已形成了统一的国家利益、国家意

板垣征四郎（文化传播／供图）

志，而我们只是一盘散沙。这一点也被敌人所窥破。

　　板垣征四郎，1948 年被远东国际军事法庭判处绞刑的七个日本甲级战犯之一。1931 年 8 月，九一八事变发生之前的一个月，日军当时马上就要采取侵华军事行动。关东军心里也没底。板垣征四郎给关东军作最后的战斗动员，他信心满满地说：

　　从中国民众的心理上来说，安居乐业是其理想，至于政治和军事，只不过是统治阶级的一种职业。在政治和军事上与民众有联系的，只是租税和维持治安……因此，它是一个同近代国家的情况大不相同的国家，归根到底，它不过是在自治部落的地区加上了国家这一名称而已。所以，从一般民众的真正的民族发展历史上来说，国家意识无疑是很淡薄的。无论是谁掌握政权，谁掌握军权，负责维持治安，这都无碍大局。

他认为中国民众对日本的侵略是无所谓的，不就是交税嘛，交给国民党也是交，交给"满洲国"也是交，交给日本人也是交，只要能活命就行。中国无非是个徒有国名的部落。

另一个九一八事变的元凶，是被称为日本最富战略头脑的人物石原莞尔。他讲：我不用拔剑，我只用竹刀就足以吓退张学良。抗日战争开始，国民党副总裁汪精卫及其以下有 20 多个中央委员投敌，58 个将官投敌，一些国民党部队成建制地投降哗变。14 年抗战期间，协助日军作战的伪军人数高达 210 万人，超过侵华日军的总数，使中国成为唯一在第二次世界大战中伪军数量超过侵略军的国家。德国进攻法国，法国虽有伪军，但数量没多少；德国进攻苏联，乌克兰出现伪军，也没有那么多人；意大利进攻阿比西尼亚（今埃塞俄比亚），也有伪军，但也没有那么多人。唯有我们中国，伪军人数超过侵略军。

当时出现这种整个意志上的崩溃和动摇，首先不是民众，而是精英，是精英层、领导层出了问题。国民政府党政军的精英，汪精卫、陈公博、周佛海、王克敏、殷汝耕、梁鸿志、王揖唐、齐燮元、庞炳勋，都投降日军了。庞炳勋刚刚获得台儿庄会战的胜利，还被授了勋，却带领整个部队哗变，变成伪军。王克敏自恃资格老，还看不起汪精卫。什么是资格老？投降日本早，这叫资格老。他碰到汪精卫，传授他跟日本人打交道的经验，说你不知道的，你得跟我学。汪精卫回敬：我是南京中央政府的，你是华北地方政府的。汪精卫在南京炮制议案，把王克敏的权力尽数剥夺。在议会通过提案时，王克敏正打瞌睡，糊里糊涂跟着举手，提案就通过了。待一觉醒来，发现权力全没了。于是，他找到南京伪政府宣传部部长周佛海发牢骚，说：我当汉奸无所谓，我都六七十岁了，哪天腿一蹬就死了，随便你们怎么骂，可汪精卫拉着那么多年轻人跟他干，那些年轻人是要有将来的。连汉奸自己也知道当汉奸不光彩啊。

汪精卫用王揖唐取代了王克敏，可王揖唐那点中国古诗词的功底全都献给日本天皇溜须拍马用了，去见日本天皇时还极其肉麻地说什么"八纮一宇浴仁风，旭日萦辉递藐躬。春殿从容温语慰，外臣感激此心同"。嘴脸丑陋至极。当时可以说出现了集团性的精神沉沦和人格沉沦。不是一个、两个，是一大批，党政军一大批精英的精神和人格都沉沦了。

在那个纲常错乱、廉耻扫地、暗无天日的年代，清华大学教授俞平伯不禁仰天长叹，说了这么一句话："我们的英雄不知在何处？"一个国家、一个民族没有英雄，想的都是"人在屋檐下，哪能不低头""好汉不吃眼前亏，活麻雀比死老鹰强"，只要活着，退一步海阔天空。这些怪诞理论竟长期横行于中华民族的思想意识形态中。文化的阴暗面，束缚、消灭了全社会的意志。

解剖板垣征四郎这只"麻雀"

1937年4月5日，清明节，中国共产党派林伯渠为代表，到陕西省中部县（今黄陵县），以中华苏维埃中央政府主席毛泽东、人民抗日红军总司令朱德的名义，祭祀中华民族的始祖黄帝。祭文是毛泽东起草的一篇古雅的四言古体诗，其中有这么一句，给人留下深刻印象："辽海燕冀，汉奸何多！"

我们要和国民党联合起来抗击日本侵略者了，把这一消息昭告中华始祖，无疑是一个凝聚全民族的重要举措。可是，为什么要告诉我们的始祖"汉奸太多了"呢？

因为，这就是当时的现实！

不仅是九一八事变之后，就是从鸦片战争算起，中国出现的汉奸数量也是惊人的。可以说，我们100多年的近代史，既是一部仁人志士、先驱先烈的牺牲史、奋斗史，也是一个不断出现汉奸、叛徒的历史。特别是到了九一八事变之后，更是汉奸众多。我看过一则关于抗战的统计资料：全民族抗战期间，八路军俘虏的日军也就有1000人左右。为什么呢？因为当时俘虏日军是很难的。八路军首战平型关，没抓到一个日军俘虏，这在红军战史上是史无前例的。但是，全民族抗战期间，八路军俘获汉奸达44万人。

什么是汉奸？抗战时期的汉奸，就是跟着日本鬼子打中国人的中国人。

为什么会有这么多的汉奸？这里面当然有外因，也有内因。这里，我用"解剖麻雀"的方法，剖析一下汉奸众多的外因。

这就一定要提到两个人，一个是板垣征四郎，一个是土肥原贤二。他们被称为"汉奸之父"，是日本军国主义者拉拢、组织汉奸的急先锋。这里我们着重解剖一下板垣征四郎这只"麻雀"。

板垣征四郎，生于1885年，毕业于日本陆军士官学校第16期，同期同学有永田铁山、冈村宁次、土肥原贤二等。此人个头不高，一颗脑袋常剃得精光，一张脸常刮成青白色，留着一撇醒目的小胡子。他总是服装整洁，军装袖口露出雪白的衬衫，有个轻轻搓手的习惯动作，让人觉得不大像一个军人，反而有些温文尔雅。

1931年9月18日夜，日军进攻东北军驻地北大营，炮轰沈阳城，制造九一八事变。图为日军在沈阳外攘门上向中国军队进攻（海峰／供图）

　　二战后日本出版的《板垣征四郎秘录》一书中说，板垣征四郎"把一生全部赌在中国上了"。确实，他早年的职务几乎都与中国有关：1904年陆军士官学校毕业后，就来到中国东北，参加了日俄战争；1916年陆军大学毕业后任日本参谋本部中国课课员，被派往中国从事间谍工作；1919年在中国汉口任日本驻军参谋，结交了另一名狂热的法西斯分子石原莞尔。之后，板垣征四郎历任青岛、奉天等地日军特务机关长、驻军军官或使馆武官。由于他长期在中国，足迹几乎遍及大半个中国，与土肥原贤二、矶谷廉介并称为日本陆军三大"中国通"。

　　板垣征四郎还是日本陆军中的秘密团体"一夕会"的重要成员。这伙日本少壮军官政治上胆大妄为，常常违背上级命令一意孤行；军事上则深思熟虑，尤其重视地形。他们的身份虽然不过是参谋，却连内阁首相也不放在眼里。1929年，板垣征四郎任关东军高级参谋，军衔不过是大佐，可他就敢拉上关东军作战参谋石原莞尔，组织了一次"参谋旅行"，几乎走遍了东北。他们的理论是："在对俄作战上，满蒙是主要战场；在对美作战上，满蒙是补给的源泉。从而，实际上，满蒙在对美、俄、中的作战上都有最重大的关系。"[2]

　　在对待中国的态度上，板垣征四郎与石原莞尔一样，都主张把中国东北变为日本领土，并对整个中国"能立于致其于死命的地位"。

　　前面我讲过，板垣征四郎认为中国不过是一个"在自治部落的地区上加上了国家这一名称"的地方。他的意思是：中国社会组织松散，可以分而治之，中国从政治力量到军事力量都可以分而治之。虽然中国总体上人口多，总体上兵力很强，但国民国家意识淡薄，各有各的利益，因此中国人是分散的、各怀鬼胎的、互相争斗的。日军兵力虽少，但能够把他们各个击破。

　　这就是板垣征四郎胆敢策划九一八事变的出发点。他讲了这话一个月后，就和石原莞尔一道策划了九一八事变。

　　日本关东军敢于发动九一八事变，就是建立在板垣征四郎对中国社会分析的基础上的：不要看中国兵力很多、领土很广，但日军能够分而治之，一个一个对付他们。

果然，九一八事变之后，关东军迅速占领整个东北，实现了板垣征四郎的战略。

9月22日，板垣征四郎和石原莞尔、土肥原贤二经过激烈的争论，拼凑出一个所谓的《满蒙问题解决方案》，其中的要领之一，就是起用汉奸做"镇守使"，以"维护地方治安"。说白了，就是拉拢中国军政官员当汉奸，为日本人卖命。这是板垣征四郎的一贯策略。

板垣征四郎还亲自出马，策动中国军政官员、下野政客当汉奸。他网罗了罗振玉、赵欣伯、谢介石等人，又亲自策划把溥仪秘密送到东北，炮制出伪满洲国；他运动东北边防军司令部驻吉副司令长官公署参谋长、代副司令兼吉林省政府代主席熙洽宣布吉林"独立"，让熙洽出任伪吉林省"长官公署"长官；他拉拢原洮辽镇守使张海鹏，让张海鹏宣布洮南"独立"，自任"洮索边境保安司令"；他引诱逼迫原辽宁省政府主席臧式毅出任伪奉天省（今辽宁省）省长；他策动原东省特别区（位于吉林、黑龙江两省内）长官、国民政府军事参议院院长张景惠出任伪黑龙江省省长，宣布黑龙江"独立"。在板垣征四郎的威逼利诱和软硬兼施之下，大批东北的军政官员当了汉奸。因此，说板垣征四郎是东北"汉奸之父"，一点儿不为过。在关东军占领东北之后，所有成为汉奸的、为日本人干事的军政官员背后，都有板垣征四郎的身影。

有的同志觉得奇怪，东北有100多万平方千米的土地，如果说日本人靠1万多人的兵力占领，是因为国民党施行不抵抗政策，勉强还说得过去，可是，他们占领后怎么控制如此辽阔的地方呢？看到了吧，就是板垣征四郎这样的法西斯分子，要尽手段制造汉奸，用汉奸做傀儡来控制东北。

九一八事变后，板垣征四郎并没有止步于东北，而是把他制造汉奸的手段发挥到极致，开始策划"华北自治"。1933年2月，板垣征四郎在天津建立"板垣"机关，负责北平和天津方面的"谋略"工作，配合关东军入侵热河（原省级行政区，省会承德。1955年被撤销）的作战。他拉拢了石友三部队，骚扰中国军民的抗日斗争；他拉拢原湖南督军张敬尧——就是毛泽东青年时期组织"驱张运动"要驱逐的那个军阀——让张敬尧为伪满洲国效力。不过，蒋介石担心张敬尧在华北组织傀儡政权，派特务将其暗杀。板垣征四郎拉拢了内蒙古锡林郭勒盟的王公德王，建立了"蒙疆联合自治政府"傀儡政权。他还伙同土肥原贤二，一手导演了殷汝耕叛国丑剧，建立了伪冀东防共自治政府傀儡政权。

当然，板垣征四郎也遭到过拒绝。北洋军阀吴佩孚、曹锟等人就拒绝了他。板垣征四郎还和武藤章、田中隆吉一道去游说驻守绥远 [原省级行政区，省会归绥（今呼和浩特）。1954 年被撤销] 的傅作义，企图与其签订局部地区的"防共协定"，实际上是想让傅作义也搞一个傀儡政权，被傅作义断然拒绝。板垣征四郎见文的不行，就来武的，唆使伪蒙军进攻傅作义部，遭到傅作义部的迎头痛击，伪蒙军以惨败收场。

国民党的"低调俱乐部"

1932 年上海一·二八事变发生，顾维钧作为中方首席谈判代表，被派到上海处置事件善后事宜。

顾维钧是中国近现代著名的外交家，是毕业于美国哥伦比亚大学的国际法博士。他曾于 1919 年作为中国代表团的一员参加巴黎和会，以"中国不能放弃山东，如同基督教徒不能放弃耶路撒冷"这样慷慨激昂的演讲打动了各国代表，为维护中华民族权益作出了贡献。1931 年九一八事变后，他又以中国代表身份参加国际联盟李顿调查团，调查日本侵略者在中国东北的侵略罪行。就是这样一个国家民族利益的坚定维护者，也被日本人钻了空子。

冈村宁次与顾维钧早就认识，且私交不错。日本派遣军司令官白川义则大将要冈村宁次多与顾维钧接触，以便摸清中方的谈判底线。

顾维钧长期与西方列强打交道，自己也有一套哲学：两国交战，不影响交友。他爱好洋货，且经常光顾酒会、舞会、音乐会这些交际场合。冈

1932 年 4 月 14 日，国际联盟李顿调查团中国代表顾维钧（左）与调查团团长李顿爵士在大连（文化传播 / 供图）

村宁次便交代手下人，凡顾维钧出现在这些场合，须尽快通知他。此后，两人就有了一次又一次的"邂逅"。觥筹交错之时、轻歌曼舞之际，冈村宁次很快就从顾维钧那里弄到了不少蒋介石有关停战谈判的真实想法。

结果不难想象，中日双方正式商谈停战协议条件之时，日本已然心中有数，居于十分主动的地位了。

文人如此，武将也难幸免。比如，抗战英雄宋哲元当年也差一点滑进汉奸泥潭。

宋哲元本来是最早力主抗战的将领之一。九一八事变后第三天，他率领第二十九军全体将士通电全国："宁为战死鬼，不作亡国奴。"

1933 年，宋哲元任第三军团总指挥，指挥喜峰口抗战，赢得"抗日英雄"

的美名。但宋哲元不是蒋介石的嫡系，原是冯玉祥部下的五虎将之一，在国民党新军阀混战中是著名的反蒋人物，蒋介石也一直想借机收拾他。

1935 年，日军挑起第二次"张北事件"后，蒋介石借机免去了宋哲元的察哈尔省（原省级行政区，1952 年被撤销）政府主席的职务，并有意调第二十九军去江西"剿共"，以扫除中央军在华北的障碍。

宋哲元已然知道得到国民党的支持与保护不再可能，要想保住自己在华北的地盘，只有取得日军的谅解。于是，他通过亲信与日军联络，把自己的处境和苦衷告诉日本华北驻屯军参谋长酒井隆，还向他表示了合作的愿望。驻屯军反应很快，马上宣布宋哲元必须在位，不再提将宋部压迫到黄河以南的原定设想了。

与日军的默契不仅使宋哲元保住了在华北的地盘，而且"丰台事件"后，他乘机把第二十九军第三十七师调到北平，使自己的势力从察哈尔扩

宋哲元（吴雍／供图）

展到了平津。为了防止宋哲元进一步倒向日本，蒋介石采取了一系列拉拢活动。1935 年 8 月 28 日，宋哲元被正式任命为平津卫戍司令。由此，宋哲元实际开始操纵冀、察的军政大权，开始在民族大义与集团私利矛盾冲突的刀尖上走钢丝。再后来，他又成了土肥原贤二选中的傀儡，开始一点点动摇，在军事、政治的压力与一己私利的诱惑下，一点点走到了宣布"华北自治"的边缘。

最终制止宋哲元的危险行为、击碎土肥原贤二"华北自治"梦想的，是沸腾的全国舆论，是北平爆发的一二·九抗日救亡运动，但也仅仅是制止，使他停止向危险方向继续滑动。宋哲元对日本态度的真正转变，是在他派亲信参加 1937 年 2 月国民党五届三中全会之后。在这次会议上，国民党确定了停止内战、实行国共合作的原则。于是，宋哲元的立场转变，最后变成了日本华北驻屯军的打击对象，最终爆发了七七事变。

发动七七事变的日本华北驻屯军仅 8400 人，宋哲元部第二十九军有 10 万人。8400 人，这是查遍了有关这段历史的所有记载后所采用的最高数字。日本侵略者以区区 8400 人兵力在北平南端宛平城附近的卢沟桥发动事变，挑起了中日之间的全面战争。

1937 年 7 月 7 日，侵华日军炮轰宛平城，七七事变爆发（张庆民 / 供图）

通过宋哲元，可以看到中国许多旧式军人的深刻悲剧。他们的信仰和他们的主义，皆敌不过他们个人的切身利益。

国民党副总裁汪精卫就说："和呢，是会吃亏的，就老实的承认吃亏，并且求于吃亏之后，有所以抵偿，战呢，是会打败仗的……"[3] 他问冯玉祥："大家都说抗战到底，'底'在何处？"冯玉祥回答："日本投降。"汪精卫后来嘲弄说："这简直是一个丘八的狂妄与无知。"当时像汪精卫这样无心抗日、谋求妥协的大有人在。

于是，就像日本法西斯团体中有"一夕会"和"樱会"那样，国民政府内部也有人成立了一个"低调俱乐部"。

这是一伙对抗战前景持悲观态度，认为"战必败"的统治层"精英"，既有胡适、张君劢、梅思平、陶希圣这样一批文人学者，也有陈布雷、陈立夫、顾祝同、朱绍良等军政人物。他们经常聚集在南京西流湾 8 号周佛海的花园洋房或高宗武的寓所内议论时局，反对抗战。

胡适为这个小团体起名为"低调俱乐部"，以区别于唱抗战高调的政府内主战派和民众的抗战激情——胡适称之为"歇斯底里的风气"。

周佛海对"低调俱乐部"的由来说得更加直白：

　　共产党、桂系以及一切失意分子，都很明白地知道，抗日是倒蒋唯一手段。他们因为要倒蒋，所以高唱持久全面的抗日战争。蒋先生本想以更高的调子压服反对他的人，而这些人就利用蒋先生自己的高调，逼着蒋先生钻牛角。调子越唱越高，牛角就不得不越钻越深。当抗战到底的调子高唱入云的时候，谁也不敢唱和平的低调。故我们主张和平的这一个小集团，便名为"低调俱乐部"。

汪精卫没有直接参加"低调俱乐部"的活动，但他是这个组织的灵魂，他认为"和日本言和也不失为一种手段"，"要打开谈判的大门"。

1938 年 12 月，这扇"大门"开了，汪精卫降日，成为中国头号大汉奸。

注 释

1. 蒋廷黻:《中国近代史（彩图增订本）·总论》，中华书局 2016 年版，第 2—3 页。

2. 朱贵生等:《第二次世界大战史》（第三版），人民出版社 2005 年版，第 18 页。

3. 《汪精卫先生抗战言论集》，独立出版社 1938 年版，第 14 页。

第七章

狂飙万里

改变中国命运的伟大远征

长征是不是仓促决定的

广昌战役之前，中央苏区已经被四面合围；广昌战役之后，中央苏区更被压缩到一个狭小的范围。放弃中央苏区，已成定局。

但认识这个定局还需要时间，还需要更大的压力。大家觉得情况很危险了，但是主观上决策放弃根据地，还需要一个过程。作出这样一个决定，其实是相当困难的。因为将要放弃的不是一间住了几晚上的屋子，而是建设了将近七年、粉碎了敌人四次"围剿"的根据地。

实际上，从历史过程来看，并不是到了1934年10月长征前夕第五次反"围剿"的形势变得十分严峻时，中央领导才作出这样的决策。

在此以前，项英曾经最早提出过放弃中央苏区的建议。

1931年4月第二次反"围剿"时，项英从上海到中央苏区出任苏区中央局代理书记和中革军委代主席时间不长，认为20万敌军压境，3万红军难以应付，只有离开江西才是出路。退到哪里去呢？项英提出退到四川去。因为斯大林讲过，四川是中国最理想的根据地。

1933 年，国民党空军轰炸中央苏区（文化传播 / 供图）

项英是我们党内少数见过斯大林的领导之一，斯大林的指示由项英来传达，再权威不过。1928 年，项英到莫斯科出席中共六大，并当选为政治局常委。在六大正式召开前，项英与周恩来、瞿秋白、张国焘等九人，受到了斯大林的接见，并负责汇报中国工人运动的情况。大革命失败后，斯大林认为中国共产党的结构有问题，工人阶级没有成为主体，主体只是一伙知识分子和农民，需要工人阶级。因此，斯大林对工人出身的项英特别青睐，还亲自送他一把小手枪。

身上别着斯大林亲赠手枪的项英，记住了四川是中国最理想的根据地，却不知道斯大林还讲过国民党人是中国革命的雅各宾党人。

迷信使领袖人物的个别结论被推断成普遍真理。

但共产党人的原则却不是迷信，所以中国才出了个毛泽东。

毛泽东当时坚决反对项英的意见，坚持以"诱敌深入"粉碎敌人的"围剿"，将赣南闽西变成了中国最好的根据地。

李德到来之后，最好的根据地就不那么好了，挫折一个接着一个。

第二个提出离开中央苏区作战的，是彭德怀。

第五次反"围剿"遭受挫折，彭德怀率先提出脱离苏区，外线作战。

不光是我们在总结经验，对方也在总结经验。

第五次"围剿"，蒋介石、陈诚把红军的作战方法和过去他们所吃的亏进行了总结。第五次"围剿"实行堡垒战术，步步深入、步步推进，极力避免孤军深入。敌人的长进，再加上红军错误的战术指导甚至战略指导——短促突击，使苏区反"围剿"面临很大的困难。

第五次反"围剿"打了一个多月，彭德怀也看出来情况不妙。

1933 年 10 月 22 日至 25 日，彭德怀、滕代远连续三次向中革军委建议，改变战略方针与作战部署，主力离开敌人堡垒区向外线出击，机动作战，迫敌回援。

彭德怀、滕代远提出外线作战，是跳出封锁线向苏区东北的金溪、东乡、贵溪、景德镇挺进。不展开地图标出苏区界限和进击的地点方向，你就不会知道这个建议有多么大胆。

部队有可能被敌人切断，不能返回苏区。苏区北部也可能失去主力掩护。

建议被迅速否决。彭德怀、滕代远仍然坚持，恳望军委"以远大眼光过细考虑"。10 月 27 日，中革军委以代主席项英的名义电告在前方指挥的朱德、周恩来："军委已决定了战役问题，望转告彭、滕，停止建议。"[1]

当时有一个不成文的规矩，就是"参谋有三次建议权"，第一次建议被领导否决，还可以建议第二次、第三次，若第三次建议再被否决，就不能再提出此建议。

但一旦认定正确就不依不饶的彭德怀，11 月 7 日又与滕代远第四次联名提出建议，望军委速将红军主力调往无堡垒地区，机动作战。否则与堡垒内之敌相峙，"如猫儿守着玻璃缸里的鱼，可望而不可得"。

彭德怀、滕代远反复建议的唯一结果，是滕代远丢掉了红三军团政委的职务。

因为大敌当前，作战还要用彭德怀这样的猛将，撤销其红三军团总指挥的职务不太合适，就把政委滕代远给撤了。

第二次反"围剿"时项英提出去四川的建议，第五次反"围剿"前期彭德怀提出以主力跳出中央苏区的建议，都被否决了。

彭德怀是在一线作战的指挥员，已经觉得当时态势危险，必须采取另外的战略战术，但是他的几次提议都被否决了。

广昌战役后，通过撤滕代远的职务堵彭德怀嘴的博古、李德，也不得不开始考虑同一个问题了。

广昌战役之前，中央苏区在军事上已经陷入四面被围的境地。中革军委当时就面临三种抉择：（1）主力突围；（2）诱敌深入；（3）短促突击。就是说，要么突围，要么等待对方犯错误然后再反击，要么实行短促突击。

首倡短促突击的李德从一系列失败中，已经觉出情况不好，根本无法打破第五次"围剿"。

伍修权在《往事沧桑》中回忆，1934年春，李德同博古谈话说，要准备作一次战略大转移，准备到湘鄂西同红二、红六军团会合。李德后来在他的以真名奥托·布劳恩写的回忆录《中国纪事1932—1939》里面说："这个思想是我一个人在1934年3月底首先提出来的。"至于这个念头在多大程度上受彭德怀、滕代远五个月前就一再提出的外线出击、机动作战的启发，以及彭德怀、滕代远提出建议后受到李德本人多么大的压制和打击，李德均讳莫如深。好像功劳都是他的，毛病都是别人的。

李德的转向确实有些突然。他提出以红一、红三军团，或红五、红九军团脱离苏区，插到敌人后方去，即主力突围。

讨论的结果是，主力突围的方案没有通过。在苏区内取胜的希望似乎还存在。毛泽东的诱敌深入方案也被否决。领土不战而弃，并不能为阻挡敌人提供保证。

最后通过的，还是继续运用短促突击，即阵地对阵地、正面对正面、攻击对攻击。

但损失沉重的广昌战役，使短促突击的战法彻底破产。

共产国际派来中国的顾问李德推行错误的军事路线，给红军带来巨大损失，在遵义会议上被解除军事指挥权。图为抗日战争时期的李德（吴雍／供图）

1934 年 4 月底广昌战役彻底失利之后，中央书记处于 5 月召开会议，决定突围转移。当时的书记处书记是四人：博古、张闻天、周恩来、项英。这是按在党内的地位排的顺序，博古负总责，张闻天负责宣传，周恩来负责组织，项英是中革军委代主席。代表"山沟沟里的马列主义"的毛泽东不是书记，无法参加会议。决策由博古、张闻天、周恩来、项英四人作出。对这个事关重大的会议的记录一直很少，但这是个非常重要的会议，决定了中央红军进行突围。

后来有人说，包括党史界也有人说，撤出中央苏区这个关系党和红军命运的重大决定是由博古和李德二人作出的，未通过会议讨论。这种说法是不确切的。应该说是没有在党的政治局会议上讨论。

1984 年 5 月 9 日，伍修权在一次谈话中说："长征是不是仓促决定的？我看不是。在广昌失败后，中央的主要领导人已经在商量转移的问题，确定的目标是湘鄂西，向二、六军团靠拢。""转移的意图开始只有少数几个人知道，最后才决定转移的。"[2]

历史文献证实，1934 年 5 月的中央书记处会议作出了战略转移的决定。博古、张闻天、周恩来、项英，这四位书记都认识到了局面的严重。

但除了急于摆脱眼前的困境以外，又有几人能够意识到这个决定对中国共产党的历史具有极其重大和深远的影响？

所谓决策，往往是面对十字路口的选择。有很多原以为影响应该极其深远、意义应该极其重大的决定，却似一块滑过水面的轻石，激起几片涟漪后便消失得无踪无影。而有些或仓促或不经意或应急中作出的决定，以为姑且如此，眼前只好这样，却分量极其重大，从此历史发生转折。

1934 年 5 月的中央书记处会议就是如此。

如此重大的决定，当然还要报告共产国际。

远在莫斯科的共产国际并不详知当时中国共产党人面临的严重困难。

6 月 5 日，国际机关刊物《共产国际》发表米夫的文章——《只有苏维埃能够救中国》。米夫说毛泽东讲过，只有苏维埃能够救中国，"现在全世界无产阶级和被压迫民族都盼望中国苏维埃运动的胜利，全中国的劳苦群众都睁起眼睛望着苏维埃的旗子"[3]。

这一运动在中国却陷入了严重困境。中共中央已经在没有毛泽东参与的情况下，决定放弃中央苏区。

对中共中央书记处战略转移的决定，6 月 25 日共产国际回电："动员新的武装力量，这在中区并未枯竭，红军各部队的抵抗力及后方环境等，亦未足使我们惊慌失措。甚至说到对苏区主力军退出的事情，这唯一的只是为了保存活的力量，以免遭受敌人可能的打击。"[4]

博古对李德说，共产国际来电同意。

其实，共产国际的表态含糊不清。首要的是"保存活的力量"自然正确，但又认为打破"围剿"的希望还不是没有。具体怎么办，实际上是留给中共中央自己决定：如果你们觉得能够守住的话，你们就继续守；如果觉得主力不能再这样消耗下去，你们就走。又把皮球踢了回来。

周恩来的一个独特贡献

我们在一个时期内对周恩来夸赞甚多，但最近海内外披露的图书、杂志、网络上的解密，又对周恩来非议甚多。我觉得不管夸赞还是非议，很多人没有抓住周恩来的实质。我们讲周恩来勤勤恳恳、任劳任怨、鞠躬尽瘁、死而后已，他仅仅只有工作精神吗？周恩来有一个非常大的特点：终身为了组织牺牲个人。他通过大量组织协调工作，为党提供软性的力量。这是无人可取代的。

尼克松有一段评价，不太着边但也着了点边。他说毛泽东是一团烈火，周恩来是一个控制火势的人。更合适的比喻是什么？一个手电筒照10米，光芒尽失；而一束激光能在几千米之外烧蚀钢板，激光的能量来源于高度聚焦。周恩来在党内终身从事的事业，就是完成党内力量的聚焦，把脾气各异、兴趣各异、志趣各异的领导人集中起来，心往一处想。

长征之初，毛泽东曾经给中央写信说：我带领红一、红三军团的部分领导和红九军团的20师留下来，坚持苏区斗争，欢迎中央再回来。毛泽东为什么写这封信？

第一，当时不叫长征，叫战略转移，转移去向也不是很远，从江西转移到湘鄂西与贺龙、萧克会合，转一小圈再回来，谁也没想到一开步走，走了二万五千里。

第二，毛泽东内心不愿意和上海的中央领导同志搞在一起，包括博古、张闻天、王稼祥、任弼时和周恩来。从上海到苏区，毛泽东领导职务丢了，反"围剿"也搞砸了，还被迫战略转移了。毛泽东想一个人留下来，把苏区收拾好，再欢迎他们回来。

第三，毛泽东低估了蒋介石经营江西的决心。蒋介石志在必得，一定要拿下江西。毛泽东如果留下来，必然九死一生。当时留下来的领导人，包括方志敏、瞿秋白、何叔衡等人，先后牺牲。

第四，毛泽东也不是先知先觉，他把信交给了中共中央主要负责人博古。博古当年才 28 岁，非常年轻，看了信不知道该怎么办，于是把信交给周恩来。周恩来看完信，连夜骑马从中央所在地瑞金，赶到毛泽东的驻地，两人关起门来谈了整整一晚上。

那天晚上谈了什么话，毛泽东终生没有作只言片语的回应，周恩来终生没有和任何人讲过长征以前他与毛泽东有这么一次彻夜长谈。只有周恩来带的三个警卫有所回忆，两位领导同志在屋里谈话，他们在外面等候。外面下大雨，斗笠、蓑衣、绑腿、鞋子全湿了。他们焦躁不安，就想赶紧谈完话赶紧走。但里面老谈不完，于是他们开门去倒水。门一开，两位领导同志什么话都不说了，看着他们倒水，倒完水出来，把门拉上，两个人再接着说。说了什么，警卫一句话都没听见。

第二天一早，周恩来带着三个警卫返回瑞金，见到博古。博古问怎么样了，周恩来跟博古就讲了一句话：他同意跟着走了。这句话改变了中国历史，这就是周恩来对中国革命所作的最为独特的贡献。

周恩来晚年病重，叶剑英曾经交代周恩来身边的护士、警卫：总理肚里话很多，他一定要说的，你们把它记下来，昏迷中讲的话都要记下来。结果直到周恩来去世，护士、警卫交上来的都是白纸，周恩来什么都没说，昏迷中也没说，把所有回忆都带走了。他一生为了组织牺牲个人，给共产党人树立了一个光辉的典范。

周恩来在长征途中与博古还有一次谈话。1946 年，博古因飞机失事牺牲了，牺牲之前多次与潘汉年讲到周恩来与他那次彻夜长谈，那次谈话影响了博古的一生。

遵义会议之后，博古不太适合担任中共中央主要领导了，要让张闻天出来承担。博古不愿意交权。这时，中央的两副"挑子"都还跟着博古，一副"挑子"是中央印章，一副"挑子"是中央文件。一直到中央会议之后 20 天的 1935 年 2 月 5 日，长征队伍走到川滇黔交界一个鸡鸣三省的村子，周恩来与博古彻夜长谈，核心是劝博古交权。周恩来与博古谈话，从头到尾没有一个字批评博古，开篇就讲：你我都是留过洋的、吃过洋面包的，你是留俄的，我是留日、留法的，我们这些吃过洋面包的人，对中国的国情都不是那么了解。周恩来就讲自己，说自从我领导的南昌起义失败，就知道中国革命靠我们这些人搞不成。你、我当领袖都不行，我们要找一个真正懂中国的。老毛是这样的人，他懂中国，他能搞成，我们共同辅佐他把这个事情搞成。谈了一晚上，第二天一早，博古的两副"挑子"全部上交中共中央。后来，在毛泽东与张国焘的斗争中，博古坚决站在毛泽东一边；在毛泽东与王明的斗争中，博古也不站在王明一边，而站在中立的位置，把王明气得要死，因为他和博古在莫斯科是一伙的。这是周恩来极大的历史自觉。

永远不会再现的一代人

20 世纪 80 年代末，我与刘忠将军曾经有过一次邂逅。

当时我在国防大学图书馆采编室当资料员。一天，一位身材不高的老人步履蹒跚地来图书馆送书——他自己写的《从闽西到京西》。后来我写下了当时的场景："薄薄的回忆录印刷粗糙，错别字不少。这位 1955 年授衔的中将自己一个字一个字地改、一本一本地改。改完后用纸把书包好，送到国防大学图书馆，布满老年斑的手一遍遍抚摸着封面，用难懂的福建口音叮嘱要好好收藏。图书馆人员礼貌客气，也好奇这位穿深蓝便服的老人为何对一本小薄册子如此执着与认真。"那个亲手接刘忠将军回忆录的"图书馆人员"就是我。接过这包书，我首先表示感谢，接着登记注册，送走老人后简单地翻了一下，然后编目、入库、上架，并未对它有太多注意。

直到 1994 年开始写作《苦难辉煌》，写到中央红军长征中最为惨烈的湘江战役，查阅资料时把这本小册子翻出来，才发现当年到图书馆送书的那位行动不便的老者，竟然是中央红军长征中先锋的先锋。由于错失了他的一个建议，红军在湘江战役中遭受了重大牺牲。

湘江战役，中央红军牺牲重大：红八军团番号撤销；军团政治部主任罗荣桓冒着弹雨蹚过湘江时，身边只剩下一个扛油印机的油印员。红五军团第三十四师、红三军团第六师第十八团被隔断在河东，全部损失。中央苏区著名的少共国际师基本失去战斗力。红军从江西出发时的 8.6 万余人锐减为 3 万余人。

这本薄薄的回忆录揭示，本来曾经有机会避免这样的重大牺牲。当时走在中央红军最前面的红一军团侦察科科长刘忠，率领军团便衣侦察队首先渡过湘江，发现全州城是空城。而谁先抢占全州，谁就在湘江战役中居于有利地位。刘忠立即建议跟在后面的红一军团第二师第五团从速过江，占领全州。刘忠曾在第五团当过政委，知道这是一支能打的部队，在反"围剿"作战中曾荣获中革军委授予的"模范红五团"称号。但现任团长陈正湘做不了主。率领第五团的第二师参谋长李棠萼，觉得要听指挥部命令，须先向军团首长报告。

时机就这样被贻误了。

可以想象，当写到这一幕时，虽然已过去半个多世纪，但刘忠仍有说不尽的感慨：

二师李棠萼参谋长率五团已进到界首村停下，未渡湘江。我向他面告，全州城无国民党正规军，建议五团速渡湘江，进占全州城。李棠萼犹豫不决，说须电报军团批准才过湘江，占全州。我再次建议机不可失，进全州城后再电报军团首长。他不同意，于是立即电告军团。军团首长下午二时回电：渡过湘江，进占全州。

但此时再率部随刘忠赶向全州，已经晚了。军机稍纵即逝：湘军前卫已经进城，正在城外占领阵地、布置警戒。

就差了那么一点。

但差之毫厘，失之千里。

从作战层面分析，红军在湘江战役中损失巨大，中央纵队行动缓慢、未能有效利用湘江缺口是其一，红一军团第二师第五团未能坚决抢占全州，也是其一。后来湘军刘建绪部就是利用全州这个前进基地，向坚守渡口的红一军团阵地发起猛烈攻击，激战中敌人甚至冲到了军团指挥所，军团长林彪、政委聂荣臻、参谋长左权都拔出手枪参战，指挥所变成战斗最前沿，军团指挥员变成普通战斗员。

如果当时按照刘忠的建议果断占领全州再行报告，红一军团不至于落到如此险境，林彪、聂荣臻也不会向中革军委发出那封让周恩来、朱德倍感紧张的急电："如敌人明日以优势猛进，我军在目前训练装备下，难有占领固守的绝对把握。军委须将湘水〔江〕以东各军星夜兼程过河。"[5]这是中央红军长征以来最为惊险的一幕。

了解这些，你才能明白为什么半个多世纪以后，提及当年李棠萼贻误

湘江战役是红军长征的壮烈一战，是决定中国革命生死存亡的重要历史事件。图为位于广西壮族自治区桂林市全州县的红军长征湘江战役纪念馆（谭凯兴／摄，中新社供图）

战机、失去控制全州的机会，刘忠依然耿耿于怀。令他动情的不仅仅是个人失误，更是这一失误背后有多少战友付出了鲜血和生命的代价。

军团参谋长左权后来宽慰过刘忠："若占领全州城，通过敌封锁线可能会顺利些，但因蒋介石的大兵已到全州地区，广西军从桂林北进，加以我军的长途行军作战，疲倦不堪。这是主要原因，不能归罪李棠萼同志个人。"

左权讲这些话时，李棠萼已经牺牲了。李棠萼是黄埔六期生，参加过广州起义、湘南起义，担任过红一军团作战科科长，经历中央苏区历次反"围剿"斗争。他在穿越毛儿盖草地时，牺牲于敌人的冷枪。

左权后来担任八路军副参谋长、八路军前方指挥部总参谋长，于抗日战争中牺牲。

不能说左权讲的没有道理。但是在那个生死系于瞬间的千钧一发时刻，从李棠萼身上，还是让人遗憾地看出"审时度势、机断专行"这八个字对一个优秀指挥员来说是多么难能可贵。这是刘忠到了晚年仍然念念不忘的地方，也是其回忆录中最令人扼腕、最值得思索的部分。

这本回忆录中的这一段，给我留下至深印象。我后来经常想起当时送完书后，刘忠老将军蹒跚离去的背影。

使我万般感慨的，不是刘忠曾经获得"一野十大虎将""威震敌胆十军长之一"等荣誉，而是他们那一代人，本为赤脚农民，若无那场狂飙突进的革命，一辈子也就是面朝黄土背朝天。这场革命正是通过改变这些人的命运，进而改变了整个中国的命运。他们在这场决定自己命运进而决定国家民族命运的决斗中浴血征战，纵横天下，不怕牺牲，前仆后继。他们从小到大，从弱到强，从失败到胜利，从奴隶到将军。他们造就了胜利，胜利也成就了他们。他们是旧中国与新中国交替这样一个极其特殊的历史时期的产物，是充满传奇的永远不会再现的一代人。我们这些后人，只有在他们一个个纷纷离去的过程中，才一步一步真正明白他们对国家、对民族的巨大历史意义。

他们的最大特色，是至死不渝的忠诚。

他们的最高追求，是无可替代的胜利。

他们全都获得了。

这令我们永远荣耀。

遵义会议的几个细节

第五次反"围剿"开始以来，红军就不断失利。长征开始后，红军又几次濒于绝境。这与前几次在毛泽东指挥下不断取得反"围剿"斗争胜利的情形形成鲜明的对照。严峻的现实，让红军将士逐渐有所觉悟，中央领导层中的大部分同志与博古、李德等人的分歧越来越大。可以说，长征中一直有争论。从老山界到黎平，从黎平到猴场，一直争论不断，对中央军事指挥的错误问题，大部分领导人基本上取得一致意见。

这时，召开一次政治局扩大会议，总结经验教训，纠正领导上的错误的条件，已经成熟。1935 年 1 月红军占领黔北重镇遵义后，一次决定党和红军命运的会议终于召开了。

会议在黔军师长柏辉章公馆内召开。柏辉章是遵义人，是贵州省主席王家烈手下的三个师长之一。这座公馆当时建成不久，会议就在二楼一所长方形的房间里召开。新中国成立后，这里辟为遵义会议纪念馆，由在娄山关战役中负伤的红军营长孔权（后改名孔宪权）担任第一任馆长。

现在我们说起遵义会议，形容词可是太多了。这是应该的，因为就是这次会议，决定了军队的命运，决定了党的命运，最终决定了一个国家的命运。

但在当时，会议还是比较随意的。在前后三天的会议中，除了博古一直坐在长条桌中间主持会议外，其他与会者基本上按照"先来后到"的顺序随便入座。

出席会议的同志包括：

遵义会议会址（海峰／供图）

中央政治局委员：毛泽东、张闻天、周恩来、朱德、陈云、博古；

中央政治局候补委员：王稼祥、刘少奇、邓发、何克全（凯丰）；

红军总部和各军团负责人：刘伯承、李富春、林彪、聂荣臻、彭德怀、杨尚昆、李卓然；

中央秘书长：邓小平。

李德和他的翻译伍修权列席会议。

还有几个细节：当时王稼祥腹部伤口未愈，是躺在藤榻上参加会议的；聂荣臻脚上有伤，是躺在担架上到会的。还有彭德怀，因前线情况有变，没等会议结束，就匆匆返回前方了。

尽管会场如此简陋、会议如此匆忙，却并不妨碍这次会议成为中国革命史上最重大的事件。

会议由时年只有 28 岁的博古主持，迫在眉睫的军事问题无疑是必须马上解决的。会议的第一项议程，就是研究战略转移的目的地。黎平会议确定的以遵义为中心建立川黔边根据地的设想被否定了；刘伯承、聂荣臻都建议到川西北建立根据地，这个建议被采纳了。

前进方向确定后，就开始清算第五次反"围剿"以来的军事路线。

首先，由博古作关于反对第五次"围剿"的总结报告（主报告）。博古的报告过分强调了客观困难，不承认他和李德在军事指挥上犯了严重错误。

接下来，由周恩来就军事问题作副报告。从第五次反"围剿"以来，周恩来就是主要军事指挥者之一，他指出红军失败的主要原因是军事领导的战略战术的错误，并主动承担责任，作了诚恳的自我批评，同时批评了博古和李德。

随后，张闻天作反对"左"倾军事错误的报告。报告的内容是他在会前与毛泽东、王稼祥共同商量过的，让大家颇有些猝不及防，尤其出乎博古的预料。张闻天青年时期的志愿是当作家，出版过小说。他才思敏捷，文笔流畅，这些都体现在他的报告中。他的报告与博古总结报告的内容针锋相对，成了会议的"反报告"。他在报告中，对第五次反"围剿"以来党内的"左"倾军事错误作了全面清算，比较系统地批评了博古、李德在军事指挥上的错误，对把毛泽东在会议上推出来起了至关重要的作用。

张闻天的报告结束后，毛泽东、王稼祥、周恩来、朱德、刘少奇相继发言。其中，毛泽东讲了一个多小时。他分析了错误军事路线的症结所在，阐述了中国革命战争的战略战术问题和此后在军事上应该采取的方针。王稼祥在发言中也批评博古、李德的错误，表示支持毛泽东的正确意见。其他多数同志的发言内容和王稼祥差不多，都表态不同意博古的报告，支持毛泽东、张闻天的意见。只有凯丰为博古、李德的错误辩解。李德则坚决表示不接受批评。

总的来看，是张闻天的"反报告"为遵义会议彻底否定博古、李德军事路线定下了基调。因此，会议决定委托张闻天起草遵义会议决议。张闻天根据与会多数人特别是毛泽东发言的内容以及他那份"反报告"，起草了《中央关于反对敌人五次"围剿"的总结的决议》。由于处于战争环境里，这份决议在20多天后的扎西会议上才正式通过。

张闻天，当时中国共产党内的第二号人物。在遵义会议上，他以他的地位和影响，以他那思维缜密和语言尖锐的反报告，为党作出了重大贡献。1945 年，毛泽东在党的七大上说："大家要知道，如果没有洛甫、王稼祥两位同志从第三次'左'倾路线分化出来，就不可能开好遵义会议。同志们把好的账放在我的名下，但绝不能忘记他们两个人。"[6] 洛甫，就是张闻天。

不管李德到底是什么身份，也不管他对遵义会议有什么意见，即便他再有意见，他在中国的使命也结束了。遵义会议决定，取消在长征前成立的"三人团"。这标志着中共中央正式撤销了李德的军事指挥权。

遵义会议在事先没有得到共产国际批准的情况下，改组中国共产党和红军的领导机构，取消了博古和李德的军事指挥权，实际上确立了毛泽东在中共中央和红军中的领导地位。在中国共产党同共产国际的关系史上，这是破天荒的第一次。

经过 14 年艰苦努力、曲折斗争后，在付出了无数鲜血与生命的代价后，中国共产党终于能够独立自主地决定自己的路线，独立自主地安排自己的领导人。1963 年，遵义会议结束 28 年后，毛泽东在一次会见外宾时说："从一九二一年党成立到一九三四年，我们就是吃了先生的亏，纲领由先生起草，中央全会的决议也由先生起草，特别是一九三四年，使我们遭到了很大的损失。从那之后，我们就懂得要自己想问题。"[7]

在遵义会议上，毛泽东被增选为中央政治局常委。按照常委排名，他排在张闻天和周恩来之后，位列第三。1935 年 2 月 5 日，中央政治局在一个鸡鸣三省的村子讨论常委分工，决定"以泽东同志为恩来同志的军事指挥上的帮助者"[8]。至此，毛泽东才正式回到军队领导岗位。而当时的最高军事首长，仍是朱德和周恩来。其中，"恩来同志是党内委托的对于指挥军事上下最后决心的负责者"[9]。

再说博古。当时，不少同志提出，博古不行了，不能让博古再做下去，要让毛泽东出来担任党的总书记。毛泽东则提议让张闻天做总书记。毛泽东为什么不担任这个党的最高职务？这里面有他的深远的考虑：中国共产党是共产国际的一个支部，党的所有决议都需要经过共产国际批准。

如果只作些小的改变，比如清算错误的军事路线，但不涉及政治路线，可在组织上把博古选下来，让张闻天继任，而博古仍旧担任政治局常委，在党内的地位并没有太大的变化。

张闻天呢？他毕业于莫斯科中山大学，是共产国际认可的"二十八个半布尔什维克"之一，比较容易让共产国际接受。因为共产国际曾指示，可以让毛泽东担任极为重要的工作，但要让他在政治局的领导之下，不能当主要领导者。因此，毛泽东认为，还是由张闻天担任总书记比较合适，在当时的条件下，他自己不宜太多出头。这都是为了党和红军的大局。实际上，只要中国共产党能独立自主，毛泽东成为党的最高领袖的方向就是不可逆转的。

博古作为错误路线的主要代表，是不是就成为遵义会议的主要打击对象呢？没有。因为博古虽然犯了错误，但他胸怀坦荡，只要认识到自己犯错误了，就不避讳。在那个鸡鸣三省的村子，凯丰曾在背后劝博古不要交权，博古没有听。在周恩来的劝说下，他从大局考虑，把两副装有中央重要文件、记录、印章的"挑子"，主动地交给了张闻天，标志着中央完成了权力转移。

博古，不管是用什么方式产生的，终归是担任过四年党的领袖的人，他当时代表了中国共产党。他的不成熟，说明了中国共产党的不成熟。

从这个意义上讲，长征其实也是中国共产党由不成熟走向成熟的里程碑。

红军长征的方向在哪里

1935 年 3 月 31 日，红军南渡乌江，为整个四渡赤水作战打了一个结。北返已很困难，往南，往东，抑或往西，这几个方向成为红军的未来战略选择。

4月1日，通过空中侦察，蒋介石发现红军已南渡乌江。

3月31日甫渡乌江的红军，将去向哪里？从4月1日至10日，这个问题让蒋介石扎扎实实难受了10天。

这10天，蒋介石一直在判断红军的战略方向。他在贵阳同陈诚、薛岳等人商谈，判断红军有两个走向：南进袭击贵阳，或东进与湘西红军会师。两者之中，后者可能性为大。蒋介石最担心红军往东发展，这样会接近其统治的核心区域。但两者都威胁贵阳的安全。此时红军南进的趋势比较强，蒋介石为此又增加一个担心。因为他正在贵阳，红军突然渡过乌江，向南对他的威胁最大，关系他的安全。确保贵阳成为当务之急。

蒋介石上当了。此时红军一部兵力佯攻息烽，沿途张贴"拿下贵阳，活捉蒋介石"的标语，前锋直逼贵阳。国民党在贵阳附近只有四个团兵力，大部担任外围守备，城防兵力包括宪兵在内不足两个团。蒋介石令各部队衔尾疾追红军，另急调驻防大定（今大方）的滇军孙渡纵队火速增援贵阳。

薛岳用电报和电话传达蒋介石的命令，声嘶力竭。

4月4日，湘军电告：在息烽县黑神庙与红军遭遇，红军前锋距贵阳仅百余里。贵阳城陷入极度紧张之中。

幕僚们判断，红军在重兵尾追下顿兵攻坚可能性不大。即使红军向南攻击贵阳也没有关系，因为追兵很近，后面有中央军、川军、湘军，侧翼还有滇军的配合，贵阳只要坚守一天，援军即可赶到。

但这些判断安不了蒋介石的心。他不能掉以轻心，绝不下"这一天"的赌注。

万一这一天顶不住呢？他想力保的已不是贵阳城，而是飞机场。如果红军靠得很近，他可以坐飞机跑。只要贵阳机场安全，蒋介石就安全。机场安全成为大事。

4月5日夜，郊外响起枪声，谣传飞机场被红军占领，贵阳全城人心惶惶。滇军孙渡纵队赶上来后，蒋介石亲自打电话给孙渡纵队第七旅旅长龚顺璧，要他抽兵保卫飞机场。龚顺璧听不懂蒋介石的浙江话，不断反问。蒋介石大为光火，几乎摔掉话筒。

性命攸关之时，蒋介石向来都非常认真。他早做好了多种准备。仅"走"的工具就备有飞机、轿子和马匹。同时劝说传教士及外国人，到安顺暂避。

滇军孙渡纵队在救援蒋介石过程中，表现出很强的行军能力。大定距贵阳400多里，普通行程需七天，孙渡硬是三天三夜急行军赶到。蒋介石特电云南省政府主席龙云："滇军忠勇诚朴，足为军人模范。"

就因为蒋介石的嘉奖和犒赏，孙渡又见疑于龙云，以为他要被蒋介石挖过去，几乎为此丢掉指挥职务。

各派矛盾错综复杂，各方情况也一片混乱。

正当贵阳城内张皇失措之际，红军主力于4月3日出其不意地改为东进。

4月4日，蒋介石以飞机侦察发现红军在清水江上架设的浮桥。4月5日，红军以少数兵力东渡清水江。蒋介石又判断红军要向东与贺龙、萧克会合，急令湘军三个师及桂军一个师立即堵截，令吴奇伟纵队和刚刚赶到贵阳的孙渡纵队与第五十三师分三路向东追击，防止红军北渡乌江返回黔北，想围歼红军于黔东。

红军的意图却既不是东进，也不是北返。

4月7日，中革军委致电各军团首长：决以佯攻贵阳姿势，从贵阳、龙里中间向南疾进，迅速占领定番（今惠水）。

红军真实的意图是南下。

4月8日起，乘敌全部精力用于防止红军东进之机，红军主力以日行60公里的速度迅速南进。4月9日，红军主力穿过贵阳、龙里间20公里地段的湘黔公路，在蒋介石的眼皮之下飘逸而去。

情况变化非常剧烈，就像下棋，双方都下快子。红军一下就穿过去了，没有时间作深远考虑。

红军以为蒋介石仍在贵阳。其实他在7日下午已秘密飞往昆明躲避。待10日贵阳解除戒严后，他才飞回来督战，令吴奇伟纵队和孙渡纵队立即转入尾追。

红军南渡乌江，然后穿过贵州，暂时又摆脱了敌人的围追堵截。但是目标在哪里？

这时红军又开始新一轮落脚点的选择。

从江西出发就开始的对西征目标的选择，至今尚未完成。

博古、李德选定的湘西，被湘江战役的沉重损失否定了。

黎平会议提出新根据地是以遵义为中心的川黔边区。

遵义会议又提出了以川西北为根据地，要赤化四川。土城战役失利后放弃。

一渡赤水后，扎西会议提出向川黔滇边发展，因川军、滇军夹击也放弃。

二渡赤水后提出赤化贵州，首先是黔北。鲁班场战斗失利后放弃。

四渡赤水后，眼光放在了黔西南，又因滇军先到而不可得。

不断地在选择，又因现实不断地放弃。但仍要选择，必须选择。红军自建立始，生存、战斗与发展，全赖根据地。

不仅蒋介石捉摸不清红军的方向，红军当时也没有明确的方向。

"大渡桥横铁索寒"

大渡河是岷江的一大支流，上源名大金川，出青海南部，流入西康省（今四川省西部）后同小金川汇合，经过泸定桥至安顺场，折而向东流至乐山入岷江。流经泸定桥的河面宽200米，流速每秒4米，河水沿着十分险要的石壁向下奔泻，数十里路也不易找到一个渡口，大部队通过极为困难。蒋介石就想凭借大渡河天险，部署重兵南攻北堵，一举消灭红军，让红军成为"石达开第二"。

红军把希望放在了安顺场。

5月21日，红军到达冕宁县泸沽地域后，即兵分两路。主力部队向安顺场进发；红一军团第二师第五团向大树堡方向进击，以钳制和吸引富林一带敌人。

先遣司令刘伯承率红一师走在最前面。

在向安顺场进发的路上，刘伯承骑着马，喃喃自语了一路："有船我就有办法！有船我就有办法！"

警卫员说，前一天夜里他在睡梦中翻来覆去说的也是这句话。

在金沙江，刘伯承就是凭手中掌握的六条船，硬是化险为夷，把中央红军全部渡了过去。

如果安顺场没有船怎么办呢？

不光刘伯承，很多人想都不敢想。

5月24日夜，红一师第一团第一营占领安顺场渡口。还好，搞到一条船。

根据渡金沙江的经验，刘伯承寄希望于对岸。

红一军团第一师第一团第一营组织的强渡开始了。以第二连连长熊尚林为首的九位勇士登上了第一船。船在猛烈火力的掩护下向对岸进发时，刘伯承、聂荣臻禁不住都走出了工事，紧紧盯住那条关系千军万马命运的小船。军团政治部组织部部长萧华亲自吹起了冲锋号。

第一船强渡成功了！第二船八名勇士在营长孙继先带领下也成功冲上对岸！

在对岸又找到两条小船。

红军渡金沙江总共搞到六条船：在皎平渡先控制了两条，首批部队过江后又找到四条。刘伯承曾兴奋地向军委报告"每日夜能渡一万人"。

大渡河却仅有三条船。一船最多坐十几人。往返一次一个多小时，每日夜顶多也只能渡过五六百人。

靠这三条船，一船一船摆渡，全军渡河要一个多月。

杨得志的红一团于26日上午10点渡河完毕时，追敌薛岳纵队已经进抵西昌以北的礼州。杨森的第二十军先头部队已达金口河，离安顺场只有几天的路程了。

焦虑万分的刘伯承发出了两个"千方百计"命令：工兵连要千方百计地架桥，各部队要千方百计地找船。

两个"千方百计"一个也没有实现。

工兵连用八根二号铁丝缉缆，只系上三个竹排，放入水中即被激流冲断。

沿河两岸也再没有发现一条船。

消息报来，刘伯承只说了一句"看来架桥不可能了"，便再也无语。

这位首先突破乌江、首先突破金沙江的"军中之神"，在大渡河旁陷入深深的困境。

夺取安顺场前，聂荣臻曾问主攻营营长："孙继先，你知道石达开吗？"

孙继先回答："管他十达开九达开，我们一定能过河！"

刘伯承接着说："我们会不会成为石达开，这就看你们的了。"

孙继先营以坚决的行动完成了任务。

但成为石达开的可能性依然还在。

渡金沙江时，红军本是分三路过江，刘伯承在船到手之后，方知道全军都要集中到皎平渡过江。这回却大不一样。行动之初，全军就预定要从安顺场渡过。先遣司令刘伯承深知责任重大，渡河成败关系全军命运。红军会不会成为"石达开第二"，现在军委就盯着他刘伯承了。

军情十万火急。国民党的飞机在空中撒传单：前有大渡河，后有金沙江，朱毛红军插翅难逃。

5月26日中午，毛泽东、朱德、周恩来来到安顺场。

刘伯承急着向军委领导汇报，毛泽东却一边喝着缴获来的米酒，一边若无其事地谈笑风生。

他问刘伯承："诸葛亮七擒七纵才使孟获心服，你怎么一下子就说服了小叶丹呢？"刘伯承心里正为渡河着急，回答说，主要是严格执行了党的民族政策。

毛泽东又问："你跟小叶丹结拜真的跪在地上起誓吗？"刘伯承答，确实如此，彝族人最重义气，看诚心诚意，才信任我们。

毛泽东不容刘伯承插进别的话，再问："那彝族人下跪是先跪左腿呢，还是先跪右腿呢？"这下刘伯承被问住了。

越是危险境地越要扯轻松事，这是毛泽东一贯的风格。

1929年4月，脱离了井冈山的红四军在赣南立足未稳，前途未卜。有一次，毛泽东在河边突然问陈毅、谭震林、江华：鱼在水中睡不睡觉啊？一下把众人问住了。

解放战争时，毛泽东等人在城南庄遭空袭。敌机都到头顶上了，警卫员把毛泽东从床上拉起来，他先想到的不是进防空洞，而是抽一支烟。

毛泽东就是毛泽东，即使面临生死存亡，也颇有一股拿得起来、抛得开去的气概，一股偏不信邪、偏不认命的气概。共产党人赞此为领袖气概，国民党人骂此为帝王气概。赞也好，骂也好，毛泽东就是如此。不如此，便也不是毛泽东了。

泰山崩于前而色不变，不是不知道泰山会崩于前。与刘伯承说笑归说笑，最坏的准备却在谈笑风生中做好了。

全军集中在安顺场渡江已不可能，便决定将红一军团分为两半：红一师和干部团在安顺场渡河，编为右纵队，由刘伯承、聂荣臻指挥，沿大渡河左岸前进；红二师和红五军团编为左纵队，由林彪指挥，循大渡河右岸前进；两路纵队沿大渡河夹岸突进，火速抢占泸定桥。大队红军随左纵队前进，从泸定桥过河。

谈话之间，红军的过河地点发生了改变。

若泸定桥也不能过河呢？

毛泽东用并非轻松的口吻说道："假如两路不能会合，被分割了，刘、聂就率部队单独走，到四川去搞个局面。"

在此严峻时刻，众人皆无异议。

刘伯承、聂荣臻二人，正是遵义会议建议渡江入川、建立川西北根据地的人。当时3万红军想从川南渡江尚不可得，现在以红一师单独"到四川去搞个局面"，谈何容易！大家又都明白这是没有办法的办法！

毛泽东后来写道：大渡桥横铁索寒。

飞夺泸定桥（油画，刘国枢创作于 1959 年）（新华社 / 供图）

5 月底的铁索寒到什么程度？恐怕今日即使你到已经列入国家重点文物保护单位的泸定铁桥上去亲手摸一摸，也体会不出来。

这就是后来那么多文学作品、美术作品、戏剧、舞蹈，都不厌其烦地再现那 13 根冰凉铁索上发生的故事的原因，也是攀缘那 13 根铁索前进的英勇战斗成为波澜壮阔的中国革命史中最为惊心动魄的战斗的原因。

"13" 这个数字在西方，是个要回避的不吉利数字。中国工农红军却无从回避，只有迎头而上。13 根铁索上，寄托着红军将士多少希望！

刘伯承、聂荣臻率右纵队于 5 月 26 日出发，向 320 里外的泸定城疾进。

他们连打带冲，一路摧枯拉朽，所向披靡，平均每天行军 100 余里，途中还打掉了驻防瓦坝（今挖角坝）的刘文辉的一个团和驻防龙八铺（今泸定兴隆）的刘文辉的另一个团加旅部。至于这三天是怎么一路江风、一路战火、一路艰险、一路曲折冲杀过来的，承受了多么巨大的精神压力与肉体消耗，刘伯承已经完全没有合适的语言表达了。

30 日凌晨两点，刘伯承、聂荣臻的右纵队赶到泸定城。

林彪的左纵队已经在几个小时前夺占了泸定桥。

林彪的速度更快。

《长征组歌·飞跃大渡河》用一句令人震惊的语言描述了左纵队的行军速度：昼夜兼程二百四。

28 日清晨，红一军团第二师第四团接到军团通讯员飞马送达的命令：

黄（开湘）、杨（成武）：

军委来电，限左路军于明天夺取泸定桥。你们要用最高度的行军力和坚决机动的手段，去完成这一光荣伟大的任务。你们要在此次战斗中突破过去夺取道州和五团夺取鸭溪一天跑 160 里的纪录。你们是火线上的英雄，红军中的模范，相信你们一定能够完成此一任务。我们准备着庆祝你们的胜利！

林（彪）、聂（荣臻）[10]

　　林彪率领的红一军团，向来以运动神速著名。但是在大渡河面前，以过去一天160里的速度已经不能完成任务了。现在需要昼夜兼程240里，而且赶到后要立即发起战斗，夺取天险泸定桥。

　　世间除了中国工农红军，谁人能靠两只脚板使这种不可能成为可能？！每每在关键时刻，林彪不但是一个像样的军事指挥员，也是一个像样的政治鼓动者。限期夺占泸定桥的电报、平型关战斗前连以上干部战斗动员大会上的演说词，都是在交代艰巨任务的同时，给部队以坚强有力的鼓舞。

　　红一军团第二师第四团，前身是北伐革命中的叶挺独立团、南昌暴动之第二十五师第七十三团、井冈山时期的红四军第二十八团，在各个时期都是作战中的头等主力。林彪就是在这个部队中成长起来的。他从叶挺独立团的见习排长，到南昌暴动中第七十三团第三营第七连连长，再到红四军第二十八团第一营第二连连长、第一营营长、第二十八团团长，靠这支部队打出了威名。1933年在江西永丰藤田整编中，该部编为红一军团第二师第四团。第一任团长萧桃明，第五次反"围剿"时在大雄关战斗中牺牲。第二任团长耿飚。遵义会议后，黄开湘（一些资料误写为"王开湘"）成为第三任团长。

　　强行军开始了，口号是："红四团有光荣的战斗历史，坚决完成这一光荣任务，保持光荣传统！""和红一团比赛，坚决拿下泸定桥！"[11]

　　一个口号内三个"光荣"，表明胸中燃烧着怎样的激情！

　　团政委杨成武回忆道：

　　在行军纵队中，忽然一簇人凑拢在一起：这群人刚散开，接着出现了更多人群，他们一面跑，一面在激动地说着什么。这是连队的党支部委员会和党小组在一边行军，一边开会啊！时间逼得我们不可能停下来开会，必须在急行军中来讨论怎样完成党的任务了。

　　……

　　……突然大雨倾盆。电闪雷鸣，天黑得伸手不见五指。部队一天没有吃上饭，肚子饿得实难支持。

……号召每人准备一个拐杖，走不动的扶着拐杖走；来不及做饭了，要大家嚼生米、喝凉水充饥。

……

……本来已经难走的羊肠小道，此刻被雨水冲洗得象浇上了一层油，滑的实在厉害。拐杖也不灵了，一不留神就来个倒栽葱，真说得上是三步一摔，五步一跌，队伍简直是在滚进。[12]

红军为什么没有成为石达开？

其实应该反问：石达开为什么不能和红军一样？

5月29日清晨六时，红四团赶到泸定桥。

刚刚接近大渡河，那轰轰隆隆的河水咆哮声便鼓荡着人们的耳膜。到河边一看，桥下褐红色的流水像瀑布一样从上游山峡间倾泻下来，冲击着河底参差耸立的恶石，溅起一丈多高的白色浪花。"泸定桥真是个险要所在。就连我们这些逢山开路、遇水搭桥、见关夺关的人，都不禁要倒吸一口凉气。"杨成武回忆道。

黄开湘向干部们交代了任务，指定第二连任突击队，连长廖大珠任突击队长。参加突击队的共22人，均为共产党员和积极分子。

巧合的是，两次渡江任务，负责冲锋的都是第二连。

安顺场担任首船突击的，是红一师第一团第一营第二连，连长熊尚林任队长。

泸定桥担任敢死突击的，是红二师第四团第一营第二连，连长廖大珠任队长。

廖大珠这个连队，湘南起义时的连长是林彪，朱毛会师后的连长为龚楷，第三任连长是萧克。这是红军中一支著名的英雄连队，主力中的主力，尖刀上的刀尖。

英雄连队在泸定桥头更加英雄。下午四点总攻开始。在全团司号员集合吹响的冲锋号声中，廖大珠带领22勇士，背挎马刀，腰缠手榴弹，攀桥栏、踏铁索向对岸冲去。

历史在这里浓缩了、凝结了，令他们成为中国革命史中一尊尊永恒的青铜雕像。

红一师第一团出了安顺场 17 勇士（红一师第一团第一营营长孙继先率领 17 勇士强渡人渡河，故有一说法为 18 勇士）。

红二师第四团出了泸定桥 22 勇士。

他们之中绝大多数人没有活到革命胜利，更无一人成为党、国家和军队的领导人。

但我们应该世世代代记住他们，这些有名的和无名的中国革命的开路先锋和沙场英雄。

安顺场 17 勇士是：红一军团第一师第一团第一营第二连连长熊尚林，第二排排长罗会明，第三班班长刘长发，副班长张表克，战士张桂成、萧汉尧、王华亭、廖洪山、赖秋发、曾先吉，第四班班长郭世苍，副班长张成球，战士萧桂兰、朱祥云、谢良明、丁流民、陈万清。

泸定桥 22 勇士，姓名得到确认的只有八个人：红一军团第二师第四团第一营第二连连长廖大珠，第三连支部书记刘金山，副班长刘梓华，特等机枪手赵长发，以及战士杨田铭、王海云、李友林，和一个在贵州加入红军队伍、不到 17 岁、攀崖涉水相当在行、被战友们起名"云贵川"的苗族战士。

这 22 位勇士，冲过泸定桥后活下来的，只有 18 人。

振奋人心的会师

1935 年 6 月 2 日，中革军委给夺占泸定桥的廖大珠等人授奖的同一天，张国焘、陈昌浩、徐向前来电：已派李先念率红四方面军一部进占懋功（今小金），与中央联系。李先念，时任红四方面军第三十军政委。他率领的这一部包括：第三十军第八十八师第二六五、二六八团；第九军第

长征中红军一、四方面军会师桥（位于今四川省小金县达维镇）（谭伟／供图）

二十五师第七十四团，第二十七师第八十、八十一团。

从江西苏区出发以来，中央红军在八个月时间里英勇奋战，先期望与红二、红六军团会合而不可得，遵义会议后将与红四方面军会合作为战略目标，用了近五个月的时间，这一目标终于可以实现。中央红军上上下下心情振奋。

6月8日，中共中央和中革军委发出《为达到一、四方面军会合的战略任务指示》，提出今后的基本任务，是用一切努力，不顾一切困难，取得与红四方面军的直接会合，开创新局面。6月10日，博古在《前进报》第一期发表文章：《前进！与红四方面军会合去！》。

6月12日，中央红军先头部队红一军团第二师第四团翻越夹金山。快下到山脚时，突然响起枪声。团长黄开湘从望远镜中发现前面村庄周围有部队，试着用号音联络，对方回答了，但仍然听不出敌我。黄开湘命令部队以战斗姿态向前推进。

　　第四团政委杨成武回忆当时的情景说："忽然，山风送来了一阵很微弱的呼声，我们屏息细听，还是听不清楚字句。于是我们加快速度前进。渐渐地，这声音越来越大了，仿佛听见是'我们是红军！'红军？真的是红军？我正在半信半疑，一个侦察员飞奔回来，他边跑边喊：'是红四方面军的同志呀！''红四方面军的同志来了！'"¹³

　　期盼已久的会师终于实现了！

　　红一军团第二师第四团在长征路上一直是开路先锋，与红四方面军会师也走在了前面。最先迎到他们的，是红四方面军第九军第二十五师第七十四团。

　　当天，正在懋功的李先念接到第二十五师师长韩东山的两次电话报告，说第二十五师的先头部队和中央红军一军团第二师的部队在达维以南的木城沟胜利会师了。李先念立即把这一消息报告给红四方面军总部，并做好了迎接中央红军的准备。

　　同一天，中央红军一军团第二师师长陈光也向中革军委报告："我四团于本十二日十二时，在夹金山、大卫（即达维——引者注）之间与四方面军八十团取得联络。"¹⁴当时，陈光大概还不知道，最早见到红四团的，是红四方面军的第七十四团。

　　晚上，会师部队联欢，篝火映红了天空，四川民歌与兴国山歌响在一起。

　　彭德怀与徐向前，是这两支红军部队的主要指挥员。7月6日，徐向前率10余个团沿黑水河岸蜿蜒前进，途中接到彭德怀的一份电报，说红三军团已进抵黑水迎接红四方面军。徐向前异常高兴，立即发报约彭德怀到维古河渡口会面。

　　维古河宽二三十米，是岷江的支流之一，水深流急，水寒刺骨，虽7月也难以徒涉，平素靠铁索桥来往两岸。徐向前走到渡口才知道，铁索桥已被破坏。要渡河比登天还难。

　　2015年7月出版的《徐向前传》，详细描写了两位红军指挥员难忘的会见：

正在这时，河对岸出现了一支蜿蜒而来的小队伍。走在最前面的一个人体魄健壮，中等身材，穿一身灰布军装，戴一顶斗笠，走到岸边后直向徐向前等人挥手呼喊；徐向前也挥动八角帽答话，但因水声太大，谁也听不清对方说什么。彭德怀的名字，徐向前早就听说过；徐向前的名字，彭德怀也不陌生，但两人从未见过面，所以谁也不敢断定对方就是自己要会见的人。过了一会儿，徐向前见对岸戴斗笠的人朝他打了打手势，接着扔过一块小石头来。石头上用小绳拴着一张纸条，上面写着："我带三军团之一部，在此迎接你们！——彭德怀。"徐向前高兴极了，马上从记事本上撕下一页纸，正正规规地写上："我是徐向前，很想见到您！"也拴在石头上甩过河去。彭德怀得知是徐向前在对岸，高兴地挥动大斗笠，频频向他亲切致意。

当天，通讯部队在河面拉起一条电话线。徐向前和彭德怀第一次通话，互相问候，约定次日在维古河上游一个名叫亦念的地点相见。次日，徐向前带人翻过两座大山，到达亦念时已近正午；彭德怀也同时到达。但令人失望的是，这里的铁索桥也遭破坏，双方仍然是隔河相望。徐向前的随从人员在一段河面上找到了另一种渡河工具——溜索。一条绳索横贯河岸，上面悬着个用竹条编的筐子，里面坐着一个老乡，正向对岸滑来。徐向前因急于同彭德怀会面，等那老乡过河来，自己也像老乡那样坐进筐子，用脚向岩石猛力一蹬，借劲向对岸滑去。等他到达终点跳出筐子，彭德怀快步迎上，两双手紧握在一起。彭德怀风趣地说："徐总指挥，还不知道你有这种本领呢！"徐向前说："我这是大姑娘上轿头一回呀！"逗得周围的人哈哈大笑。[15]

这两位威震敌胆的红军将领，用石块和箩筐完成了情真意切的首次会面。

……

中央红军与红四方面军这两支主力红军的会师，最主要也是最重要的会见，还是毛泽东与张国焘的会见。

为两军会合，毛泽东亲自拟定了三条标语：

一、四方面军是一家人！
会师的胜利证明我们的红军是不可战胜的！
欢迎张主席！ [16]

张国焘是鄂豫皖苏区的主席，其权威也相当高。
毛主席欢迎张主席，张主席也给毛主席发来热情洋溢的电报：

懋功会合的捷电传来，全军欢跃。你们胜利地转战千余里，横扫西南，为反帝的苏维埃运动与神圣的民族革命战争，历尽艰苦卓绝的长期奋斗，造成了今日主力红军的会合，定下了赤化西北的最有利的基础的条件。我们与你们在中国共产党统一指挥下，共同去争取西北革命的胜利，直至苏维埃新中国胜利。[17]

红一、红四方面军原来均有自己发展的战略方向，一旦会合，完全被隔绝的两股力量合在一起，往哪个战略方向发展就成为讨论的重点，双方在这一点上最后产生很大分歧。"赤化西北""争取西北革命的胜利"，张国焘头脑中红军未来的发展方向，与后来的实际走向基本一致，却与他自己后来确定的方向截然相反。

毛泽东、张国焘都是著名的红军领导人，都在蒋介石通缉的共产党要人名单中名列前茅。毛泽东在红一方面军中享有无可置疑的权威。张国焘在红四方面军中也享有无可置疑的权威。对来自共产国际的指示，两人都敢于表现出自己的独立性，都是具有领袖才能的人物。

张国焘虽犯有"肃反"扩大化的错误，但总体来说，他对红四方面军的贡献不小，使鄂豫皖苏区发展迅猛。张国焘在红四方面军有一整套领导方法。1931年，他到红四方面军，不长时间便迅速取得了领导权威。在第四次反"围剿"中，红四方面军坚持不下去，就在中央红军长征之前脱离鄂豫皖苏区，转移到川北、川东北、川西。张国焘又搞了个以通南巴（即通江、南江、巴中地区）为中心的川陕根据地，获得很大的发展，红四方面军达到 8 万人。

1935 年 6 月 25 日，张国焘从茂县经汶川、理番（今理县），到达两河口。毛泽东、张闻天、周恩来、朱德等几十人赶到三里路外的欢迎会场远迎。张国焘回忆说："在离抚边约三里路的地方，毛泽东率领着中共中央政治局委员们和一些高级军政干部四五十人，立在路旁迎接我们。"

有人回忆说，那天还下着雨。那么，毛泽东和政治局诸委员就都是立在雨中，迎候在红四方面军中享有最高权威的张主席了。这是毛泽东成为中国共产党的实际领袖后，第一次也是最后一次走出如此之远，去欢迎党内另一位领导人物。

1948 年，解放战争处于关键时刻。毛泽东设想让粟裕带领一个兵团把敌人主力引到长江以南，但是粟裕不同意这个作战方略，认为应该集中主力于长江以北。最后毛泽东接受了粟裕的意见，歼敌主力于长江以北，完成了解放战争中规模最大的战役——淮海战役。据有关同志回忆，在河北省阜平县城南庄迎接粟裕的时候，毛泽东走出门口，下台阶抢出几步与粟裕握手。此后，毛泽东欢迎党内同志从来没有出过门。

张国焘好不风光。与中央红军领导人坐担架的习惯不同，他骑着一匹白色高头大马，在 10 余名骑兵卫士的簇拥下，由远而近疾驰而来。

见政治局委员全体站在路边肃立迎候，他立即下马，跑上前去拥抱、握手。几十年后，张国焘还清晰记得那一幕。他回忆说："久经患难，至此重逢，情绪之欢欣是难以形容的。毛泽东站到预先布置好的一张桌子上，向我致欢迎词，接着我致答词，向中共致敬，并对一方面军的艰苦奋斗，表示深切的慰问。"

我们能想象出当时红一、红四方面军相会时融洽的场面。两支力量交汇在一起，艰苦奋战，寻找发展方向。所谓 1+1>2，团结就是力量。

注 释

1. 《项英文集》上，人民出版社 2019 年版，第 386 页。

2. 中共中央文献研究室编：《朱德传》（修订本），中央文献出版社 2006 年版，第 382—383 页。

3. 中共中央文献研究室、中央档案馆编：《建党以来重要文献选编（一九二一——一九四九）》第十册，中央文献出版社 2011 年版，第 507 页。

4. 中共中央文献研究室、中央档案馆编：《建党以来重要文献选编（一九二一——一九四九）》第十二册，中央文献出版社 2011 年版，第 60 页。

5. 周均伦主编：《聂荣臻年谱》上卷，人民出版社 1999 年版，第 128—129 页。

6. 《毛泽东文集》第三卷，人民出版社 1996 年版，第 425 页。

7. 《毛泽东文集》第八卷，人民出版社 1999 年版，第 338—339 页。

8. 中共中央文献研究室、中央档案馆编：《建党以来重要文献选编（一九二一——一九四九）》第十二册，中央文献出版社 2011 年版，第 121 页。

9. 同上书，第 120 页。

10. 刘波、杜福增等：《长征纪实》上卷，人民出版社 2006 年版，第 258—259 页。

11. 《回顾长征——纪念中国工农红军长征胜利会师五十周年》，人民出版社 1985 年版，第 293 页。

12. 同上书，第 293、294、296 页。

13. 同上书，第 307 页。

14. 《中国工农红军长征史料丛书》编审委员会编：《中国工农红军长征史料丛书·文献 3》，解放军出版社 2016 年版，第 41 页。

15. 《徐向前传》编写组著：《徐向前传》，当代中国出版社 2015 年版，第 129—130 页。

16. 中央广播电视总台央视《长征》摄制组著，阚兆江、闫东主编：《长征的故事》（视频书），人民出版社 2019 年版，第 181 页。

17. 中共中央文献研究室编、吴殿尧主编：《朱德年谱》（新编本）上，中央文献出版社 2006 年版，第 507 页。

第八章

奠基陕北
开创中国革命的崭新局面

红军面临分裂危机

红一、红四方面军会师后的首要任务，是制定统一、正确的战略方针。中共中央认为，川西北地区交通不便、人口稀少、经济贫困，不利于红军的生存和发展，主张红军继续北上，建立川陕甘革命根据地，以便在北方建立抗日的前进阵地。张国焘则主张避开国民党军队的强大军事力量，向西退却到人烟稀少、少数民族聚居的新疆、青海等地。

1935 年 6 月 26 日，中央政治局在懋功北部的两河口召开会议。会上经过讨论，一致同意周恩来、毛泽东等多数人关于北上的意见。张国焘也表示同意。

两河口会议后，中共中央率领红一方面军北上。7 月 16 日，先头部队抵达松潘附近的毛儿盖。张国焘以种种借口反对北上，主张南下，并自恃枪多人多，公然向党争权。中共中央坚决拒绝张国焘的无理要求，但为了团结，于 7 月 18 日任命张国焘为红军总政治委员。

7 月 21 日，中央政治局在芦花（今黑水）召开会议，批评了张国焘的错误。会后，张国焘率红四方面军北上，向毛儿盖集中。

8 月 3 日，红军总部制定进军甘肃南部的夏（河）

洮（河）战役计划，并把红一、红四方面军混编成右路军和左路军。右路军由徐向前、陈昌浩、叶剑英率领集结北上，经草地到班佑。毛泽东等中央领导人随右路军行动。左路军由朱德、张国焘、刘伯承率领集结北上，经草地到阿坝，再到班佑与右路军会合。

8月4日至6日，中央政治局在毛儿盖附近的沙窝召开会议，重申两河口会议确定的北上战略方针，强调创造川陕甘根据地是当前红一、红四方面军面临的历史任务。为此，要进一步加强党对红军的绝对领导，维护两个方面军的团结。8月20日，中央政治局在毛儿盖召开扩大会议，再次肯定北上方针是正确的，要求左路军迅速向右路军靠拢，以便共同北上，同时批评了张国焘的错误。8月21日，右路军从毛儿盖出发，历时数日越过渺无人烟的茫茫草地，到达若尔盖的班佑、巴西、阿西地区，等待左路军前来会合。

9月1日，张国焘率左路军一部从阿坝出发，向中共中央所在的班佑、巴西地区开进。2日，张国焘到达噶曲河附近，致电徐向前、陈昌浩，"噶曲河水涨大，不易消退，侦察上下三十里，均无徒涉点"[1]，停止东进。3日，张国焘电称，"茫茫草地，前进不能，坐待自毙"[2]，公开反对北上方针，要中共中央和右路军南下。同时，令左路军先头部队三日内全部返回阿坝。

危机到了爆发时刻。

从9月8日开始，空气中充满了火药味。9月8日，张国焘电令红四方面军第三十一军政委詹才芳："飞令军委纵队政委蔡树藩将所率人员移到马尔康待命，如其（不）听则将其扣留，电复处置。"[3]

同一天，徐向前、陈昌浩致电张国焘："中政局正考虑是否南进，毛、张皆言，只有南进便有利，可以交换意见；周意北进便有出路；我们意以不分散主力为原则，左路速来北进为上策，右路南去南进为下策，万一左路若无法北进，只有实行下策。""请即明电中央局商议，我们决执行。"[4]

张国焘回电："一、三军暂停留向罗达进，右路即准备南下，立即设法解决南下的具体问题。右路皮衣已备否？即复。"[5]

徐向前、陈昌浩接电后，经研究由陈昌浩报告了党中央。当晚，中央领导人通知陈昌浩、徐向前去周恩来住处开会。会议一致通过，向张国焘发出如下电报：

目前红军行动，是处在最严重关头，须要我们慎重而又迅速的考虑与决定这个问题。弟等仔细考虑结果，认为：

（一）左路军如果向南行动，则前途将极端不利，因为：

（甲）地形利于敌封锁，而不利于我攻击……

（乙）经济条件，绝对不能供养大军……

（丙）阿坝南至冕宁，均少数民族，我军处此区域，有消耗无补充……

（丁）北面被敌封锁，无战略退路。

（二）因此务望兄等熟思审虑，立下决心，在阿坝、卓克基补充粮食后，改道北进。行军中即有较大之减员，然甘南富庶之区，补充有望。在地形上，经济上，居民上，战略退路上，均有胜利前途。即以往青、宁、新说，亦远胜西康地区。

……

以上所陈，纯从大局前途及利害关系上着想，万望兄等当机立断，则革命之福。

恩来、洛甫、博古、向前、昌浩、泽东、稼蔷

九月八日廿二时[6]

索尔兹伯里在《长征——闻所未闻的故事》中说，9月9日上午，张国焘发密码电报给陈昌浩，彻底开展党内斗争。前敌总指挥部参谋长叶剑英获悉后，立即报告了毛泽东。

《叶剑英传》引述叶剑英的回忆说：

9 日那天，前敌总指挥部开会，新任总政治部主任陈昌浩讲话。他正讲得兴高采烈的时候，译电员进来，把一份电报交给了我，是张国焘发来的，语气很强硬。我觉得这是大事情，应该马上报告毛主席。我心里很着急，但表面上仍很沉着，把电报装进口袋里。过了一个时候，悄悄出去，飞跑去找毛主席。他看完电报后很紧张，从口袋里拿出一根很短的铅笔和一张卷烟纸，迅速把电报内容记了下来。然后对我说："你赶紧先回去，不要让他们发现你到这来了。"我赶忙跑回去，会还没有开完，陈昌浩还在讲话，我把电报交回给他，没有出娄子。那个时候，中央要赶快离开，否则会出危险。到哪里去呢？离开四方面军到三军团去，依靠彭德怀。[7]

叶剑英说出一个重要情况：依靠彭德怀。中央红军与红四方面军会合后，张国焘各军团互通情报的密电本被收缴了，红一、红三军团和毛泽东通报的密电本也被收缴了。从此以后，各方只能与前敌总指挥部通报。彭德怀忧心忡忡地说："与中央隔绝了，与一军团也隔绝了。"[8]

北进时，林彪率红一军团和红四方面军一部为前锋，距离中央纵队甚远。红三军团走在右路军的最后，与中央纵队很近。当时周恩来、王稼祥因病重，均住在红三军团军团部。出于中央安全的考虑，每到宿营地，彭德怀都要去看毛泽东，还秘密派红三军团第十一团隐蔽在毛泽东住处不远，以防万一。

身经百战的彭德怀，已经从空气中感觉出事态严重。他觉得张国焘有野心，中央没有看出来。林彪已进至俄界地区（今甘肃省迭部县达拉乡高吉村）。彭德怀身边的兵力只有红三军团的几个团，中央领导人又都住在前敌总指挥部，一旦有变，安全没有保证。粗中有细的他，多了个心眼儿，叫人另编了密码本，派武亭带着指北针，沿红一军团走过的路径去找林彪、聂荣臻。密码本刚送达，事情就发生了。

这一步非常关键。林彪、聂荣臻在前方接到彭德怀的电报后，立即做好了接应中央和红三军团的所有准备。

9 月 8 日，毛泽东得知张国焘来电后，发现情况严重，通知陈昌浩、徐向前"在周恩来住处开会",即在红三军团开会。

会前,彭德怀向毛泽东请示:"如果四方面军用武力解散我们,或挟中央南进,怎么办?从防御出发,我们可不可以扣押人质,以避免武装冲突?"毛泽东深思片刻说:"不可。"

毛泽东到陈昌浩住处,对他说:军队即要行动,中央是否召开一次会议,作些部署?陈昌浩同意。毛泽东又以病中的周恩来、王稼祥均在红三军团为由,约陈昌浩到红三军团司令部开会。

这是非常时期毛泽东唯一能够掌握的武力了。会议开完,毛泽东便留在了红三军团。

这样,就到了9月9日——中共中央将要与张国焘在战略行动上分离的9月9日,红一方面军将要和红四方面军分离的9月9日,中国工农红军从1927年南昌起义以来将出现第一次大分裂的9月9日。

如何选定陕北根据地

历史并不像很多人想象和很多书上描绘的那样,毛泽东带领这支队伍很快就奔向了光明的未来。

毛泽东只带出了七八千人,大量兵力留在了后面。这七八千人能干多少事情?空间有多大?力量弱小,容易被敌人消灭。胡宗南的中央军、杨虎城的西北军、张学良的东北军,再加上一些地方部队,包括川军,都给北上的红军造成很大威胁。

1935年9月12日,中共中央在俄界召开政治局扩大会议。毛泽东说,红一、红四方面军会合后,是应该在川、陕、甘创建苏区的。但现在只有红一方面军主力北上,所以,当前的基本方针是要经过游击战争,重新建立同共产国际的联系,整顿和休养兵力,扩大红军队伍,首先在与苏联接近的地方创造一个根据地,将来向东发展。

6月26日两河口会议决定的北上川陕甘方针，被迫作出修正。

会议还一致通过《中央关于张国焘同志的错误的决定》，决定将红一方面军主力和中央军委纵队改编为中国工农红军陕甘支队，彭德怀任司令员，毛泽东任政治委员，林彪任副司令员，王稼祥任政治部主任，杨尚昆任政治部副主任，并成立了由毛泽东、周恩来、王稼祥、彭德怀、林彪组成的"五人团"来指挥军队，设立了编制委员会，李德任主任，叶剑英、邓发、王稼祥、蔡树藩、罗迈为委员。

这是一个在非常时期组建的团结所有力量的班子。毛泽东已经做了最坏打算：即使被敌人打散，我们也可以做白区工作。

9月17日，红军陕甘支队攻占天险腊子口，打开北上门户。

9月18日，红军陕甘支队攻占甘肃岷州（今岷县）哈达铺，缴获大批军粮和食盐。鉴于该地区敌军兵力薄弱、群众条件好、物资比较丰富，中共中央决定部队就地休整。

休整期间，中共中央获得一个重大发现。毛泽东召见侦察连连长梁兴初、指导员曹德连，要他们到哈达铺找些"精神粮食"，只要是近期和比较近的报纸杂志都找来。

侦察连从当地邮局搞到了七八月间的天津《大公报》，上面有阎锡山的讲话：

全陕北二十三县几无一县不赤化，完全赤化者八县，半赤化者十余县。现在共党力量已有不用武力即能扩大区域威势。

报纸还进一步披露了红二十五、红二十六军的一些情况：刘志丹的红二十六军控制了大块陕北苏区根据地，徐海东的红二十五军已北出终南山口，威逼西安。

阎锡山为共产党做了一回好的情报员。毛泽东、张闻天、博古读到这篇报道后，那种"山重水复疑无路，柳暗花明又一村"的兴奋心情无法用言语形容。陕北不但有红军、有游击队，而且发展迅速，颇似1931年的

556

中央关于张国焘同志
的错误的决定（俄界会议）

（一九三五年九月十二日）

听了毛泽东同志关于与四方面军领导者的争论及今后战略方针的报告之后，政治局同意已经采取的步骤及今后的战略方针。并指出：

（甲）四方面军的领导者张国焘同志与中央绝大多数同志的争论，其实质是由于对目前政治形势与敌我力量对比估计上有着原则的分歧。张国焘同志从对于全国目前革命形势的紧张化，特别是由于日本帝国主义的积极侵略而引起的全中国人民反日的民族革命运动的高涨估计不足，更从对于中央红军在反对敌人五次"围剿"的斗争中及突围后的二万余里的长征中所取得的胜利估计不足出发，而夸大敌人的力量，首先是蒋介石的力量，轻视自己的力量，特别是红一方面军的战斗力，以致丧失了在抗日前线的中国西北部创造新苏区的信心，主张以向中国西南部的边陲地区（川康藏边）退却的方针，（代替）向中国西北部前进建立模范的抗日的苏维埃根据

第十册　（一九三五）　　557

地的布尔什维克的方针。必须指出张国焘同志这种机会主义的倾向，于胜利的粉碎了四川敌人对于通南巴苏区的进攻之后，自动放弃通南巴苏区时已经开始形成。目前分裂红军的罪恶行为，公开违背党中央的指令，将红四方面军带到不利于红军发展的川康边境，只是张国焘同志的机会主义的最后完成。

（乙）造成张国焘同志这种分裂红军的罪恶行为的，除了对于目前形势的机会主义估计外，就是他的军阀主义的倾向。这种倾向表示在张国焘同志不相信共产党领导是使红军成为不能战胜的铁的红军的主要条件，因此他不注意去加强红军中党的与政治的工作，不去确立红军中的政治委员制度，以保障党在红军中的绝对领导，相反的，他以非共产党的无原则的办法去团结干部。他在红军中保存着军阀军队中的打骂制度，以打骂的方式去凌驾地方党的政权的与群众的组织，并造成红军与群众间的恶劣关系。此外，他以大汉族主义去对待弱小民族。这种军阀主义倾向是中国军阀制度在红军中的反映。这种倾向使英勇善战的年青的红四方面军，在其向前发展上受着莫大的障碍。

（丙）由于张国焘同志的机会主义与军阀主义的倾向，所以他对于党的中央，采取了绝对不可容许的态度。他对于中央的耐心的说服，解释，劝告与诱导，不但表示完全的拒绝，而且自己组织反党的小团体同中央进行公开的斗争，否认党的民主集中制的基本组织原则，漠

558　　中共中央文件选集

视党的一切纪律，在群众前面任意破坏中央的威信。

政治局认为张国焘同志这种右倾机会主义与军阀主义的倾向是有着他的长期的历史根源的。张国焘同志在中国共产党内，犯过很多机会主义的错误，进行过不少派别的斗争。四中全会后一个短时期内，他虽是对于当时造成的中央表示服从与忠实，但他对于自己过去的错误是并没有彻底的了解。因此在他远离中央，并在长时期内脱离中央的领导之后，又产生了新的机会主义与军阀主义的倾向。很明显的张国焘同志这种倾向的发展与坚持，会使张国焘同志离开党。因此政治局认为必须采取一切具体办法去纠正张国焘同志的严重错误，并号召红四方面军中的全体忠实于共产党的同志团结在党中央的周围，同这种倾向做坚决的斗争，以巩固党与红军。

（一九三五年九月十二日在俄界）

（这一决定只发给党的中央委员）

根据中央档案原油印件刊印

收入《中共中央文件选集》（一九三四——一九三五）中的《中央关于张国焘同志的错误的决定》全文

中央苏区。毛泽东在俄界会议作出的被敌人打散的最坏设想不但可以避免，而且中国革命有望依托这块新的根据地获得更大发展！

　　9月27日，政治局在甘肃省通渭县榜罗镇召开常委会议，决定改变俄界会议确定的"首先在与苏联接近的地方创造一个根据地，将来向东发展"的方针，到陕北去，在陕北保卫与扩大革命根据地，以陕北苏区来领导全国革命。

　　"艰难困苦，玉汝于成。"从1934年10月10日长征开始，红军的战略目标由最初的湘西到黎平会议的川黔边、遵义会议的川西北、扎西会议的云贵边、两河口会议的川陕甘、俄界会议的"与苏联接近的地方"，一

经过长征到达陕北后的毛泽东、朱德、周恩来（海峰／供图）

直到榜罗镇会议的陕北。一年来无数牺牲和奋斗、不断实践与探索,战略目标的选择最终完成。

脱离根据地一年、长途跋涉两万余里的中央红军,终于找到了落脚点。这个过程可以用邓小平所讲"摸着石头过河"来形容。

10月,陕甘支队过岷山,毛泽东心情豁然开朗,作《七律·长征》诗:

红军不怕远征难,万水千山只等闲。

五岭逶迤腾细浪,乌蒙磅礴走泥丸。

金沙水拍云崖暖,大渡桥横铁索寒。

更喜岷山千里雪,三军过后尽开颜。

最黑暗的时候过去,前面是中国革命的崭新局面了。

南下之路走不通

张国焘的分裂,是中国共产党历史上前所未有的分裂。中国共产党和工农红军面临因内部分裂而毁灭的危险。

朱德曾经回忆说,从来没有像那次那样心情沉重。毛泽东甚至作了被敌人打散、最后到白区做工作的打算。

由张国焘掌握控制的部队有:红四方面军第四军、第九军、第三十军、第三十一军、第三十三军,中央红军第五军团改编的第五军、第九军团改编的第三十二军,共计7个军,8万余人。

由毛泽东率领北上的,只有原中央红军红一、红三军团七八千人。到陕北与由红二十五、二十六、二十七军新组建的红十五军团会合后,也只有1.3万余人。论实力,这完全无法与张国焘相比。

这里面还有一个问题。红十五军团主力——徐海东的原红二十五军,

中央为贯澈战略方针再致张国焘令其即行北上电

（一九三五年九月十一日）

国焘同志：

一、中央为贯澈自己的战略方针，再一次指令张国焘即
立刻左路军向班佑巴西开进不得违误。

二、中央已决定右路军统归军委副主席周恩来同志指
挥。并已令一三军在罗达糖界集中。

三、左路立即答复左路军北上具体部署。

中央　十一日

也是红四方面军留在鄂豫皖根据地的老部队，原来一直受张国焘指挥。张国焘在这支部队里面的影响力到底怎样、这支部队对中共中央的态度如何，中共中央和毛泽东在对徐海东真正了解以前，心里并没有太大把握。

中国共产党的命运、中国工农红军的命运极有可能发生逆转。

现在不少人以为张国焘的分裂纯系飞蛾扑火、自取灭亡，一开始就是孤家寡人。那是把历史作出的结论和当时面临的实际情况搞混了。

由于张国焘掌握强大的实力，再加上当时对很多情况并不清楚，红一方面军留在红四方面军的很多同志都对事情的发生感到突然和混乱，红四方面军的同志更是情绪激动。态势是非常严重的。

张国焘在阿坝一个喇嘛寺召开了川康省委扩大会议。会场外挂着横幅："反对毛、周、张、博北上逃跑"。张国焘先讲话，攻击中央率军北上是逃跑主义。然后他对朱德说："总司令，你可以讲讲嘛，你对这个问题的认识怎样？是南下，是北上？"[9]朱德不紧不慢地说：我在政治局会议上是举过手的，我不能出尔反尔。于是就有人冲着朱德喊：既然你拥护北上，那你现在就走，快走！

刘伯承站出来说话：现在不是开党的会议吗？你们怎么能这样对待朱总司令！于是，攻击的矛头又转到刘伯承身上。

可以想见，当时很多人是不明真相的，不知道高层发生分歧的实质原因是什么，所以一经煽动起来，影响很大。

张国焘办事历来不乏决心。这回他更是决心把事情做到底。

1935年10月5日，张国焘在四川理番县卓木碉（今马尔康市脚木足）召开高级干部会议，宣布另立"临时中央""中央委员会""中央政治局""中央书记处""中央军事委员会"和"常务委员会"，自封为"主席"，并通过了"组织决议"，决定"毛泽东、周恩来、博古、洛甫应撤销工作，开除中央委员及党籍，并下令通缉。杨尚昆、叶剑英应免职查办"。

"撤销""开除""通缉""查办"，张国焘的自信和气焰由此可见一斑了。

张国焘要朱德表态。朱德心平气和、语重心长地说：大敌当前，要讲团结嘛！天下红军是一家。大家都知道"朱毛"在一起好多年，全国世界都闻名。要我这个"朱"去反"毛",我可做不到呀!不论发生多大的事,都是红军内部的问题,大家要冷静,要找出解决的办法来,可不能叫蒋介石看我们的热闹!

朱德这些话讲的是很有分量的。陈毅说过,朱德在天心圩整顿中讲的"革命须自愿""共产主义一定胜利"两条,奠定了我军政治工作的基础;现在朱德在卓木碉讲"都是红军内部的问题""不能叫蒋介石看我们的热闹"这两条,既是后来解决这一问题的理论基础,又是后来解决这一问题的感情基础。

红四方面军总指挥徐向前也对张国焘的做法不以为然。他回忆说:"另立'中央'的事,来得这么突然,人人都傻了眼。""会后,张国焘找我谈话,我明确表示,不赞成这种做法。我说:党内有分歧,谁是谁非,可以慢慢地谈,总会谈通的。把中央骂得一钱不值,开除这个,通缉那个,只能使亲者痛,仇者快,既便是中央有些做法欠妥,我们也不能这样搞。现在弄成两个中央,如被敌人知道有什么好处嘛!"[10]

毛泽东多次被蒋介石通缉,已经习以为常了。如今居然被党内自己人通缉,真是破天荒第一次。

即使被通缉,毛泽东也不忘对这支红军部队的争取。

11月12日,毛泽东到达瓦窑堡后致电红四方面军,"我一、三军已同二十五、六、七军在陕北会合""与白区党及国际取连系",并指出,"对时局中央已发表宣言……将来再发宣言号召抗日反蒋战争",关于方针,"你们应坚决向天全、芦山、邛来[峡]、大邑、雅安发展,消灭刘、邓、杨部队,求得四方面军的壮大"。[11]

同日,张国焘致电毛泽东等人,称南下红军已"打开了川西门户,奠定了建立川康苏区胜利的基础,证明了向南不利的胡说,达到了配合长江一带苏区红军发展的战略任务,这是进攻路线的胜利";并以命令的口吻说,"甚望你们在现地区坚决灭敌,立即巩固扩大苏区和红军。并将详情电告"。[12]

双方都在让对方知道自己的优势,都要求对方改变做法。

很显然，中共中央不取得绝对优势，张国焘不会回心转意。

12 月 5 日，张国焘干脆以"党团中央"名义致电中共中央，声称"此间已用党中央、少共中央、中央政府、中革军委、总司令部等名义对外发表文件，并和你们发生关系"；今后，"你们应以北方局、陕甘政府和北路军，不得再冒用党中央名义"；并宣布"一、四方面军名义已取消"，"你们应将北方局、北路军的政权组织状况报告前来，以便批准"。[13]

分裂达到了顶点。

这一分裂的最终解决有赖于三个因素。

第一是张国焘南下路线的破产。这也是最关键的因素。

张国焘为南下所做的准备是精心的，口号也实惠诱人："大举南下，打到天全芦山吃大米。"这仍然是他在五四运动中跟那位牧师学到的技巧：从大众切身问题入手。张国焘又实惠到庸俗的地步了。搞革命仅仅是为了吃大米吗？

但南下最初确实颇为顺利。10 月份，红四方面军攻占绥靖，占领崇化（绥靖、崇化后合并为靖化，今金川），攻克丹巴，袭占达维，攻克懋功，击溃刘文辉和杨森部，接着又在日隆关、巴郎关、火烧坪等地大获全胜，共击溃川军六个旅，歼敌 3000 余人。

张国焘乘胜提出以主力向天全、芦山、名山出动，彻底消灭杨森、刘文辉部，并迎击主要敌人刘湘、邓锡侯部。

红四方面军随即发起猛攻，连下宝兴、天全、芦山、五家口等城镇，击溃杨森、刘湘、刘文辉、邓锡侯部共 17 个旅，毙伤俘敌 1 万多人，控制了懋功以南、青龙江以北、大渡河以东、邛崃山以西的川康边广大地区。

南下计划几近成功，"打到天全芦山吃大米"的许诺也基本兑现。

南下成功，张国焘另立"中央"就有可能成功。实践是检验真理的唯一标准，对张国焘也不例外。他几乎眼见着就要通过实践的检验了，却还是在节骨眼上碰到了挫折。

四川军阀方面，刘湘、刘文辉、杨森等人最初确实被张国焘的突然南下搞了个措手不及。他们已经作出了红军主力将北上出川的判断。中共中央主张北上的企图和部署，使敌人相信红军必将出川，这给张国焘南下的最初成功创造了条件。

待四川军阀清醒过来，胜利就没有那么容易了。

红四方面军击破杨森主力和刘文辉两个旅后分路南下，一路向芦山推进，一路指向天全。天全、芦山两处战略地位重要，倘若有失，将直接威胁川西平原。刘湘立即调整部署，全力防堵。11月初，红四方面军攻势凌厉，川军的天全、芦山相继失守，刘湘再次后退。但此时的刘湘已经不是原来对红军"礼送出境"的刘湘，而是要拼命一搏的刘湘了。

四川军阀当初商定的作战原则是：红军只要不危及其地盘，就虚与周旋，保住实力，绝不对消；如果真要深入四川腹地，就不惜忍受蒋介石控制，硬拼到底，在同归于尽中去求生存。

现在面对张国焘的大举南下，刘湘当然不惜与之同归于尽了。

蒋介石不知道红军发生分裂，也唯恐川西平原有失，成都难保，急令中央军薛岳部的周浑元、吴奇伟两个纵队迅速参战。川军的增援部队与中央军陆续到达，兵力迅速增加到80多个团20余万人，摆出一副决战的架势。

张国焘南下计划最大的问题暴露出来了：红四方面军对川军死保川西平原的决心和作战能力估计不足。

11月16日，关键的一场战斗在邛崃、名山之间的重镇百丈展开。川军以优势兵力围攻百丈，以整营、整团甚至整旅的兵力轮番发起攻势。中央军薛岳部又从南面压将上来。红四方面军在此血战七天七夜，毙伤敌军1.5万多人，自身也付出了近万人的伤亡，被迫退出百丈地带。

百丈战役的失利，成为南下的红四方面军由攻转防的转折点。

最初是红四方面军得胜不想停止，现在是敌方得手不想停止了。川军主力和薛岳、周浑元、吴奇伟等部从东北、东南和东面几个方向步步压来。红军指战员虽然顽强抵抗，防线仍不断被突破，处境日趋艰难。严冬到来，部队棉衣无着、口粮不继，而激战却不停息。红四方面军由南下时的8万人锐减到4万余人。

挫折和失败证明了南下政策的错误。

红二、红六军团北上

1935 年 11 月 4 日，红二、红六军团共 1.7 万余人，在任弼时、贺龙、关向应的率领下，从湘西出发，开始长征。他们占领黔滇交界的山区后就停留下来，准备在南北盘江间创建新根据地。

朱德与张国焘联名致电红二、红六军团，要求他们渡过金沙江同红四方面军会合，共同北进。朱德后来回忆说：

他（指张国焘）没有决定北上前，是想叫二方面军在江南配合他，他好在甘孜呆下来保存实力，他的中央就搞成了。他想北上时，才希望二方面军渡江北上。[14]

当时的实际情况是，红一、红四方面军的分裂尚未弥合，红二、红六军团加入进来，态度将怎样、立场会如何，成为一个最大的疑问。

对天平上这个举足轻重的砝码将落到哪一边，双方都没有太大把握。

张国焘想让红二、红六军团北上，但又怕这两个军团和他作对，搞不到一起。

中共中央最初也不想让红二、红六军团北上，与红四方面军会合。所以，才有党史中很少提到的张浩 1936 年 4 月 1 日的电文："二、六军团在云贵之间创立根据地，是完全正确的"，"将二、六军团引入西康的计划，坚决不能同意"。[15]

显而易见，这不仅仅是张浩的个人意见。如果红二、红六军团被张国焘拉过去，后果的确难以设想。

因为与红二、红六军团联系的密码掌握在张国焘手里，中共中央为得到这一密码，也费尽了力气，几次要求张国焘告知密码，均被拒绝。

1936 年 1 月 21 日，周恩来致电张国焘："请将与二、六军团密码速告知，以便直接通报。"[16] 张国焘 2 月 9 日回电："我们对二、六军之各种情况甚为明了，可以完全帮助他，勿念。""对二、六军大的行动方向与政治上有何指示，请直发我处转去。"[17]

5 月 18 日，张浩、周恩来再次提出"请将其通电密码……告我，以便联络通电，免误时间"[18]，张国焘干脆不予理睬。

中央长期与红二、红六军团失去联系，这一联系又被张国焘独自把持，中央既不了解红二、红六军团现状，又不知道张国焘对他们都说了些什么，所以曾担心两支部队会合后，会不会又增强了张国焘的力量。

情况再次变得复杂。就红二、红六军团先与红四方面军会师这个问题来说，唯朱德比张国焘和毛泽东心里都更有底。朱德此时表现出极大的自信。

他后来对红二方面军同志说：

过江不是中央指示，是我们从中抓的，抓过来好，团结就搞起来了。这里阴错阳差的，把团结搞起来了。

我和刘伯承同志的意思，想把你们那方面的力量拉过来，不然我们很孤立。

二方面军过江，我们气壮了，北上就有把握了。[19]

朱德确实言中了。在这个问题上，总司令是十分自信的。他相信能够通过做工作，把红二、红六军团这股力量拉过来。

张浩那封"坚决不能同意"红二、红六军团北上与红四方面军会合的电报，最大之不足，便是没有考虑到或没有充分考虑到朱德、刘伯承对红二、红六军团的影响。

因为，的确要充分考虑到张国焘的煽动能量。当凯丰大段引用导师话语、以一篇《列宁论联邦》反驳张国焘时，张国焘一句"他们是洋鬼子，修洋头，穿西装，戴眼镜，提着菜盒子，看不起我们四方面军这些'老土'，不想要我们"，就在土生土长的红四方面军中，把几个莫斯科归来的中央领导者划出去了。这方面，张国焘确实是老手。与红二、红六军团会合后，他会不会也用同样的手段，会不会把他与中共中央的分歧简化为中国革命中"土"与"洋"的分歧呢？

应该承认，在当时的条件下，这是一发分量不轻的炮弹。

果然，两军前锋刚刚会合，张国焘就派出"工作团"，向红二、红六军团散发小册子，散布党中央有错误、单独北上是逃跑等舆论。

当时的情况今天已经难知其详。从一些人的回忆中，仍能看出斗争的复杂与尖锐。

红六军团总指挥萧克回忆说，与红四方面军接应部队会合后，曾盲目相信张国焘追随者制造的舆论，"但当我见到朱总司令，他诚恳地向我说明了事件发生的经过后，就改变了态度"。[20]

萧克参加过南昌起义、湘南起义，是参与朱毛红军和井冈山根据地创建的老资格人物之一。这样的同志对张国焘追随者的宣传尚一时不能分清，可见那种宣传的煽动性还是相当强的。

不仅萧克，中央红军与红四方面军会合后，长期跟随毛泽东、支持毛泽东的林彪，听到旁边有人说张国焘路线不对时，也反驳说：你说他路线不对吗？那他们为什么有那么多人呢？我们才几个人呢？林彪说这番话时还拍了桌子，把桌上的盘子也打翻了。

张国焘的影响能力与煽动能力，绝非我们今天想象的那么差。所以，更可见朱德苦口婆心做工作的可贵。

红二、红六军团和红四方面军会师后，问题不会迎刃而解，和张国焘的斗争需要一个过程。

为澄清事实真相，朱德又同红六军团政委王震整整谈了一个晚上。王震回忆说：

张认为我们是娃娃，想把我和萧克及六军团买过去，反对毛、周、张、博。

在甘孜休息时，张一个一个把我们召去谈话，送给我四匹马，给我们戴高帽子，说我们勇敢、能打。[21]

与朱德谈完话后，王震明白了要同张国焘斗争。

红二军团上来后，朱德、刘伯承又与任弼时、贺龙、关向应秉烛长谈，告之一年来党中央与张国焘斗争的经过。朱德回忆说："任、贺来了，我和他们背后说如何想办法会合中央，如何将部队分开，不让他指挥。贺老总很聪明，向他要人要东西，把三十二军带过来了，虽然人数少，但搞了他一部分。"[22]

如果没有在红军中影响巨大的朱德和刘伯承，张浩的担心、中共中央的担心就有了道理，各路红军达成统一就需要更多时间、遭受更大损失、走更长的弯路。

毛泽东并非对红二、红六军团不了解，尤其是贺龙。贺龙通过两把菜刀闹革命的故事，毛泽东很早就知道。

1927 年 9 月，毛泽东领导的秋收起义部队 5000 余人编为一个师，但由于部队成分复杂、指挥失当，不足 20 天，部队就垮了一大片，总指挥卢德铭也牺牲了。

一支四面受敌的起义军，内无粮草、外无救兵，拿什么来鼓舞士气呢？毛泽东想起了贺龙。1927 年 9 月 29 日三湾改编时，毛泽东说："同志们，敌人只是在我们后面放冷枪，这有什么了不起，大家都是娘生的，敌人有两只脚，我们也有两只脚，贺龙同志两把菜刀起家，现在当军长，我们有两营人，还怕干不起来吗？我们都是暴动出来的。一个人可以当敌人 10个，10 个人可以当敌人 100，我们现在有这样几百人的部队，还怕什么？"[23]

毛泽东在最困难时刻的讲话中，为人们树立的榜样是贺龙。

毛泽东知道贺龙，张国焘更知道。贺龙 1961 年回忆说，张国焘这个人，"我还是有所了解的，南昌起义前两天，他作为中央代表来南昌阻止起义，我还对张国焘发了脾气。后来，在瑞金我入了党，又编在一个党小组里，整天在一起，直到潮汕失败才分手"[24]。

当年与贺龙吵过架的张国焘，担心与红二、红六军团搞不到一起，主要就是担心贺龙和任弼时。

震撼世界的胜利

张国焘是个实力派，看问题历来从实力出发。综合考虑种种因素后，他只有痛下决心，于1936年6月6日取消"第二中央"。

作出这一决定前，他颇不放心，于5月30日致电张浩，机关枪一般发问：

> 兄是否确与国际经常通电？国际代表团现如何代表中央职权？有何指示？对白区党如何领导及发展情况如何？对军事和政权机关各种名义，军委、总司令部、总政由何人负责？如何行使职权？对二方面军如何领导？[25]

对取消"第二中央"之后的处境，张国焘满腹狐疑。真实的情况是，这个时候包括张浩在内，中共中央还未和共产国际取得联系，双方在6月16日方才取得第一次联系。

在宣布取消"第二中央"的会议上，张国焘掰着指头计算：

> 在陕北方面，现在有八个中央委员七个候补委员，我们这边有七个中央委员，三个候补委员，国际代表团大约有二十多个同志。这样陕北方面设中央的北方局，指挥陕北方面的党和红军中工作。此外当然还有白区的上海局、东北局，我们则成立西北局，统统受国际代表团的指挥。

> 我们对陕北方面的同志们不一定用命令的方式，就是用互相协商的形式也还是可以的。

我们的军事上依旧一、四方面军会合时的编制来划归军事上的统一。军委主席兼总司令是朱德同志，军委副主席兼总政委张国焘同志，政治部主任陈昌浩同志……

张国焘不得不挥师北上。但他北上的目的，并不是想与中央会合、发展陕北根据地，而想单独夺取河西走廊。他说："河西走廊将是未来西北抗日局面的交通要道，正是我们可以大显身手的地方，而且因此也不致与一方面军挤在一块，再发生摩擦。"

但此时他的意愿已经不能够左右一切了。

7月1日，红二、红六军团齐集甘孜，同红四方面军胜利会师。

贺龙回忆了会师后与张国焘相处的情景：

到了甘孜，他人多，我们人少，我们又不听他的，得防备他脸色一变下狠手。我有我的办法，我让弼时、向应和朱老总、伯承、张国焘，都住在一幢两层的藏民楼里。那时，在甘孜组织了一个汉藏政府，叫"博巴依得瓦"（博巴人民共和国，隶属于中华苏维埃共和国西北联邦政府）。我们大家就住在主席府，整个住处的警卫是我亲自安排的，警卫员每人两支驳壳枪，子弹充足得很呢！你张国焘人多有个大圈圈，我贺龙人少，搞个小圈圈，他就是真有歹心也不敢下手！张国焘搞分裂，我们搞团结，可是对搞分裂的人不得不防嘛！[26]

开庆祝会师大会，张国焘是红军总政治委员，自然要讲话。在主席台上，贺龙坐在他身旁。他刚刚站起身要讲话，贺龙半开玩笑半认真地给了他一句悄悄话。贺龙说："国焘啊，只讲团结，莫讲分裂。不然，小心老子打你的黑枪！"[27]

朱德后来也讲过："张国焘对弼时、贺龙都有些害怕呢！一起北上会合中央，贺老总是有大功的！"[28]

7月5日，按照中革军委命令，红二、红六军团与红三十二军组成中国工农红军第二方面军。按照中共中央的意图，两个方面军终于携手北进。

7月27日，中共中央批准西北局成立，由张国焘任书记、任弼时任副书记，统一领导红二、红四方面军的北上行动。

8月1日，得知两个方面军经过艰苦跋涉，通过了茫茫草地，毛泽东、周恩来、彭德怀致电朱德、张国焘、任弼时：接占包座捷电，无比欣慰。

越向北，张国焘越感到不能掌控红四方面军的部队了。

中共中央要红四方面军北上，共同执行夺取宁夏的战略计划，张国焘却想西渡黄河。面对不断接到中央来电商讨战略步骤的状况，陈昌浩被朱德所说服，在争论中基本站在朱德一边，反对张国焘。

9月16日，在岷州三十里铺召开的西北局会议上，陈昌浩面对面与张国焘争论到深夜。会议开到第二天，张国焘突然宣布辞职，带着警卫员和骑兵住到了岷江对岸。结果当天黄昏他又不放心，派人通知继续开会。在会上，张国焘被迫说："党的组织原则是民主集中制，是少数服从多数，

中国工农红军长征将台堡会师纪念碑（于晶／摄，中新社供图）

既然你们大家都赞成北上，那我就放弃我的意见嘛。"[29]

岷州会议后，张国焘带着他的警卫部队先行北上，连夜骑马赶到漳县，进门就说："我这个主席干不了啦，让昌浩干吧！"[30]未参加岷州会议的徐向前、周纯全、李先念等不知发生了什么事。张国焘的眼泪已经掉下来了："我是不行了，到陕北准备坐监狱，开除党籍，四方面军的事情，中央会交给陈昌浩搞的。"[31]

哭过之后，张国焘虽然还是一再抵制北进，但他已经感觉出身边那种谁也抵挡不住的洪流了。

9月26日，就战略方向问题，张国焘向中央连发四电，中午12时那封电报中已经有"我们提议洛甫同志即以中央名义指导我们"等语。这是他第一次表示放弃同陕北党中央保持"横的关系"，接受中央领导。

中共中央与中国工农红军这次持续一年之久的分裂危机，经过多方努力，终于基本解决。

10月9日，朱德率红军总部到达甘肃会宁，与中央派来迎接的红一方面军的部队会合。这个辛亥革命时期的老军人如此激动，以致与红一师师长陈赓谈话时，禁不住热泪盈眶。

同日，中共中央、中华苏维埃共和国中央政府、中革军委致电朱德总司令和全体指战员，热烈祝贺红一、红二、红四方面军在甘肃境内大会合。

10月22日，红二方面军在贺龙、任弼时率领下到达会宁以东的兴隆镇将台堡（今属宁夏西吉），与红一方面军接应部队会师。

至此，全体红军完成了震惊世界的二万五千里长征。

三大主力红军的会师，令蒋介石大受震动。"剿共"近10年，不但未能将共产党"剿灭"，反而将红色力量都"剿"到了一起。

1935年12月27日，毛泽东在《论反对日本帝国主义的策略》一文中，写下这样一段话：

长征又是宣言书。它向全世界宣告，红军是英雄好汉，帝国主义者和他们的走狗蒋介石等辈则是完全无用的。长征宣告了帝国主义和蒋介石围追堵截的破产。长征又是宣传队。它向十一个省内大约两万万人民宣布，只有红军的道路，才是解放他们的道路。不因此一举，那么广大的民众怎会如此迅速地知道世界上还有红军这样一篇大道理呢？长征又是播种机。它散布了许多种子在十一个省内，发芽、长叶、开花、结果，将来是会有收获的。总而言之，长征是以我们胜利、敌人失败的结果而告结束。[32]

注 释

1. 中共中央文献研究室编、吴殿尧主编：《朱德年谱》（新编本）上，中央文献出版社 2006 年版，第 532 页。

2. 同上书，第 533 页。

3. 《中国工农红军长征史料丛书》编审委员会编：《中国工农红军长征史料丛书·文献 3》，解放军出版社 2016 年版，第 245 页。

4. 同上书，第 240 页。

5. 同上书，第 242 页。

6. 同上书，第 243—244 页。

7. 《叶剑英传》编写组著：《叶剑英传》，当代中国出版社 2015 年版，第 112 页。

8. 彭德怀：《彭德怀自述》，人民出版社 2019 年版，第 171 页。

9. 刘波、杜福增等：《长征纪实》下卷，人民出版社 2006 年版，第 717 页。

10. 徐向前：《历史的回顾》上，解放军出版社 1984 年版，第 459、460 页。

11. 《中国工农红军长征史料丛书》编审委员会编：《中国工农红军长征史料丛书·文献 4》，解放军出版社 2016 年版，第 170 页。

12. 同上书，第 169 页。

13. 中共中央文献研究室编、吴殿尧主编：《朱德年谱》（新编本）上，中央文献出版社 2006 年版，第 551 页。

14. 中共中央文献研究室编：《朱德传》（修订本），中央文献出版社 2006 年版，第 442 页。

15. 中共中央文献研究室编、吴殿尧主编：《朱德年谱》（新编本）上，中央文献出版社 2006 年版，第 560 页。

16. 《周恩来军事文选》第一卷，人民出版社 1997 年版，第 442 页。

17. 中共中央文献研究室编、吴殿尧主编：《朱德年谱》（新编本）上，中央文献出版社 2006 年版，第 558 页。

18. 中共中央文献研究室编：《任弼时传》上，中央文献出版社 2014 年版，第 425 页。

19. 同上书，第 426 页。

20. 萧克：《红二、六军团会师前后——献给任弼时、贺龙、关向应同志》，《近代史研究》1980 年第 1 期。

21. 中共中央文献研究室编：《任弼时传》上，中央文献出版社 2014 年版，第 435 页。

22. 李烈主编：《贺龙年谱》，人民出版社 1996 年版，第 196—197 页。

23. 谭政：《三湾改编前后》，井冈山革命博物馆编：《井冈山革命根据地》下，中共党史资料出版社 1987 年版，第 141 页。

24. 顾永忠：《贺龙与共和国元帅》，人民出版社 2007 年版，第 53 页。

25. 刘秉荣：《中国工农红军全传》七，人民出版社 2007 年版，第 4893 页。

26. 李烈主编：《贺龙年谱》，人民出版社 1996 年版，第 198 页。

27. 同上书，第 197 页。

28. 高明编著：《贺龙传》，贵州人民出版社 2001 年版，第 189 页。

29. 潘开文：《临大节而不辱》，《工人日报》1979 年 7 月 6 日。

30. 《徐向前元帅回忆录》，解放军出版社 2005 年版，第 369 页。

31. 同上。

32. 《毛泽东选集》第一卷，人民出版社 1991 年版，第 150 页。

第九章

全民族抗战

百年沉沦中的民族觉醒

卢沟桥是抗日战争全面爆发地

在中国，人人皆知卢沟桥是抗日战争全面爆发的地点。年年月月，到卢沟桥参观中国人民抗日战争纪念馆的人络绎不绝。如果有一天一个不懂事的孩子突然发问：战争怎么会在这儿爆发呢？这儿是中国和日本的分界线吗？

我们这些大人，该如何回答？

我说，孩子问得对。

还可以再加一个问题：为什么九一八事变会在沈阳爆发呢？

卢沟桥并非边关塞外、疆界海防，连万里长城的一处垛口也不是。它实实在在就位于北京西南。虽然完全不是中日两国的分界线，但战争又确实在这里爆发。为什么战争尚未正式打响，日本人已经抄到了北京以南，扼住了我们的咽喉？

今天，如果从七七事变算起，时间已经过去了80多年。如果从九一八事变算起，则已经过去了90多年。作为当代的中国人，如果仅仅会唱抗日歌曲，如果只是痴迷抗日神剧，是无法真正明白那段历史的。

"前事不忘，后事之师。"要回答孩子的问题，我们必须回顾那段鸦片战争以来的百年屈辱历史，必须

七七事变的爆发，标志着全民族抗战的开始。图为位于北京卢沟桥畔的中国人民抗日战争纪念馆
（富田/摄，中新社供图）

直面这段历史中那些令人难堪的事实，我们必须探究一个问题——我们是怎样一步步落到了这个境地，才终于"忍无可忍"的。

让我们再次走进中国近代史，去寻找一下回答这个问题的线索吧。

1840年至1842年的第一次鸦片战争，英国凭借28艘军舰、1.5万人的军队迫使大清王朝签订丧权辱国的《南京条约》，割让香港岛，赔款2100万两白银。

1856年至1860年的第二次鸦片战争，英军1.8万人、法军7200人长驱直入中国首都北京，将有"万园之园"之称的圆明园付之一炬。清政府被迫与英法签订更加丧权辱国的《天津条约》《北京条约》，赔款白银2200万两。俄国趁火打劫，强迫清政府签订《瑷珲条约》《北京条约》，掠走中国领土100多万平方千米，相当于两个法国的面积。

1894年至1895年的甲午战争，清王朝再次战败，一纸《马关条约》割让辽东半岛和台湾，赔款白银2亿两。

1900 年八国联军进攻北京，虽然国家不少，拼凑的兵力却不足两万人，仅用了 10 天就攻占了北京。战后签订的《辛丑条约》，赔款数额更是达到空前的 4.5 亿两白银。

一个有着 5000 年文明史的文明古国，一个雄踞东方数千年的东方大国，一个经历过"万国衣冠拜冕旒"的强盛民族，怎么会在坚船利炮面前如此不堪一击？怎么会在对外战争中一败再败？怎么会一而再、再而三地割地赔款、丧权辱国？因为清政府腐败无能，因为统治者封闭保守，因为错过了工业革命。我说，这些都对，但还有关键的一点，那就是民心散了，民族的精神倒下了。那时候的中华民族，就像一个奄奄一息的病人，气若游丝，不堪一击。世界上的列强，谁都可以来割一块肉、分一杯羹。

其中，侵略中国最狠的，就是与我们一衣带水的邻国日本。历史上，日本是仰视中国的，曾经不断派"遣唐使"来中国学习。可是，到了近代，日本靠明治维新实现了工业化，竟然也步欧美列强的后尘，向中国挥起了武士刀。

1901 年，清政府与英、美、俄、德、日、奥、法、意、荷、比、西 11 国签订《辛丑条约》。这个条约第九款规定："中国国家应允由诸国分应主办，会同酌定数处，留兵驻守，以保京师至海通道无断绝之虞。"[1] 从此，中国的领土上驻扎了外国军队，中国的主权进一步丧失。起初在华北驻屯的外国军队有英、美、法、意、日五个国家，司令部都设在天津，总驻军人数约定为 8200 人，其中日军只有 400 人。

如果只是这区区 400 人，日军想在中国发动事变是不可能的。清政府和中华民国政府的腐败，为日军侵华打开了方便之门。辛亥革命后，中国政局动荡、军阀混战，日本将"清国驻屯军"改称"中国驻屯军"，暗中扩大编制，一步步将驻屯军由数百人扩大到数千人。北洋军阀政府和国民政府对日军的这种行径，采取视而不见的政策。

再说东北，1904 年到 1905 年，日本和俄国爆发了日俄战争。诡异的是，这场战争竟然是在中国领土上打的。当时的清政府软弱到什么地步？他们毫不顾惜在战火下痛苦挣扎的中国平民，反而以日、俄两国"均系友邦"为由，无耻地宣布"严守中立"。日俄战争结束后，战胜的日本就在中国东北地区驻军，并且利用中国的混乱局面不断扩军，形成了后来发动九一八事变的关东军。

中国有句老话叫"卧榻之侧，岂容他人酣睡"。国界线是一个国家主权的底线，国家的核心区域更是不容外国军队染指。然而，当九一八事变发生时，本应在中国国界线以外的日军，其实已经在东北驻军20多年；当七七事变爆发时，本应在千里之外的日军，事实上已经久居于北京城外。这就形成了"卧榻之侧，他人可以酣睡"，严格地说是"卧榻之侧，他人已经长期酣睡"的局面。这是多么创巨痛深的民族耻辱！这是何等深刻的历史教训！

忘记过去就意味着背叛。当我们回答孩子们提出的问题时，一定要给他们讲清楚中国近代历史，讲清楚在100多年的时间里，为什么会一场悲剧衍生后一场悲剧，一场灾难导致又一场灾难。给孩子们讲这些历史，不是为了舐血疗伤，而是为了让孩子们记住，落后带来的灾难有多么巨大，今天的道路有多么来之不易。

"我们中国人都投降了，还有中国吗？"

七七事变后，日本是十分轻视中国的，以为短时间内就能让中国屈服。日军参谋本部制定的《在华北使用武力时对华战争指导纲要》预定了这样的计划：两个月，"扫荡"驻扎北平一带的宋哲元第二十九军；三个月，击败国民党中央军。按他们的逻辑，只要击败国民党中央军，就等于征服中国了。后来，日本的这个计划被一些历史书概括为"三个月灭亡中国"[2]的计划。

侵略者轻看中国，源于中国统治阶层抵抗意志薄弱。

军事上，中国军队一败再败；政治上，国民政府高官、军人、政客纷纷倒戈。大清王朝末代皇帝很快成为伪满洲国元首。1935 年 11 月，大汉奸殷汝耕在河北省通县（今北京市通州区）成立"冀东防共自治委员会"；12 月，又出现一个夹在日本人与国民政府之间、以实行"华北自治"为主旨的"冀察政务委员会"。该会发布文件宣称"冀察两省，与日本有特殊关系"，还与日本驻屯军订立《华北中日防共协定》及华北"经济提携"的"四原则、八要项"。眼看华北将成为第二个伪满洲国。日本关东军的板垣征四郎成为"东北汉奸之父"，日本华北驻屯军的土肥原贤二成为"华北汉奸之父"。中国三个伪政权头目王克敏、汪精卫、梁鸿志先后就职。王克敏与汪精卫的矛盾，竟然起源于王克敏投降日本更早，在汪精卫面前摆老资格，不把他放在眼里。汪精卫为此想方设法处处抬梁鸿志、压王克敏，这让另一个大汉奸周佛海连声叹息："处此残局，尚如此勾心斗角，中国人真无出息也！"

全民族抗日战争期间，国民政府 58 个旅长、参谋长以上将官投敌，一些部队成建制哗变。全民族抗战期间，协助日军作战的伪军人数高达 210 万，超过侵华日军数量，使中国成为唯一一个在第二次世界大战中伪军数量超过侵略军的国家。这种状况显露了集体性的精神沉沦和人格沦落，怎能不极大地助长侵略者灭亡中国的骄横和癫狂？

日本侵略者轻看中国，还源于两国工业能力的差距。到 1937 年全面侵华前，日本年产钢铁 580 万吨，中国只有 4 万吨；日本年产飞机 600 架，中国一架也产不了；日本年产坦克 200 辆，中国一辆也造不出来。

侵略者轻看中国，更是看透了中国社会一盘散沙的状况。九一八事变的元凶板垣征四郎把中国看作一个"拥有自治部落的地区上加上了国家这一名称而已"。这代表了一大批日本法西斯军官的看法。九一八事变的另一个元凶石原莞尔，青年时期曾对中国抱着很大希望。辛亥革命时，石原莞尔是日本驻朝鲜军的一名少尉。当他听到武昌起义成功、中华民国建立的时候，激动地带着他的几个士兵到一座小山上对天鸣枪，流着泪高呼"中华民国万岁"。后来，石原莞尔奉命到中国侦察。他曾穿着破烂的衣服扮作苦力，深入中国社会下层，在中国搞化装侦察，几次被当地警察扒光搜身，抄走最后一个铜板。他从切身体验中得出结论：这个国家官乃贪官，民乃刁民，是一个"政治失败"的民族。他还认定在这样一个政治腐朽、官民对立的国家，即使外国势力入侵中国，民众也肯定不会支持政府。[3]

中国老百姓说，"没有家贼，引不来外鬼"。日本之所以敢于挑战中国，正是因为这些侵略者看透了当时中国政治腐败、内耗不止、政府无能、社会涣散。这些状况让中国变得羸弱不堪，让广大民众与政府游离、对立。在这些侵略者心目中，他们的对手不过是几个孤家寡人，率领一群四分五裂的"部落"民众。一句话，是中国的落后，给了日本侵略者侵略中国的"底气"。

在那个纲常错乱、廉耻扫地、暗无天日的年代，当被问到自己的梦想时，清华大学教授俞平伯用了一个反问："我们的英雄又不知在何处？"整个民族都渴求有英雄出来顶天立地。

东北抗日联军第一路军总司令杨靖宇就是这样的英雄。他在极端困难的条件下坚持抵抗，决不投降，战斗到最后，只剩自己一个人。身边的人除去牺牲，就是叛变。叛徒程斌，东北抗联原第一军第一师师长，杨靖宇最信任的人，1938年率部投敌，组成"程斌挺进队"，将杨靖宇在深山老林里的密营全部捣毁，把杨靖宇逼入绝境。叛徒张秀峰，东北抗联原警卫排排长，自幼父母双亡，由杨靖宇抚养成人。他于1940年2月带着机密文件、枪支及抗联经费叛变投敌，向日军提供了杨靖宇的突围路线。此人是杨靖宇的贴身警卫，知道杨靖宇的活动规律，他的叛变导致杨靖宇很快牺牲。叛徒张奚若，东北抗联原第一军第一师特等机枪射手，叛变后在伪通化省警务厅长岸谷隆一郎的命令下，开枪射杀了杨靖宇。还有一个很难称为叛徒的人：蒙江县"保安村"村民赵廷喜，他上山砍柴时发现了杨靖宇。杨靖宇好几天没吃饭，棉鞋也跑丢一只，对赵廷喜等几个村民说：下山帮我买几个馒头，再买双棉鞋，给你们钱，不要告诉日本人。赵廷喜张皇失措下山，很快就向日本人告发。程斌、张秀峰、张奚若、赵廷喜都是中国人，又都是失去血性、最终只能给别人当奴才的中国人。

杨靖宇（海峰／供图）

　　赵廷喜在山上看见杨靖宇时，见他脸上、手上、脚上都是冻疮，对他说："我看还是投降吧，如今'满洲国'不杀投降的人。"赵廷喜哪里知道，岂止不杀，如果投降，日本人打算让杨靖宇出任伪满洲国军政部长，利用其影响制服东北抗联。杨靖宇沉默了一会儿，对赵廷喜说："老乡，我们中国人都投降了，还有中国吗？"[4]

　　这句话真是震人心魄。冰天雪地之中、四面合围之下，共产党人杨靖宇用整个生命，刻画出一个顶天立地的中国人。今天之所以还能有中国，就是因为有这样惊天地、泣鬼神的英雄，他们在中华民族最黑暗、最困难、最无助，大多数人万念俱灰的时候，用自己的灵魂与血性，支撑起中华民族的脊梁。中国共产党就是在这个最艰难的时刻，将阶级担当转化为民族担当，由阶级斗争的开路先锋转变为拯救民族存亡的中流砥柱。

　　在国民党副总裁汪精卫及20余个中央委员都先后投敌的情况下，蒋介石曾说，"共产党是从来不投降的"。这句话，也算是共产党人给蒋介石留下的最深刻印象。毛泽东、周恩来、朱德、彭德怀这些人的骨头是很硬的。在整个抗日战争期间，共产党的高级领导者无一人向日本人投降，八路军、新四军也没有任何一支部队去当伪军。

民族危亡关头，中国共产党人给中华民族注入前所未有的精神气概。

1941 年 12 月 9 日国民政府才正式对日宣战

从 1937 年 7 月的七七事变到 1945 年 8 月 15 日日本宣布无条件投降，是我们常说的"八年抗战"。从 1931 年 9 月的九一八事变到 1945 年 8 月 15 日日本无条件投降，则是更加真实的 14 年抗战。但是从 1941 年 12 月 9 日国民政府正式对日宣战到日本无条件投降，却只有短短的三年零八个月。

这是怎么回事？如同今天很多国人未想过为什么卢沟桥是抗日战争全面爆发地一样，很多人也不知道，为什么从 1937 年七七事变算起，中国全民族抗战已经进行了四年零五个月后，国民政府才终于正式对日宣战？

毋庸讳言，最直接的原因是美国参战了。1941 年 12 月 7 日，日军偷袭珍珠港。12 月 8 日，美国对日本宣战。于是才终于有了 12 月 9 日的国民政府对日正式宣战。

美国被偷袭，第二天就宣战，最后一定要把偷袭者打到无条件投降（Unconditional Surrender）方才罢手。我们不是被"偷袭"，而是在侵略者早已明火执仗了，在南京屠城了，乃至侵占大半个中国的情况下，竟然还未向对方"正式宣战"，一边进行着抵抗，一边琢磨着妥协、盘算着退路。

首先出现的是德国驻华大使陶德曼的"调停"。1937 年 12 月 2 日，蒋介石对陶德曼大使表示：中日可以谈，日方条件还不算亡国条件。12 月 6 日，国民政府国防最高会议决定接受"陶德曼调停"。只因侵略者一周后攻陷南京，条件大大加码，"陶德曼调停"才宣告中止。

接着，1938 年 5 月，日本外相宇垣一成的代表与国民政府行政院院

1941年12月7日清晨，日军偷袭美国海军太平洋舰队位于夏威夷的基地珍珠港。图为遭日军袭击后的珍珠港（吴雍／供图）

长孔祥熙的代表在香港秘密接触。宇垣一成在日记中记录了孔祥熙的表态："内蒙设置特殊地区是可以的。""在条约上公开承认满洲独立，我们国内很困难，只有悄悄地逐步实行。"后因日本陆军强硬派要"蒋介石下野"，交涉才告吹。1940年，军统局又派人冒充蒋介石的妻弟宋子良于3月在香港、6月在澳门与日本参谋本部铃木卓尔中佐交涉，甚至一度拟定蒋、汪、日三方长沙会谈。这被日方列为"桐工作"，称"曾经是事变行将解决，日中两国最接近的一刹那"。

当然，应该理解当时中国独立抗击日本法西斯面临的困难局面。也不能说，与敌国接触不包含权宜之计，而都是出卖与叛变。毕竟，抗日战争是一个半殖民地半封建的弱国与一个帝国主义强国之间的战争。"弱国"说的是国力弱、军力弱、装备弱、训练弱。至于现在我们看到的精神弱、意志弱、心理弱、斗志弱，那时候还没有意识到，或者说有人意识到了，也不愿承认。

直到珍珠港事件发生前，国民政府都没有痛下决心与侵略者彻底决裂、撕破脸皮、正式宣战。国民政府始终没有放弃私下接触与调停，始终在寻找可能的妥协之道。如果日本不偷袭珍珠港，如果美国不对日宣战，中日之间这场不宣而战的战争又该怎样了结？

说到这里，我认为有必要补充一句：是国民政府拖到美国对日宣战之后，才代表中国正式对日宣战。但是，并不是没有中国的其他政权对日宣战。

1932 年 4 月 15 日，即九一八事变发生半年后，中华苏维埃共和国临时中央政府正式发表《对日战争宣言》(刊载于《红色中华》1932 年 4 月 21 日)，庄严宣告："中华苏维埃共和国临时中央政府特正式宣布对日战争，领导全中国工农红军和广大被压迫民众，以民族革命战争驱逐日本帝国主义出中国，反对一切帝国主义瓜分中国，以求中华民族彻底的解放和独立。"[5] 26 日，中华苏维埃共和国临时中央政府通电全国、全世界对日宣战，通电内容与《对日战争宣言》相同。《对日战争宣言》的起草者，是当时担任临时中央政府主席的毛泽东。

在发表《对日战争宣言》的同一天，毛泽东、项英、张国焘还联名发布了《中华苏维埃共和国临时中央政府关于动员对日宣战的训令》，要求"全苏区红色战士应准备着更大规模的民族革命战争的到来"，"在接近中心城市与帝国主义势力直接统治的地方，可由游击队领导民众组织抗日义勇军，实行游击行动"。[6]

差不多同一时间，共产党人赵尚志、杨靖宇等人就在沦陷的东北地区拿起武器，组织武装，为长达 14 年的抗日战争打了"头阵"。

所以，笼统地说中国一直拖到美国参战才对日宣战，并不完全准确。严格地说，是中国当时的"合法"政府国民政府，一直拖到美国参战才对日宣战。

"战争的伟力之最深厚的根源，存在于民众之中"

抗日战争，是一个半殖民地半封建的弱国面对一个帝国主义强国的战争。

1937 年 7 月 17 日，蒋介石发表庐山讲话，1900 字的文稿 6 次提到"弱国"，同时也指出：

> 眼前如果要求平安无事，只有让人家军队无限制地出入于我们的国土，而我们本国军队反要忍受限制，不能在本国土地内自由自在，或是人家向中国军队开枪，而我们不能还枪。换言之，就是人为刀俎，我为鱼肉！我们已快要临到这极人世悲惨之境地。这在世界上稍有人格的民族，都是无法忍受的。[7]

7 月 31 日晚，蒋介石公开发表《告抗战全军将士书》："和平既然绝望，只有抗战到底。"[8]

国民政府随后组织淞沪会战、南京保卫战、太原会战、徐州会战、武汉会战……国民政府在正面战场的坚决抵抗，让日本侵略者始料未及。

更让侵略者始料未及的，是出现了另一个战场——中国共产党领导的敌后战场。这是世界反法西斯战争中国战场出现的奇异景象。

应该说日本方面肢解中国、占领中国的计划从来就不是草率和简陋的，从甲午战争前后它在中国做的大量细致情报工作和在日本国内完成的周密军事准备中，即可见一斑。20 世纪 30 年代前后，从 1928 年 6 月皇姑屯事件到 1931 年 6 月中村事件、7 月万宝山事件、9 月九一八事变，从 1932 年一·二八事变到 1935 年张北事件再到 1937 年七七事变，日本一直通过不断地制造危机和利用危机，有条不紊地向预定目标节节推进。

但这一轮它错了。它犯下的最大错误，就是以为历史会简单重复，以为还会像甲午战争消灭北洋水师和击溃清朝陆军就可获得丰厚的割地赔款一样，只要击败蒋介石的中央军就可征服中国——这是它最主要的战略盘算。它没有想到面前出现一个全新的力量：中国共产党，没有想到被这个党动员起来、组织起来、武装起来的民众，在侵略者面前垒起一座无法逾越的高山。

七七事变之前，日本统治者以为三个月就可以灭亡中国，他们只看到了中国政府的羸弱。

七七事变发生20多天后的1937年7月31日，蒋介石对身边亲信透露"可支持六个月"，他也只看到了国民政府手中的有限资源。

1938年5月，毛泽东发表《论持久战》，则是看到了中国民众中蕴含的巨大能量。弱国若想不被消灭并且战胜强国，必须动员民众、组织民众、武装民众、依靠民众。只有全民动员起来，进行人民战争，才能持久抗战，打败日本侵略者。

日本发动的战争使中日民族矛盾尖锐化，大大超越中国国内的阶级矛盾，为动员各阶层民众开辟了全新的广阔空间。著名科学家钱伟长的经历就十分典型。1931年，钱伟长以中文、历史双百成绩，被清华大学、交通大学、浙江大学、武汉大学、中央大学五所名牌大学同时录取。但同年9月发生九一八事变，国民党却奉行不抵抗政策。钱伟长记忆犹新："我听了这消息就火了，年轻嘛。没飞机大炮，我们自己造！我下决心不学历史了，要学造飞机大炮。"[9]钱伟长极具文史天赋，但物理只考了5分，数学、化学共考了20分，英文因没学过考了0分。为了内心这个愿望，他极其刻苦。五年之后，他以优异成绩从清华大学物理系毕业。抗日的愿望，使本该成为文史学家的钱伟长变成了"近代中国力学之父"。

钱伟长是一代知识分子的缩影。"黄河之滨，集合着一群中华民族优秀的子孙"。全民族抗战时期，出现了一股知识分子加入抗日队伍的潮流。1937年七七事变后，从西安到延安的几百里公路上，每天都有成群结队的知识青年奔赴延安。1943年12月，任弼时在中央书记处工作会议上说，

20 世纪 40 年代，革命青年奔赴延安（文化传播 / 供图）

"抗战后到延安的知识分子总共四万余人"[10]。这是土地革命战争中从未有过的景象。知识分子的大量加入，提高了中国共产党领导的队伍的素质，增强了国人信心，拓宽了中国共产党的发展前景，为夺取抗战胜利作出了重要贡献。

中国最广大的地区是农村，最众多的民众是农民。开辟与发展农村抗日根据地，是真正动员民众、组织民众、武装民众、依靠民众与日本侵略者持久作战的核心与关键。眼看正面战场上国民政府军队节节后退，八路军、新四军坚决向敌后挺进，先后在华北、华中和华南的广大农村建立了众多抗日根据地。到 1940 年，抗日根据地已经拥有 1 亿人口。在敌后根据地，无数共产党人用自己的心血和汗水，把广大的工农群众组织在抗日民族统一战线的旗帜之下。那时候，常常看到这样的景象：一个家庭中父亲是农民抗日救国会会员，母亲是妇女救国会会员，大儿子是工人救国会会员，小儿子是青年救亡协会会员，孙子是儿童团员，各自分工合作，为抗日救亡努力。可以说，上至白发苍苍的老人，下至刚刚懂事的儿童，都积极投身到抗日根据地的政治体系中来。这在中国历史上是前所未有的景象。

中华民族并非真的"一盘散沙",只是缺少切实有效的组织动员。中国共产党在广大的沦陷区起到了组织动员者的作用,使我们这个民族的优良品质和巨大潜能如火山般喷发出来。它们就像熔岩和地火,长期藏在普通民众心底。中国共产党组织动员民众的核心与关键,不是创造一种全新的理念,而是激发民众心中潜在的火种。那是一种无须言传的民族心灵约定,即使沉睡千年,即使被麻木不仁的表象所遮盖,只要有了好的组织动员者,就会被触发和唤醒。中国共产党扮演了这个组织动员者的角色,唤醒并点燃了蕴藏在广大人民群众中的强大力量。这就注定中华民族不会被表面强大的日本侵略者所征服,注定中华民族的抗日战争必将取得最后的胜利。

1939 年 12 月,日本华北方面军参谋长笠原幸雄说:"华北治安的致命祸患,就是共军。只有打破这个立足于军、政、党、民的有机结合的抗战组织,才是现阶段治安肃正的根本。"[11] 到 1940 年 8 月八路军发动百团大战时,日军已有 9 个师团和 12 个旅团被钉死在华北,严重牵制了日军兵力,消耗了日本国力。敌后战场全民皆兵,全民参战、军民一致打击侵略者的状况,令日军震惊不已。日本防卫厅编写的《华北治安战》记载:"居民对我方一般都有敌意,而敌方工作又做得彻底,根据以往的经验,凡日军进攻的地区,全然见不到居民,因而,想找到带路人、搬运夫、以至收集情报都极为困难。另外,空室清野作得彻底,扫荡搜索隐蔽物资,很不容易。"[12] 日军第一军参谋朝枝繁春回忆:"(在百团大战中)八路军的抗战士气甚为旺盛,共产地区的居民,一齐动手支援八路军,连妇女、儿童也用竹篓帮助运送手榴弹。我方有的部队,往往冷不防被手执大刀的敌人包围袭击而陷入苦战。"[13] 日军独立混成第三旅团报告冀南作战的遭遇:"两名特务人员捉到当地居民,令其带路,当接近敌村时,带路的居民突然大声喊叫'来了两个汉奸,大家出来抓啊!'""冈村支队的一个中队,当脱离大队主力分进之际,带路的当地居民将其带进不利的地形,使我陷于共军的包围之中。"[14]

这正是毛泽东所说的:"战争的伟力之最深厚的根源,存在于民众之

1940 年，在百团大战中，八路军指战员攻克河北涞源东团堡后，站在长城烽火台上欢呼胜利（文化传播 / 供图）

中。"[15] 发动群众、组织群众、武装群众，是中国共产党的法宝。《华北治安战》评论："共军与民众的关系，同以往的当政者不同。中共及其军队集中全力去了解民众，争取民心，不但日本，就连重庆方面也是远远不能相比的。"[16] 日军山口真一少尉与国共两党的军队都打过仗，对于两种完全不同的作战方式，他的比较与总结是："对神出鬼没的共军每天都要进行神经紧张令人恐惧的战争，不如打一次大规模的战斗反倒痛快。其后我参加过老河口作战，我回忆在中国四年之中，再也没有比驻防在（冀南）十二里庄当队长时代更苦恼的。"[17]

有一个真实的故事，就发生在离山口真一少尉驻地不远的邯郸西部山区的一个村庄。那天事情发生得突然，孩子们正在追逐玩耍，不知从哪里冒出来的日本鬼子，一下子把村子包围了。好几个正在开会的中共区委干部来不及走脱，都被困在村里，混在乡亲里面。这是一个生命力旺盛的村子，全村 5000 人中，有 1000 多个孩子。日本人选中了突破口。他们拿出糖果，一个一个地给，试图诱使孩子指认哪一个不是本村的人。没想到的是，1000 多个孩子没有一个接糖。日本人把孩子们攥紧的手掰开，将糖硬塞进去，孩子们却像推火炭一样把糖推出来，又重新紧紧攥上手。几十年过去，有人问当年其中一个孩子："你们咋那么大胆？真的一点不害怕？"这位已经白发苍苍的老者回答："谁也不是铜浇铁打的，咋不怕！可那糖不能接，一接，就成汉奸了。"

老人没有多少文化，不会形容夸张，讲起来平平淡淡。他和当年那些小伙伴凭着世世代代流传下来的道德，凭着庄稼人做人的直觉，在大灾难面前坚守着那个棒子面窝头一样粗糙无华的意识——"一接，就成汉奸了"。这种道德的感召和良心的威慑是如此强大，以致狂吠的狼狗和上膛的"三八大盖"都无可奈何。这些孩子让人感慨不已。1000 多个孩子同住一村，少不了打架斗殴。但在支起来的机枪和塞过来的糖果面前，在"一接，就成汉奸了"这一结论上，他们无人教导、不须商量，竟然息息相通。这是一代又一代遗传下来的基因，一种不须言传的民族心灵约定。按照过去的话说，即所谓的"种"。1000 多个孩子，个个有种。任何一个民族，都不乏积蓄于生命中的火种。中国共产党群众工作的关键，就是激发这些火种。点燃它，这个民族就不会堕落，就不会被黑暗吞没，就不会被侵略者征服。

这也正是日本侵略者的巨大悲剧所在：不但要面对蒋介石领导的正面战场，还要在毛泽东领导的敌后战场面对觉悟了的、开始为捍卫自身利益英勇战斗的千千万万普通民众。动员了全国的老百姓，其结果正如毛泽东所说，"就造成了陷敌于灭顶之灾的汪洋大海"。中国的抗日战争也取得了最后胜利。

"中国这头狮子已经醒了"

中华民族百年沉沦，历尽苦难。拿破仑说：中国是一头沉睡的狮子，它醒来世界会为之震颤。拿破仑的意思是说这头狮子最好不要醒来。事实上，这头狮子也一直在沉睡，长期沉睡。

1840年第一次鸦片战争前后，林则徐、魏源企图唤醒这头狮子。林则徐交代魏源写《海国图志》，已经萌生要将中国改造为一个现代国家的思想。但这本书在中国没有引起反响。第一次鸦片战争后，此书传到日本，却引起了强烈震动，成为日本明治维新的重要推手。魏源在日本的知名度，远远超过中国。

惊醒这头睡狮，还需要更惨痛的失败。这一失败来了：1894年甲午战争，北洋水师灰飞烟灭！传统印象中的"蕞尔小邦"日本也能强令中国签订《马关条约》，获得空前的割地和赔款。梁启超说，"吾国四千余年大梦之唤醒，实自甲午战败割台湾偿二百兆以后始也"[18]。睡狮开始觉醒。但这种觉醒仍然是一个数十年的历史过程。

1895年康有为的"公车上书"，标志着中国官僚士大夫阶层的觉醒。这个阶层的一些人已经开始认识到整个国家出了问题，必须加以解决。

1919 年爆发的五四运动，则是中国知识分子的觉醒。这个传统上以"世外桃源"为乐趣的阶层，通过"内惩国贼，外争国权"，全面参与到国家政治历史的进程之中。

1937 年爆发的全民族抗战，意味着中华民族意识的空前觉醒。日本侵略者占中国的地、杀中国的人、屠中国的城，对准整个中华民族而来，使这个民族第一次没有阶级之分、没有地域之隔、没有统治与被统治之嫌，认识到"地无分南北，年无分老幼，无论何人，皆有守土抗战之责任，皆应抱定牺牲一切之决心"[19]，从而结成利益共同体、命运共同体、荣辱共同体，筑起国家与民族新的血肉长城。

但这种觉醒，代价是极其巨大的。14 年抗战，全国军民死伤 3500 万人以上，有形财产损失 6000 多亿美元，无形财产损失不计其数。在这一饱受苦难的进程中，民众觉悟程度和组织程度达到了前所未有的历史高度。

1937 年全民族抗战开始后，国民党中央宣传部部长周佛海说，"中国的人的要素，物的要素，组织的要素，没有一件能和日本比拟"，"战必大败，和未必乱"。

这句话已经由来之不易的抗战胜利作出了反驳。当了汉奸的周佛海被南京高等法院判处死刑，经蒋介石签署特赦改判无期，1948 年病死狱中。

前面我讲过一个"蒋廷黻之问"。谁有资格回答这个问题？我个人认为，历史把回答这个问题的资格留给了中国共产党人。

为了民族的生存、发展、繁荣、昌盛并自立于世界民族之林，中国必须在半殖民地半封建社会的肌体上，构建起新型民族国家。1912 年成立的中华民国，是这一艰难探索的起始。30 多年的实践证明，它不稳定、不可持续、不繁荣，最终既无法完成救亡任务，也无法完成复兴任务。中国迫切需要一个稳定、持续、繁荣，且能完成民族救亡与民族复兴双重历史使命的政权和国家体制。

1949 年诞生的中华人民共和国，是中国共产党人通过牺牲、奋斗，为苦难深重的中华民族献上的一份大礼。新中国不但从根源上摆脱了半殖民地半封建社会的命运，而且从根源上结束了旧中国一盘散沙的涣散状

1949 年 10 月 1 日，毛泽东在开国大典上宣读《中华人民共和国中央人民政府公告》（侯波／摄）

态。中国人民被前所未有地动员起来、组织起来，开创了中国历史上第一个稳定、持续、繁荣，能够完成救亡与复兴双重使命的现代民族国家。今天回顾历史，我们可以清晰地看到，没有民族危亡中唤起的民族觉醒，没有全民族抗战中结成的民众组织，没有反抗侵略中锤炼的战斗队伍，这一胜利不会这样快就到来。

抗日战争是自 1840 年以来，中国人民反抗外来侵略第一次取得完全胜利的民族解放战争，是中华民族由衰败到复兴的转折点。1949 年中华人民共和国成立，标志着 1840 年开启的民族救亡命题的终结。美国人布鲁斯·拉西特和哈维·斯塔尔在《世界政治》一书中说："历史上，大多数国家都是在战争的经历中形成的。"中国亦莫能外。用我们自己的话说就是"打败侵略者，建设新中国"。哈佛大学教授约瑟夫·奈所说的"一般来讲，大国的标志是有能力打赢战争"，同样讲得很好。正是万众一心、共赴国难的抗日战争的胜利，使中国开始进入大国之列。中国人民在抵抗外来侵略中表现出的深刻的民族觉醒、空前的民族团结、英勇的民族抗争，是抗日战争取得胜利的决定性因素，也是今天和今后我们继续实现民族伟大复兴的关键支撑。

新中国成立前夕，毛泽东说："中国必须独立，中国必须解放，中国的事情必须由中国人民自己作主张，自己来处理，不允许任何帝国主义再有一丝一毫的干涉。"[20] 这说出了 100 多年来所有中国人的心声。正如中国国家主席习近平 2014 年 3 月在巴黎中法建交 50 周年纪念大会上讲的那样——"中国这头狮子已经醒了，但这是一只和平的、可亲的、文明的狮子。"

抗日战争唤起了中华民族的集体觉醒

一部中国近代史，耻辱连着耻辱，灾难连着灾难。自九一八事变后，东北沦陷、华北沦陷。这使当时日本统治集团认为中国已经不堪一击，甚至认为以六个师团在三个月之内就可以征服中国。侵略者的骄横狂妄与旧中国的积贫积弱，形成极其鲜明的对照。

一盘散沙的中华民族，在这场或者胜利或者灭亡的殊死搏斗中，凤凰涅槃般地觉醒、再生。这种觉醒与再生鲜明地表现在：日本帝国主义面对的不再是一个软弱犹豫的国民政府，而是整个中华民族。所以，抗日战争的胜利是中华民族总体的胜利、共同的胜利。真正挽救中国人的，是觉醒的中国人自身。

正是这场灾难深重的战争真正唤醒了中华民族；也正是这种全新的民族精神状态，使不可一世的日本侵略者最终陷入了人民战争的汪洋大海。我们第一次通过民族的集体觉醒获得民族的集体自尊。如同毛泽东在《论反对日本帝国主义的策略》一文中所说："我们中华民族有同自己的敌人血战到底的气概，有在自力更生的基础上光复旧物的决心，有自立于世界民族之林的能力。"[21]

有人说，中华民族的历史包袱太重、悲情意识太浓，应该放下包袱，轻装前进。有人说，岁月能抚平一切，包括苦难，包括伤痕。那我们还能不能保持曾经获得的觉醒和自尊？中华民族的觉醒和集体的自尊是从抗日战争中获得的，我们千万不要因为淡忘过去而把这种觉醒和自尊丢掉了。

抗日战争的烽火硝烟虽然早已散去，但中国人民在这场战争中焕发出来的伟大民族精神，仍然是激励中华儿女奋勇前进的强大精神力量。中华民族的真正觉醒，是我们取得抗日战争胜利最重要、最关键的因素。一个自强的民族，必然千方百计呵护自己的精神财富。

2015 年，我们隆重纪念世界反法西斯战争暨抗日战争胜利 70 周年。中华民族对抗战胜利的隆重纪念，就是对先烈的崇敬、对苦难的追思、对未来的警醒。这是全体中国人民共同分享作为中国人尊严的时刻，这是海内外中华儿女共同分享胜利者荣光的时刻！在中华民族伟大复兴的历史进程中，寻找我们的精神流向，开拓我们的精神家园，才能坚守以爱国主义为核心的团结统一、爱好和平、勤劳勇敢、自强不息的伟大民族精神。

2015 年 5 月 23 日，习近平主席在出席中日友好交流大会时强调，"日本军国主义犯下的侵略罪行不容掩盖，历史真相不容歪曲"。我们纪念抗日战争胜利 70 周年，就是要勿忘国耻，不忘中华民族所受的深重灾难，不忘中华儿女为争取民族独立浴血奋战、用鲜血和生命换来的抗日战争的胜利；就是要牢记历史，切实维护抗日战争的胜利成果，坚决反对歪曲历史真相、掩盖侵略罪行的行为，维护世界和平。

注　释

1.　中国史学会主编:《中国近代史资料丛刊·义和团》第四册，上海人民出版社 1957 年版，第498 页。

2. 军事科学院军事历史研究部:《中国抗日战争史》上卷,解放军出版社 1991 年版,第 6 页。

3. 参见王龙:《"异类战犯"石原莞尔》,《同舟共进》2015 年第 4 期。

4. 北京日报《纪事》采写组编著:《初心与抉择——转折关头的中国共产党人》,人民出版社 2018 年版,第 179 页。

5. 中共中央文献研究室、中央档案馆编:《建党以来重要文献选编(一九二———九四九)》第 九册,中央文献出版社 2011 年版,第 244 页。

6. 同上书,第 248、249 页。

7. 翁有为、赵文远:《蒋介石与日本的恩恩怨怨》,人民出版社 2008 年版,第 163—164 页。

8. 同上书,第 168 页。

9. 春紫:《科学家钱伟长:一生奉献祖国最风流》,《世纪风采》2020 年第 10 期。

10. 胡乔木:《胡乔木回忆毛泽东》,人民出版社 1994 年版,第 279 页。

11. 日本防卫厅战史室编:《华北治安战》上,天津市政协编译组译,天津人民出版社 1982 年版, 第 177 页。

12. 同上书,第 307 页。

13. 同上书,第 312 页。

14. 同上书,第 445 页。

15.《毛泽东选集》第二卷,人民出版社 1991 年版,第 511 页。

16. 日本防卫厅战史室编:《华北治安战》上,天津市政协编译组译,天津人民出版社 1982 年版, 第 472 页。

17. 日本防卫厅战史室编:《华北治安战》下,天津市政协编译组译,天津人民出版社 1982 年版, 第 169 页。

18. 中国史学会主编:《中国近代史资料丛刊·戊戌变法》第一册,上海人民出版社 1978 年版,第 249 页。

19. 翁有为、赵文远:《蒋介石与日本的恩恩怨怨》,人民出版社 2008 年版,第 157 页。

20.《毛泽东选集》第四卷,人民出版社 1991 年版,第 1465 页。

21.《毛泽东选集》第一卷,人民出版社 1991 年版,第 161 页。

第十章

抗美援朝
中华民族的重大精神洗礼

新中国的立国之战

2020 年 10 月 19 日，是中国人民志愿军抗美援朝出国作战 70 周年。

对于伟大抗美援朝精神，习近平总书记作了高度概括：祖国和人民利益高于一切、为了祖国和民族的尊严而奋不顾身的爱国主义精神，英勇顽强、舍生忘死的革命英雄主义精神，不畏艰难困苦、始终保持高昂士气的革命乐观主义精神，为完成祖国和人民赋予的使命、慷慨奉献自己一切的革命忠诚精神，为了人类和平与正义事业而奋斗的国际主义精神。

中国为何出兵抗美援朝？

1950 年 6 月 25 日，朝鲜内战爆发，新中国并不想介入。为什么呢？第一，新中国刚成立，需要建设；第二，人民解放军长期作战，亟待休整；第三，我军与美军装备相差悬殊，我们是小米加步枪，对方是飞机加大炮，怎么对抗？第四，国内民众普遍期待安全和平；第五，新中国刚刚成立，工业基础薄弱，战略物资缺乏。可以说，我们当时是困难重重，所以我们一开始是不想介入的。

谁也没想到，朝鲜内战刚刚爆发，6 月 27 日，杜鲁门就宣布美军第七舰队进入台湾海峡，直接与新中国为敌。朝鲜内战爆发本身和我们没关系，不是我们策动的，是金日成要完成统一，李承晚也要完成统一，他们打起来了。可杜鲁门派兵侵入台湾海峡，还提出"台湾地位未定论"，说什么台湾将来的地位须待太平洋地区恢复稳定，且对日和约签订或联合国有所决议后才能确定。这就直接把矛头指向我们，就是赤裸裸地干涉中国内政了。

台湾的蒋介石对美国的态度是矛盾的：第七舰队阻止大陆武力攻台，他很高兴并感激美国人；杜鲁门说台湾不是中国的一部分，又让蒋介石很愤怒。杜鲁门发表声明的当天，蒋介石也发表声明说，美军第七舰队进入台湾海峡，并不影响开罗会议关于台湾地位的决定，大陆和台湾都是中国领土，不容割裂。蒋介石也看出杜鲁门别有用心，因为他是要否认开罗会议，而《开罗宣言》是第一份承认台湾是中国领土不可分割的一部分的国际文件。蒋介石说，你杜鲁门不承认《开罗宣言》，你就是否认你的前任罗斯福。

杜鲁门一开始就与新中国为敌，这就是我们为什么必须出兵的根据。在朝鲜劳动党和政府的请求下，中共中央政治局作出了派遣中国人民志愿军入朝作战，抗美援朝、保卫家园的历史性决策。今天有人说，我们因为出兵朝鲜影响了祖国统一。这完全是信口雌黄。美军 6 月 27 日入侵台湾海峡，志愿军 10 月 19 日出兵朝鲜。因为美军入侵台湾海峡，所以我们出兵朝鲜，而不是说因为我们出兵朝鲜，美军才入侵台湾海峡。所以，不是因为我们出兵朝鲜影响了祖国统一，而是美国妨碍了我们统一，我们就必须跨过鸭绿江。不能颠倒了因果关系。

而且，我们在跨过鸭绿江之前，对美方提出了多次警告。1950 年 10 月 3 日，在我们跨过鸭绿江前十几天，周恩来警告说，韩军过三八线我们不管，美军过三八线我们要管。这就非常明确地讲清了朝鲜内战的性质，韩军过线依然是朝鲜内战，是朝鲜内部的事情，我们不管；但是美军过三八线，就是外来武力干涉了，我们要管。

周恩来的话，美国人根本就不重视。美国国务院当天下午就回复说，周恩来讲话缺乏法律和道义依据，接着又回复说不要低估美国的决心，意

1950 年 10 月 7 日，以美军为首的"联合国军"地面部队大举越过三八线，向中朝边境推进（海峰 / 供图）

思是说中国人你别吓唬我。但是，毕竟是中国政务院总理的声明，杜鲁门还是有点担心，10 月 15 日，他专程飞到威克岛，与美军指挥官麦克阿瑟会谈，问他中国人会不会出兵、中国人出兵怎么办。这时离我们出兵只剩四天。麦克阿瑟还是信心满满，他说要在感恩节前消灭敌军，没有问题；如果中国真的出兵，就把他们炸回到石器时代。

麦克阿瑟太狂了。美国国内也有不少人反对过三八线。麦克阿瑟批评说：你们根本不懂东方思想。你们在东方待过吗？我在菲律宾、在日本待了多少年。什么东方思想啊，他们最看重的是面子，最崇尚的是谋略。你看他们的谋略大师诸葛亮，最成功的是空城计，他们最擅长的是虚声恫吓，他们没打过什么像样的仗。你看他们的历史，他们近代以来谁都打不过，今天这就是在吓唬我。

看看对方的骄狂！

麦克阿瑟之所以如此骄狂，靠的是他从过往历史记录中得出的对中国的判断。甲午战争爆发之前，1875 年，日舰闯入汉江河口，朝鲜还击。日本派人来华试探中国的态度，因为当年朝鲜是中国大清王朝的藩属国，定期向大清王朝上贡，大清王朝也给它还贡。但是大清王朝总理外交事务大臣奕䜣回答："朝鲜虽隶中国藩服，其本处一切政教禁令，向由该国自行专主，中国从不与闻。"[1]

一句"从不与闻"，不但将自己的藩属国出卖，更为后来甲午战争全面爆发埋下重大伏笔。

1894 年，甲午战争爆发，大清战败，割地赔款，朝鲜被日本占领，最终沦为日本殖民地。

大清垮台，民国继立，也未能好转。1931 年九一八事变，四个多月东三省全部沦陷。这就是当年的不抵抗政策："不准抵抗，不准动，把枪放到库房里，挺着死，大家成仁，为国牺牲。"[2]

发电同意东北军不抵抗的蒋介石，后来后悔此前决策之错误。他在 1932 年 6 月的日记中写道："警骇莫名。东北煤铁如此丰富，倭寇安得不强占。中正梦梦，今日始醒。甚恨研究之晚，而对内对外之政策错误也。"[3]

从以上两个历史事实可知，麦克阿瑟的轻视不是没有缘由的。所以，当 1950 年朝鲜内战爆发时，他就认定中国不会抵抗。即使美韩联军挺进到鸭绿江边，中国也只能吞下这颗苦果。他不知道他面对的，已经不再是旧中国，而是新中国。

所以，10 月 7 日，杜鲁门下令美军越过三八线，10 月 8 日，中共中央政治局就作出"抗美援朝、保家卫国"的决策，下令迅速组成中国人民志愿军入朝参战。因为我们别无选择。

事实上，作出抗美援朝的决策是非常艰难的。毛泽东的秘书胡乔木曾说过，他在毛主席身边工作 20 多年，有两件事毛主席难下决心，一件是 1946 年准备同国民党彻底决裂，一件是 1950 年派志愿军入朝作战。

跨过鸭绿江是新中国的立国之战，更是对东方人的重新定义之战。新中国要让西方人了解什么叫新型东方人，就必须用他们懂得的方式，展现自己的精神意志。

1950 年 10 月 19 日，中国人民志愿军跨过鸭绿江赴朝作战（吴雍／供图）

　　跨过鸭绿江之前，毛泽东是中国共产党的领袖；跨过鸭绿江之后，毛泽东一跃成为中华民族的领袖。因为志愿军跨过鸭绿江，使新中国政府成为 1840 年以来，历届中国政府中维护中华民族利益最英勇、最顽强、最具牺牲和奋斗精神的政府。

　　毛泽东变成中华民族的领袖，代价巨大。毛泽东的儿子毛岸英，第一个加入中国人民志愿军的战士，刚到朝鲜不久就不幸牺牲。

　　1950 年 11 月 25 日，毛岸英牺牲当天，彭德怀以志愿军司令部名义专门向中央军委作了汇报：

　　我们今日七时已进入防空洞，毛岸英同三个参谋在房子内，十一时敌机四架经过时他们四人已出来，敌机过后他们四人返回房子内，忽又来敌机四架投下近百枚燃烧弹，命中房子，当时有二名参谋跑出，毛岸英及高瑞欣未及跑出被烧死，其他无损失。

　　收到电报后，周恩来同刘少奇商量，考虑到正在病中的毛泽东仍在通宵达旦地指挥刚刚开始的第二次战役，决定暂不将毛岸英牺牲一事告诉毛泽东。

　　一直到 1951 年 1 月 2 日，志愿军逼近三七线、行将占领汉城（今首尔）时，周恩来才将一个多月前彭德怀的电报附上他写的一封说明情况的简信，一并向毛泽东报告。这是周恩来的精心安排，他想用胜利的喜悦冲淡一下毛泽东失去儿子的悲伤。

　　电报和信都不长，毛泽东看了很久，长叹了一声说：牺牲的成千上万，无法只顾及此一人，事情已过去，不必说了。彭德怀建议，毛岸英的遗体不运回国内，就在朝鲜安葬。毛泽东同意了。毛岸英烈士就安葬在朝鲜平安道志愿军烈士陵园。

　　后来，毛泽东的老同学、老朋友，民主人士周世钊跟毛泽东讲，岸英不应该去，不去不就还活着吗？周世钊不是党内同志，所以讲话比较放得开。毛泽东说：

毛岸英牺牲后，毛泽东强压悲痛说："打仗总是要死人的嘛！中国人民志愿军已经献出了那么多指战员的生命。"图为 1949 年 4 月，毛泽东与毛岸英在香山（侯波／摄）

　　当然你说如果我不派他去朝鲜战场上，他就不会牺牲，这是可能的，也是不错的。但是你想一想，我是极主张派兵出国的，因为这是一场保家卫国的战争。我的这个动议，在中央政治局的会上，最后得到了党中央的赞同，做出了抗美援朝的决定……要作战，我要有人，派谁去呢？我作为党中央的主席，作为一个领导人，自己有儿子，不派他去抗美援朝，保家卫国，又派谁的儿子去呢？人心都是肉长的，不管是谁，疼爱儿子的心都是一样。如果我不派我的儿子去，而别人又人人都像我一样，自己有儿子也不派他去上战场，先派别人的儿子去上前线打仗，这还算是什么领导人呢？ [4]

　　西方有句话，信誉与高尚行为的原动力必须来自最高层。中国共产党的领袖做到了不仅有信仰，而且最高层有信誉、有高尚行为。毛泽东之所以成为领袖，不仅因为他制定了正确的路线方针政策，不仅因为他的雄才大略，还在于他的率先垂范。这就是共产党人的领袖。什么叫领袖？领袖来自人民，并用精神感召人民，才能最终成为领导民族的领袖。

　　毛泽东就有这种精神感召力。共产党人一路走来，为实现自己的目标从来不怕牺牲。

　　美国建构主义国际关系理论的鼻祖亚历山大·温特讲，一个国家在生存、独立和经济财富这三种国家利益之上，还必须加上第四种国家利益，那就是集体自尊。

　　什么叫国家利益？不仅是吃好、喝好、玩好，能发财、挣钱，还得有尊严，为国家、为民族感到骄傲和自豪，有政治尊严。没有尊严那也不行。有的人说：我做美国人骄傲，做中国人不骄傲。你说这有自尊吗？一个国家、一个民族没有集体自尊，就算你人数再多，都是一盘散沙。集体自尊是强大的凝聚力。

　　1840年以来，我们有集体自尊吗？上海外滩公园门口挂着"华人与狗不得入内"的牌子，中国人有一点点尊严吗？谁来改变这一切？是中国革命，是中国共产党领导的中国革命，让中国历史发生天翻地覆的变化，中华民族终于获得了前所未有的集体自尊，就是毛泽东讲的"中国人民从此站起来了"。当年志愿军跨过鸭绿江时，后来担任新加坡总理的李光耀刚从英国剑桥大学毕业，在新加坡做律师。他说：志愿军跨过鸭绿江，我出入西欧海关，海关官员对我华人的面孔无不肃然起敬，他们以前不是这样，现在变成这样了，为什么？因为中国人正在朝鲜半岛，与以美国为首的"联合国军"打仗，中国人正在迫使16国的"联合国军"步步后退。李光耀说：我由此下决心学好汉语。当时，李光耀20岁出头，在英国剑桥大学留学，不想学汉语，汉语讲得一塌糊涂。为什么不学？因为中国在国际上没有地位。志愿军跨过鸭绿江，促使李光耀下决心学好汉语。

你说，这里面有什么样的逻辑关系？这个逻辑关系西方人很难理解，但是我们东方人一定能够理解。为什么呢？志愿军跨过鸭绿江，促使李光耀下决心学好汉语，因为中国共产党带领中国人民站起来了，让中华民族在世界上有了应有的地位。

中国在抗美援朝战争中收获了什么

如果把抗美援朝作战作为新中国面临的国家安全的一次大考的话，那么可以说，这个考试是猝不及防的——新中国并没有准备在朝鲜半岛打这样一场战争。

新中国刚刚建立，我们以恢复国民经济为重点。不管美国人或各个方面准备得如何，中国部队——包括入朝主力部队第三十八军、第三十九军等，实际上战士正在大量复员，军队的很多职能正在发生转换，突然之间面临这么一场战争，对中国国家安全是一个严峻的考验。

这是一场准备并不很充分的战争——部队准备不很充分，指挥员准备不很充分，领导层准备也不很充分。在这种情况下，这种"考试"对中国是非常严峻的，因为我们面对的是世界上最强大的战争机器。从这个意义上讲，中国交出了一份不仅是合格的，而且是相当优秀的答卷。

当然，中国也为这场战争付出了巨大的代价。根据最新统计资料，中国人民志愿军参战人数是 290 万人次，2020 年已经确认一共有 19.7 万名官兵在战争期间牺牲，38 万人受伤。

有些学者讲，巴黎从来不设防，敌人打进来占就占了，比利时历来也主张投降，只要强敌一来就投降，所以它们能够把国家的所有东西都保护下来，国家不会遭到大的破坏。

拿到东方来看，我觉得这种逻辑是非常荒谬的。1840 年以来，我们一直在妥协、忍让。结果是什么呢？大量丧权辱国的条约以及割地、赔款，使中华民族跌入命运的低谷。

为什么说抗美援朝战争我们交出了一份相当优秀的答卷？最主要就是因为这一仗打出了新中国的国际地位。连《剑桥中国史》都毫不否认这一点。抗美援朝作战之后，全世界认识到，新中国已自立于世界民族之林。

抗美援朝战争打出了中国一种全新的精神面貌。在过去，不管是东方还是西方，都已经看惯了"东亚病夫"般的中国。只要别人一瞪眼，腿肚子就哆嗦；别人一挥拳头，脖子就往后缩——这是当时中国人传统的形象。国际社会所熟知的，就是中国人这种忍让，他们难以和强权对抗，在安全和生存发生冲突的时候，中国人基本上是保生存，对自己安全的要求是很低的——这是旧中国。

新中国完全不一样。新中国成立前夕，毛泽东指出，中国的事情必须由中国人民自己作主张，自己来处理，不容许任何帝国主义国家再有一丝一毫的干涉。这作为一个政治宣言是容易的，但是宣言怎么实现？必须付诸行动，靠事实说话。

任何成功都要付出代价。中华民族从衰弱不堪、"东亚病夫"的形象，从人家在你的国土上挂"华人与狗不得入内"的牌子你还没有办法的这种状态，变成一个自立于世界民族之林的强大民族，不是一朝一夕的事情，付出抗美援朝战争这样的代价也是必要的。

通过抗美援朝战争，中国共产党人和中国人民解放军赋予中华民族精神全新的内涵，使中华民族从此被世界——不管东方和西方都刮目相看，看到中国人跟过去是不一样的，跟过去想象的是不一样的。怎么做到的这一点呢？就是在美军大举越过三八线向中朝边境挺进的时候，中国敢于出兵，而且敢于把美国人从北面压到南面去。我们就是用这样一个坚决的行动，对我们国家的地位进行了确认。从另一个角度说，这也是对我们民族精神的再造。

抗美援朝战争所带来的最大启示，我觉得一个是打出了新中国的国际地位，另一个是开阔了我们的国际视野——其实很多文章并没有提到这一点。

美国人在入朝作战以前追求的是什么？他们要把对手彻底击倒。朝鲜内战期间，麦克阿瑟也说："我是象自古以来所进行的那样参加战争的，即：为获胜而战。"[5] 但这一次，在新中国面前，他注定不可能再次做到这一点。

当然，对我们来说也有一种转换。当美国提出要对手无条件投降的时候，他们不知道的是，中国人民解放军作战也有一个传统，就是彻底、干净、全部地把敌人消灭光。

中美双方在朝鲜经过较量，双方达成一种势均力敌的状态，也就是有

中朝两国人民和军队经过三年的浴血奋战以及谈判斗争，终于迫使以美军为首的"联合国军"于1953年7月27日在板门店签署了《朝鲜停战协定》。图为协定签署现场（海峰／供图）

限战争的状态。这对新中国、对国家领导人建立国际视野有很大的帮助。从抗美援朝战争之后到今天，我们融入世界。今天的世界，你压倒我、我压倒你，你战胜我、我战胜你，你把我消灭、我把你消灭，实际上都不可能。那么确立怎样一种世界观，才能让不同的社会制度、不同的意识形态、不同的价值理念、不同的国家利益共存、共赢？

抗美援朝战争证明了什么？这场战争让美军在历史上第一次接触有限战争的概念，知道了军事手段是有限的。我们从抗美援朝战争中获得了很大的一个进步。什么进步？这场战争是一场政治战争，打到最后边界谈判，通过谈判的形式确定了朝鲜的军事停火线，确定了各方利益的划分。对中国来说，采取谈判的形式融入世界，这是对过去传统观念的一种转换。实际上，中国的改革开放等，都能从其中看到这种转换的影子。

当然，抗美援朝战争还给我们一个很大的启示，就是如何建立一支现代化的军队，由革命战争时代的革命军队向新中国的现代化军队迈进。除了军事方面，它还给了我们更大的启示，也就是怎样在一个日益复杂的国际环境中和其他大国打交道。我们从抗美援朝战争中第一次学到了在大国力量的较量中纵横捭阖的能力。

中国军人为何受到美国军人的尊重

访美期间，我发现一个颇有意思的现象：美国军人对中国军人十分尊重。这种尊重不仅仅出于礼貌或者客套，的确出自他们内心。美国人自视甚高，能放在眼里的人不多，为什么对中国军人另眼相看？

后来发现他们有一个特点：他们尊重与自己交过手的对手，尤其是那些让他们吃了亏的对手。

美国海军分析中心统计，第二次世界大战结束后，美国对外用兵次数超过240次。其中规模最大的有三次：1950年至1953年的朝鲜内战，

1961 年至 1975 年的越南战争，1991 年的海湾战争。

三场战争，前两场都与遏制中国有关。三场战争中，朝鲜内战持续 3 年，用兵 44 万人，美国官方统计死亡、失踪 54246 人；越南战争持续 14 年，用兵 55 万人，死亡、失踪 58209 人；海湾战争用兵 44 万人，43 天解决战斗，阵亡 146 人。

对这三场战争，美国军人自有比较。在为什么失败与为什么取胜这些问题上，他们甚至比现在我们中的一些人分析得还要客观。一句话，从美国军人的每一分尊重中，我们都能感觉到是那些长眠于地下的先烈奠定了今日中国军人的地位。

今天很多人已经不知道当年中国人民志愿军是在怎样的条件下与以美军为首的"联合国军"作战的了。他们或许能记住一两篇描写志愿军的文学作品，但对以下这些比任何文学描写都更加震人心魄的数字却不知情：

朝鲜战场上，美军一个军拥有坦克 430 辆。我军最初入朝的六个军，一辆坦克也没有。

美军一个陆军师的师属炮兵有 432 门榴弹炮和加农炮，还可以得到非师属炮兵同类口径和更大口径火炮的支援。我志愿军一个师的师属炮兵仅有一个山炮营，12 门山炮。

美军一个步兵师拥有电台 1600 部，无线电通信可以一直到达排和班。我军入朝时从各部队多方抽调器材，才使每个军的电台达到数十部，勉强装备到营。营以下通信联络仍然主要靠徒步通信、军号、哨子及少量的信号弹等。

美军运输全部机械化，一个军拥有汽车约 7000 辆。我志愿军入朝之初，主力第三十八军只有汽车 100 辆，第二十七军则只有 45 辆。

更让人难以置信的是，当时我第三十八军 90% 的战士仍在用日军 1905 年设计的三八式步枪。

空中力量的悬殊更大。志愿军当时不但没有飞机，连防空武器也极端缺乏。面对美军 1100 架作战飞机，志愿军当时只有一个高炮团，36 门 75 毫米高炮，还要留 12 门在鸭绿江边保卫渡口。最初带入朝鲜的，竟然只有旧式的日制高炮 24 门。至于雷达则一部也没有，搜索空中目标全凭耳听和目视。

侵朝美军总司令李奇微后来回忆道：

> 我们在北朝鲜战场上空几乎未遭抵抗。而且，除地面火力外，我们可以不受阻碍地攻击敌补给线。在头一年，敌人甚至连防空火力还击也没有。[6]

当时美国飞机从朝鲜东海岸炸到西海岸，从鸭绿江炸到汉江，连后方大榆洞我志愿军司令部都遭到狂轰滥炸，司令员彭德怀差点遇难。在志愿军总部工作的毛泽东长子毛岸英，刚刚出国一个多月，就牺牲于美国空军凝固汽油弹的熊熊烈焰之中。

中国人民志愿军就是在这样的条件下艰苦奋战，迫使不可一世的美国远东军司令、五星上将麦克阿瑟丢官去职，第八集团军司令沃克中将翻车丧命，硬把美国人打回到谈判桌前的。

当时志愿军作战面临的艰难困苦，很多美国人直到现在也并不完全清楚。他们对曾与之对阵的中国军人怀有一种颇富神秘感的尊重。这种尊重是对实力的尊重。从他们的角度看，中国军队的实力更多地表现为坚忍顽强、奋勇冲杀和不惧牺牲的精神，他们称之为"谜一样的东方精神"。

这就是两军的相识。那些在冰天雪地的朝鲜战场连一把炒面一把雪都吃不上却依然冲锋不止的战士，那些在零下 40℃严寒中单衣单裤作战最后冻死在长津湖畔的英雄，以他们的牺牲为我们这些后来者赢得了今日的尊重。我们应该骄傲。我们也应该惭愧。我们千万不能吃尽这一老本。我们也应该为明天的中国军人留下点什么。

毋庸讳言，我们面临挑战。当今世界军事新发展给中国军人带来的挑战，其严峻程度与深刻程度，丝毫不亚于我们的前辈雄赳赳气昂昂跨过鸭绿江面对的局面。毛泽东说，人是要有点精神的。对于具有高科技知识积累、掌握复杂技术装备的今日中国军人，更迫切地需要当年战场对手也不

抗美援朝战争中，志愿军战士在战场上经常靠一把炒面和一把雪充饥，条件异常艰苦（文化传播／供图）

得不衷心叹服的精神底蕴。那种除了胜利一无所求、为了胜利一无所惜的精神风貌，是新中国军人展示在世界面前光耀千秋的无价之宝。我们以这样的精神风貌迎接挑战，便是为明日中国军人地位最好的奠基。

注 释

1. 故宫博物院编印:《清光绪朝中日交涉史料》卷一，1932 年版。

2. 中国人民政治协商会议全国委员会文史资料研究委员会编:《文史资料选辑》第六辑，中华书局 1960 年版，第 6 页。

3. 陈红民等:《细品蒋介石:蒋介石日记阅读札记》，人民出版社 2016 年版，第 342 页。

4. 高中华、尹传政:《毛泽东与共和国非常岁月》，人民出版社 2013 年版，第 119 页。

5. ［美］道格拉斯·麦克阿瑟:《麦克阿瑟回忆录》，上海师范学院历史系翻译组译，上海译文出版社 1984 年版，第 266 页。

6. ［美］马修·邦克·李奇微:《朝鲜战争》，军事科学院外国军事研究部译，军事科学出版社 1983 年版，第 91 页。

第十一章

高山仰止

没有真人就没有真理

为何毛泽东最终能成为党的核心

中国共产党是在凄风苦雨中成立的。成立之初的中国共产党更像是一个瘦弱的小孩，至于能长多大，许多人没把握。

从1921年建党到1935年遵义会议召开，此间中国共产党经历了多少任领导人？陈独秀、瞿秋白、向忠发、李立三、王明、博古，他们都按俄国革命的基本道路指导中国革命，结果让中国共产党撞得头破血流。

1935年遵义会议对毛泽东的选择，不是"山头"妥协的结果，不是利益集团平衡的结果，而是由于中国共产党对胜利的渴望。

14年的斗争实践证明，只有毛泽东的道路是中国革命取得胜利的唯一道路。为什么没有其他道路？因为全试过了，都不行！毛泽东是中国共产党所有领导人中第一个也是唯一一个解决了"中国的红色政权为什么能够存在"这个中国革命最根本问题的人。

毛泽东走的是独立自主之路。他提出"工农武装割据，农村包围城市"，在政治上创造了中国共产党的新理论——毛泽东思想，在军事上建立了中国共产党自己的武装，在经济上也完全摆脱了对共产国际的

抗战初期的毛泽东（新华社／供图）

依赖。

经济独立同样很重要：一个国家、一个民族、一个政党，和一个人一样，经济上不独立，其他都是无米之炊。毛泽东的道路是"打土豪、分田地"，这不但成为红色政权政治动员的基础，更成为中国共产党经济独立的基础。只有经济独立，才有独立的政治和军事基础，才能独立地选择自己的领袖、独立地制定自己的路线。

在这个基础上，毛泽东提出一个著名论断——"星星之火，可以燎原"。中国找到了一条政治、军事、经济完全独立的道路，这才是一条完整的中国特色革命道路。

1927年，八一南昌起义时，队伍有2.25万人，两个月后只剩下七八百人；1927年9月，毛泽东领导秋收起义，20天后，5000余人的队

伍只剩下不足 1000 人。这支队伍不是从胜利走向胜利的，而是从失败走
向胜利的。

毛泽东当年把队伍拉上井冈山，探索中国革命的胜利道路，党中央表
彰他了吗？没有。相反，还处分了他——秋收起义让你打长沙，你却带兵
跑到远离长沙的井冈山，这是严重的右倾逃跑主义错误！于是，撤销了他
的临时政治局候补委员职务。虽然职务被撤销了，但毛泽东还是继续干。
那些年，毛泽东三次被撤销中央委员，受到八次严重警告，但还是继续干。
因为他身上最宝贵的一点，就是深刻的历史自觉。

中国共产党在成长壮大过程中历经艰难，但是最大的幸运就是：
毛泽东、周恩来、朱德三人达成了近乎完美的历史和谐。

毛泽东、周恩来、朱德三人对于红军建设的思路、革命道路的方向等
重大问题有许多不同意见，彼此间争论比比皆是。比如，1929 年，红四
军党的七大、八大上发生了前委、军委之争，由朱德取代毛泽东的领导职
务；1932 年 10 月，中央苏区宁都会议发生了"反倾向斗争"，又由周恩来
取代毛泽东的领导职务。但在核心目标上，对于中国共产党怎样获得胜
利、怎样完成民族救亡，三人的意见是完全一致的。

事实证明，党的核心是伟大事业成功的根本保证，而核心周围离不开
大批信仰坚定的追随者。

1935 年 9 月，红军到达哈达铺后，陕甘支队第一纵队侦察连连长梁
兴初、指导员曹德连在邮局找到几张《大公报》。报纸披露：刘志丹领导
的红二十六军控制了大块陕北苏区根据地，徐海东领导的红二十五军已北
出终南山口，威逼西安。

毛泽东发现那几张报纸的时候，可以说是"柳暗花明又一村"。

但是，从战斗序列上来说，红二十五军是红四方面军的部队，也就是
张国焘领导之下的部队。红二十五军的主要指挥者徐海东，是红四方面军
的一员战将，与毛泽东从未谋面，而且是张国焘的老部下。

对于徐海东能不能服从中央红军的领导，毛泽东心里没底。因为张国
焘当时已经另立"中央"了。为了判断徐海东到底是听中央的还是听张国

徐海东（海峰／供图）

荩的，毛泽东试探性地给徐海东写了一封信，向红二十五军借 1000 块大洋。一方面是中央红军确实需要帮助，另一方面则是试探。

徐海东接到信后，立即把供给部部长找来，问部队还有多少钱。供给部部长说，大概还有将近 6000 块大洋。徐海东说，我们自留 1000，另外 5000，不是借，而是给中央红军。他给毛泽东复信说，红二十五军完全服从中央红军的领导。

毛泽东等中央领导收到 5000 块大洋和徐海东的复信后，心里一块石头落了地。

后来，毛泽东多次说过，徐海东是对中国革命有大功的人。

中国革命之所以能够取得胜利，不仅是因为有正确的主义、正确的路线、正确的方针和纲领，还因为有一大批像徐海东这样忠于主义、忠于信仰的真人存在。所谓真人，就是讲真话、办真事、信真理的人。

陈赓是黄埔军校一期毕业的高才生。当时有"黄埔三杰"之说，比较公认的说法是蒋先云、陈赓和贺衷寒。

陈赓从黄埔军校毕业后，一直受蒋介石的赏识。1925年10月，第二次东征期间，蒋介石在华阳附近被围，情况万分危急。陈赓见状，背起蒋介石就跑，一直背了三里多路，跑到河边上船摆渡过河后，方才脱险。

如果凭着这层特殊关系待在国民党里，肯定"前程似锦"，但陈赓从内心里看不起蒋介石。于是，他编了个"老母病重，需要照顾"的理由离蒋介石而去。

1931年，陈赓在第四次反"围剿"中身负重伤，前往上海治疗。在这期间，他被叛变投敌的顾顺章给指认出来。蒋介石听说把陈赓抓了，大喜过望，想把他劝导过来。

一天，蒋介石身边的人兴奋地跟陈赓说："校长要来看你。"陈赓坚持不见。来人说："校长已经走到门口了，你不见也得见。"蒋介石进房间后，陈赓却抓起一张报纸挡住自己的脸。

蒋介石只好悻悻离开。又将陈赓软禁近两个月后，蒋介石睁一只眼闭一只眼，任由陈赓被同志"营救"出逃了。

就这样，陈赓因心中坚定的共产主义信仰，决然弃蒋介石而去。

假如当时陈赓留在蒋介石的阵营里，又会怎么样呢？以陈赓对蒋介石的"救命之恩"，以陈赓的个人能力，肯定也会像他的同学胡宗南、宋希濂等人一样，享受高官厚禄、荣华富贵。但陈赓没有作出这样的选择，这固然是因为他的共产主义信仰，但又何尝不是对毛泽东领导的共产党有着极大的信心呢？

大家都知道陈赓是蒋介石的学生，其实陈赓先是毛泽东的学生。1921年8月，毛泽东在上海出席完中共一大后，回到长沙办了一所湖南自修大学。毛泽东任教务主任，后来又聘请当年一起参加中共一大的李达担任校长。实际上，这是一所传播马克思主义和培养革命干部的学校。

1922年，陈赓到湖南自修大学学习，结识了湘乡东山小学的学长毛泽东，经常倾听包括毛泽东在内的一些共产党人的演讲。在这里，陈赓经何叔衡、易礼容介绍，加入了中国共产党。后来，陈赓在黄埔军校学习时，毛泽东正在广州办农民运动讲习所。陈赓好学，求知欲很强，常到讲习所听毛泽东讲农民运动。

毛泽东对陈赓也比较熟悉。1927年，毛泽东到湖南调查农民运动，在湘乡考察时就住在陈赓家里，与陈赓的父亲陈道良很谈得来。这实际上也帮助毛泽东加深了对陈赓及其妹夫谭政的了解。

1933年8月，陈赓来到中央苏区。长征时，他担任军委直属干部团团长。这时候，毛泽东经常随干部团一起行动，进一步了解了陈赓的军事指挥才能。特别是在遵义会议之后的土城战役中，陈赓指挥干部团在青杠坡与川军恶战一场，扭转了战局。当时指挥作战的毛泽东看到了这个将才，微笑着说："陈赓行！可以当个军长！"

此后，陈赓在毛泽东军事思想的指导下屡建战功，成为新中国的开国大将。他对毛泽东是由衷地佩服。陈赓晚年写过一篇回忆解放战争时期他率军在大西南追歼国民党残余部队的文章，其中写道："如果不是指战员从自己的实践中深深地相信跟着毛主席走就一定胜利，是不可能产生那样惊人的顽强意志，取得胜利的。"[1]

"相信跟着毛主席走就一定胜利"，这何尝不是陈赓将军的夫子自道呢？

中国共产党人的光辉典范

说到周恩来，你会想到什么呢？有人称他为"周公"，有人说他是"共产党人的圣人"。我想，这些说法都不错，但我更愿意用另一个词来概括他，那就是"中国共产党人的光辉典范"。

在党的历史上，周恩来发挥着不可替代的作用。我曾打过一个比喻：手电筒的光，到十几米外就散射没了；而激光在几公里外都清晰可见。激光的能量，来自它内部的高度聚焦。周恩来一生做了大量组织协调工作，把党内脾气秉性各异的人聚集在一起，就像把散射的手电光集中起来，聚成一束激光。我曾说，周恩来是党内组织协调的灵魂人物，他把党内的力量"聚焦"起来，为我们党作出了重大贡献。他的贡献，和毛泽东、朱德的贡献一样，是无可替代的。我在这儿给大家举两个例子。

长征之初，博古是中共中央负总责的人。有人说，他在长征时不想带毛泽东走，想把毛泽东留在中央苏区。这个问题现在已经搞清楚了，不是博古不想带毛泽东走，而是毛泽东给中央写了一封信，交到博古手里，表示自己不走。毛泽东在信中说，首先，他与红一、红三军团的领导交换过意见，部分领导同志同意留下来，和他在中央苏区坚持斗争；其次，他要求红九军团留下一个师，和他们一起在苏区坚持斗争；最后，欢迎中央再回来。

现在我们想想，毛泽东如果真的不走，中国革命将如何进行？如果没有毛泽东参加，长征会是怎样的长征？红军还能不能走出来？还会不会有遵义会议？再想一下，如果毛泽东真的留下来，结果又会怎样？中共一大代表何叔衡留下来，牺牲了；党的早期领导人瞿秋白留下来，牺牲了；方志敏留下来，牺牲了；贺昌、刘伯坚……一大批领导人留下来，都牺牲了。我想，毛泽东如果真的留下来，很可能是九死一生。那么，中国革命的前途将难以设想。

于是，就有了前面我讲过的周恩来找毛泽东彻夜长谈的故事。那一晚，他们谈了什么，没有人知道，恐怕永远也不会有人知道了。最后，周恩来告诉博古一句话：他同意跟着走了。这非常简单的一句话，却是改变中国命运的一句话！后面的事情我们知道了，因为有毛泽东在长征队伍里，才有了湘江战役后红军转向西南，才有了遵义会议，才有了红军走出困境，最终到达陕北。

再举一个例子。长征中，红军在湘江战役中损失惨重。当时，博古感到责任重大，可是又一筹莫展，痛心疾首。聂荣臻回忆说，博古行军时，拿着一把小手枪朝自己瞎比画——我推测他当时恐怕连自杀的心都有了。聂荣臻还劝他冷静一点，不要走火。

这是中央红军长征史上最危急的时刻。下一步向哪里进军，将决定红军和中国革命的前途命运。

　　这时，毛泽东向中央提出：放弃原定去湘鄂西与红二、红六军团会合的计划，转向敌人力量薄弱的贵州。要知道，当时毛泽东已经失去军事指挥权两年多了，他虽然在军中有很高的威望，但在中央是"人微言轻"。

　　周恩来赞同毛泽东的意见。要知道，周恩来当时是党内军事指挥方面的最高负责人。

　　1934 年 12 月 12 日，中革军委召开通道会议，参加者有博古、朱德、周恩来、张闻天、毛泽东、王稼祥和李德七个人。毛泽东的建议得到包括周恩来在内的多数人的赞同，但李德仍然顽固坚持原来的计划。在周恩来的支持下，毛泽东从此实际上开始参加军委领导。六天后，周恩来主持召开黎平会议，经过激烈的争论，决定采纳毛泽东的意见。

　　1943 年 11 月 27 日，周恩来在中央政治局会议上回忆过这段往事。他说：

　　从湘桂黔交界处，毛主席、稼祥、洛甫即批评军事路线，一路开会争论。从老山界到黎平，在黎平争论尤其激烈。这时李德主张折入黔东。这也是非常错误的，是要陷入蒋介石的罗网。毛主席主张到川黔边建立川黔根据地。我决定采取毛主席的意见，循二方面军原路西进渡乌江北上。李德因争论失败大怒。此后我与李德的关系也逐渐疏远。我对军事错误开始有些认识。军事指挥与以前也不同，接受毛主席的意见，对前方只指出大方向，使能机动。因此遵义会议上我与博古的态度有区别。[2]

　　通道转兵是中央红军长征史上第一个重要转折点，使中央红军免于灭顶之灾，为一个多月后召开遵义会议奠定了基础。对此，李德在多年之后还有些愤愤不平。他回忆说："这次他（指毛泽东——引者注）不仅得到洛甫和王稼祥的支持，而且还得到了当时就准备转向'中央三人小组'一边的周恩来的支持。因此毛的建议被通过了。"[3]

　　因为支持毛泽东的正确意见，周恩来和当时有着"国际代表"光环的李德疏远了，以致李德在多年之后仍耿耿于怀。但是，历史证明周恩来是正确的。没有他的支持，毛泽东是很难成为中国共产党、中国工农红军的领导核心的。博古原本是反对毛泽东的，但是周恩来说服他逐渐改变了态度。博古后来说，周恩来有句话对他影响至深：中国革命靠什么去取得胜利？靠谁来领导去取得胜利？确实一定要由一个懂中国的人来领导，才能取得成功。

这就是周恩来，这就是周恩来的历史自觉，也是他对中国革命的重大贡献。试想一下，有谁让周恩来去这么做了？没有。他当时是党和红军的最高领导者之一，可是他能放弃权力地位，支持毛泽东去干。为什么？他说，最高原则是为了胜利，除了胜利没有什么东西不能割舍。

我觉得，周恩来作为中国共产党人，把"中国共产党党员"做到了理想境界。他终生个人服从组织，为了组织牺牲个人。我们想想，一个由千千万万人组成的政党，怎样才能把这些分散的个体组织成一个坚强的整体？试想一下，如果每个党员各有各的主意、各有各的主张，那么这个党将永远是一盘散沙。周恩来一生都是从自己做起，为了组织牺牲个人，为所有中国共产党人树立了光辉典范。

我常说，政党能不能讲运气？如果能讲运气的话，中国共产党有毛泽东、朱德、周恩来这个领袖集团，就是天大的好运。毛泽东对党的路线方针政策的把握，朱德坚决的斗争精神和必胜的革命信念，周恩来做的大量组织协调工作，使这个党臻于完善，成为一个坚强的整体。共产党的力量就是这么来的。

权威在危机中诞生

我们再来看看朱德的历史自觉。朱德由一个旧军人变成新式军队——中国人民解放军的第一军人，就是凭的这种历史自觉。

我们知道，朱德当过滇军的少将旅长。离开滇军前，他是云南陆军宪兵司令部司令官、云南省警务处处长兼省会警察厅厅长。在那个时代，留在滇军，就算不能安享富贵，至少衣锦还乡是没问题的。

可是，朱德不甘心。他憎恶那个军阀们打来打去的黑暗社会，一门心思想革命。恰好，老军阀唐继尧在云南卷土重来，朱德所属的这一派失败，朱德顺势离开昆明。他后来回忆说："借着唐继尧的毒手，将封建关系替我斩断。"[4]这一年，朱德36岁。原本是生活中的一次危机，却成为他走上新的革命道路的转折点。

朱德离开云南时，并不知道中国成立了一个共产党，他只是感到军阀混战不行，中国需要革命。至于怎么革命，他并不清楚。他先到了重庆，受到川军第二军军长杨森的热情招待。杨森早年也在滇军，和朱德私交很好。他拿出一个中将师长的职位给朱德，请朱德无论如何助自己"一臂之力"。朱德早就厌倦了军阀混战的生活，以自己要出国学习军事为由，坚决拒绝了杨森的邀请。杨森就说：既然你一定要走，这个职位对你虚位以待，等你从国外回来，一定到我这里来。

朱德离开杨森后，去了上海，又去了北京。在北京，他遇到挚友孙炳文。从孙炳文那里，他知道中国成立了共产党。两人决定一起去找共产党，可是在北京没有找到，最后一起去了上海。在上海，他们先一起拜访了孙中山和一些国民党要人。孙中山是朱德敬仰的革命领袖，当时刚刚经历了陈炯明的背叛，正在招兵买马准备讨伐陈炯明。

朱德的到来让孙中山很高兴，他希望朱德能为自己工作，到驻广西的滇军部队中去，朱德的老朋友范石生等人都在那里。范石生投奔孙中山后，孙中山亲笔签发命令，任命他为陆军上将。孙中山还表示，可以给朱德10万大洋，作为军饷。按说，这个条件已经不错了。但朱德一看，孙中山还是老套路，靠一派军阀打另一派。他拒绝了，仍然是以出国留学为由。

离开孙中山后，朱德又去拜访了中国共产党的领导人陈独秀，提出要加入中国共产党。当时，中国共产党成立才一年，像朱德这样高级别的将领申请入党，以前还没有过。陈独秀把朱德劝走了，他告诉朱德，像你这样的人要入党，"需要长时间的学习和真诚的申请"。朱德走后，他对身边的人说:"我们党可不能让军阀参加啊。"

朱德后来回忆说:"我感到绝望、混乱。我的一只脚还站在旧秩序中,另一只脚却不能在新秩序中找到立足之地。"[5] 如果换了一般人,大概也就到此为止了。人家的最高领导人都委婉拒绝你了,你还有什么入党的指望呢?

但朱德认准了,就不会放弃。既然共产党不接受自己,那就先出国学习科学理论。于是,他和孙炳文一起在上海登船,去了法国。朱德到了法国之后,有人告诉他,中国共产党在法国有一个旅欧支部,可是这个支部的负责人张申府和周恩来都不在法国,而在德国。

朱德和孙炳文闻讯,立刻从巴黎坐火车赶到柏林。他们到达柏林后,马上按照打听来的地址,找到了周恩来的住所。美国女记者史沫特莱忠实地记录下朱德向她讲述的这一幕,朱德"端端正正地站在这个比他年轻十岁的青年面前,用平稳的语调,说明自己的身份和经历:他怎样逃出云南,怎样会见孙中山,怎样在上海被陈独秀拒绝,怎样为了寻求自己的新的生活方式和中国的新的道路而来到欧洲。他要求加入中国共产党在柏林的党组织,他一定会努力学习和工作,只要不再回到旧的生活里去——它已经在他的脚底下化为尘埃了,派他做什么工作都行"[6]。

周恩来微笑着答应了他们的请求,为他们办理了有关手续,并告诉他们,在入党申请书寄往中国而尚未批准之前,暂作候补党员。周恩来还热心地帮他们联系好在柏林的住所。1922 年 11 月,朱德经张申府、周恩来介绍,在柏林加入中国共产党。当时,出于工作需要,朱德的对外政治身份仍然是国民党党员,实际上却是中国共产党秘密党员。

朱德入党时,中国共产党全党的党员人数只有两三百,在全国也没有多大的影响。我们试想一下,朱德为什么要放弃唾手可得的高官厚禄,费尽周折,不惜到万里之外的德国去寻找共产党,去加入共产党?难道不是由于伟大的历史自觉吗?

我敢说,有了这样的历史自觉,就没有克服不了的困难。西方有句话,叫危机毁灭权威,危机诞生权威。在危机中,要毁灭旧的权威,诞生新的权威。朱德成为开国第一元帅，成为全党、全军、全国人民爱戴的"朱老总"，他的全部权威，就是在战胜一个个危机的过程中形成的。

朱德回国时，已经是北伐战争时期了。他回国后，陈独秀派他到川军中工作。他告诉陈独秀，杨森对自己有"虚位以待"的承诺，主动要求到杨森部工作，阻止杨森投靠北洋军阀吴佩孚，得到陈独秀的认可。

这里还有一个小插曲：朱德到杨森部后，恰好陈毅也奉李大钊指令，到杨森部从事统战工作。陈毅到杨森那里后，杨森向他吹嘘说：我早就准备革命了，我的部队里，有第三国际派来的代表。陈毅不信，杨森就把朱德请了出来，告诉陈毅说，这就是第三国际的代表。事实是，朱德虽然是从苏联回国的，可根本不是什么第三国际代表。

陈毅在杨森那里安顿好后，去和党组织的人接头。到了接头地点，才发现接头人竟然是朱德。我们的两位开国元帅，就这样奇迹般地认识了。这一年，朱德40岁，陈毅25岁。南昌起义失败后，又是他们两人，带着三河坝剩下的八百残兵，上了井冈山。

说到南昌起义，如果你去过南昌八一起义纪念馆，看过南昌起义领导人塑像，就会发现，我们的朱老总竟然是"敬陪末座"。塑像的中间，是周恩来，周恩来右手边分别是叶挺和刘伯承，左手边分别是贺龙和朱德。为什么这么安排？我想，大概是和朱德在起义时的地位有关。因为在南昌起义的领导班子里，原本没有朱德。

为什么起义班子里没有朱德？因为他手中的力量太少了。南昌起义部队主要是叶挺的第十一军和贺龙的第二十军，朱德当时能影响的部队500人不到。因此，在起义发动时，贺龙、叶挺、刘伯承等人都在指挥作战，朱德的任务是请南昌驻军的将领们喝酒吃饭，以削弱敌军的指挥力量。

我多次讲过朱德和七八百残兵的故事，这里不再赘述。我想说的是，南昌起义失败了，朱德的价值却在危机中展现出来。我们可以说，这是历史提供的机缘。但是，只有机缘就够了吗？还是要凭着历史的自觉。当朱德、陈毅、王尔琢凝聚这八百残兵的时候，整个队伍正面临一哄而散的危险。为什么？他们原本有2000人，现在只剩下这七八百来人，许多战友牺牲了，也有人不辞而别。他们联系不到中央，联系不到起义领导班子成员，没有人告诉他们下一步该怎么走。时任连长的林彪和几位战友直接找朱德说，我们要离开队伍，我们不是要背叛革命，我们要去找中央。朱德把他们留住了。

那时候，整个队伍士气低落。这不是哀兵的士气——我们说哀兵必胜，这是溃兵的情绪。大家看不到前途，看不到希望。这时候，如果不是有人出来力挽狂澜，那么随着这支队伍的溃散，南昌起义的成果将片甲不留。那么多烈士的血白流了，更不会有后来的井冈山会师，不会有后来的燎原星火。

这时，朱德站了出来，力挽狂澜。他用自己的全部激情，说服了这七八百人。注意啊，不是说服一两个人，而是让原本对他并不了解的这七八百人，都能信服他。大家从朱德的激情中，感受到信仰的力量。在没有人相信革命还会成功的时候，一位旧军队过来的旧军人，坚定地相信革命一定会成功。当时，没有任何组织告诉他，你收留的残部将来要上井冈山，你将来就是中国人民解放军奠基的第一人。

这是什么？这也是朱德的历史自觉，这是他最伟大的地方。

后面的历史我们都知道，朱德、陈毅率领这支队伍，与毛泽东率领的秋收起义部队在井冈山会师，这支队伍编成红四军第二十八团。后来，当年的"老井冈"谭震林回忆说："假若朱德不能把南昌起义的队伍带上井冈山，而井冈山只有秋收起义那一点力量，很难存在下去。"

为什么这么说？因为朱德率领的这支队伍，军官几乎都是黄埔军校毕业，士兵是清一色北伐军成员。他们上山后，井冈山红军的战斗力大增。直到今天，中国人民解放军陆军13个集团军，头等主力军都和红四军第二十八团有关联，它依然是中国人民解放军陆军核心战斗力的发源者。这就是南昌起义的重大贡献。

你说这七八百人是残兵败将还是燎原的火种？全在一念之间，在于一个人的历史自觉。有人说："人的一生纵然漫长，但是关键时刻只有几步。"朱德的历史自觉，在危急时刻让他力挽狂澜，使他成为中国人民解放军的泰斗——这种历史地位是在历史最艰难的时刻奠定的。

给人以火星者，必怀火炬

坚持南方三年游击战争最杰出的代表，是陈毅。给人以火星者，必怀火炬。陈毅是一团火，即使面黄肌瘦、满脸胡须、只有一盒万金油治腿伤，也仍然是一团不熄的火。这枚火种，传递着光热，在革命最艰难的时期，点燃了一枚又一枚火种。

陈毅留在苏区战斗

中央红军出发前一个半月，陈毅在红三军团第六师的兴国老营盘前沿阵地被弹片击中，身负重伤，开始采取保守治疗。待发现粉碎性骨折的右胯骨必须动手术时，医疗器械和药品都装箱准备出发长征了。

还是周恩来出面干预，重新取出电台的汽油发电机作电源，开箱为陈毅做了手术。他不能参加长征了。周恩来告诉他，中央让他留下来与项英一道坚持根据地斗争，负责军事。

1934 年 10 月 22 日，转移中的中革军委来电，指示中央军区从 22 日起正式成立，项英任司令员兼政委，龚楚任参谋长，贺昌任政治部主任。陈毅没有军事职务。叫他负责军事却又不给军事职务，他被晾在了一边。原来，周恩来也不能做主。等到遵义会议后，毛泽东才做了这个主。那是 1935 年 2 月 5 日，新中央发来了一封十万火急的电报：

项转中央分局：

政治局及军委讨论了中区的问题，认为：

（甲）分局应在中央苏区及其邻近苏区坚持游击战争，目前的困难是能够克服的。斗争的前途是有利的。对这一基本原则不许可任何动摇。

（乙）要立即改变你们的组织方式与斗争方式，使与游击战争的环境相适合，而目前许多庞大的后方机关部队组织及许多老的斗争方式是不适合的。

（丙）成立革命军事委员会中区分会，以项英、陈毅、贺昌及其他二人组织之，项为主席。一切重要的军事问题可经过军委讨论，分局则讨论战略战术的基本方针。先此电达，决议详情续告。

中央书记处

二月五日[7]

这封电报，和后来收到的"决议详情续告"电报，让陈毅感觉到毛泽东很可能回到领导岗位了。这种电文是博古等人写不出来的。

陈毅两次取代毛泽东的职务

陈毅与毛泽东的相互了解，是通过两次分歧完成的。历史上，陈毅两次被推举代替毛泽东为前委书记。

第一次是1928年7月中旬，毛泽东不同意红四军主力按湖南省委的布置去湘南，于是在有湖南省委巡视员杜修经出席的沔渡会议上，陈毅被推选担任前委书记，指挥第二十八团、二十九团去湘南，毛泽东只能以党代表的名义指挥余下的部队。

去湘南的一路，连连碰壁。先一鼓作气打下郴州，然后理发、洗澡、逛街。天擦黑，敌人一个反击打来，第二十九团士兵枪上挑着郴州发的"洋财"，成连成排朝家乡跑，挡都挡不住。一个团最后只剩下团长胡少海、党代表龚楚、团部零星人员和萧克的一个连。若不是副营长萧克在混乱中严令自己的那个连坐下不准动，这连人也将跑散。

碰了壁，也不想马上回井冈山，陈毅起草《告湘南人民书》，提出开展土地革命，发展武装力量，仍然把目标定在湘南，还派出第二十八团第二营和团直机炮连去沙田及湘粤赣边区，先期探路。

结果又是一次打击：探路的第二营营长袁崇全率队叛变。

在第二十八团党代表何长工主持召开的党员代表大会上，陈毅与朱德一起受到尖锐批评。会议最后决定分别给予朱德、陈毅以留党察看三个月的处分。

失败，使陈毅第一次认识到毛泽东的正确。8月24日召开前委扩大会，决定一起回井冈山，取消前委，成立以毛泽东为书记的行动委员会。

第二次是1929年6月22日的红四军党的七大。在这次代表大会上，陈毅被选为前委书记，再次取代毛泽东。

大会前，红四军内部因个人领导和党的领导、前委职权和军委职权等问题发生激烈争论。在6月8日召开的白砂会议上，毛泽东表示"我不能担负这种不生不死的责任，请求马上调换书记，让我离开前委"。

前委委员们决定由陈毅代理书记，且决定召开红四军党的七大，把各方的争论意见原文印发各支部，提出了红军早期幼稚口号之一："同志们，努力来争论吧。"

只有林彪一人得知毛泽东提出辞职后，连夜写信给毛泽东，要他留下来继续斗争。

林彪的信令毛泽东激动不已、通宵未眠。

今天再看当时那些异常激烈的争论，应该说在总的路线上大家是一致的。争论的焦点集中在党怎样更好地领导军队、军队怎样更好地建设根据地。

代理书记陈毅日夜工作。在龙岩召开的红四军党的七大上，他对争论的双方都作了批评和回答，主观上为了维护党内团结，客观上变成了折中平衡，即所谓的"调和"。

毛泽东最反对的就是调和。党对军队的绝对领导，也未被大会大多数代表接受。毛泽东被给予了党内严重警告处分。

这即是毛泽东后来说的"陈毅主义"。

不知道自己发明了"陈毅主义"的陈毅，在红四军党的七大上当选前委书记，第二次取代毛泽东在红四军内的地位。

红四军党的七大后，毛泽东、贺子珍去闽西特委所在地蛟洋，休养兼指导工作。在离开龙岩城时，闽西特委发给每人30元钞票。随行的江华回忆说："那时我们一行人真有些灰溜溜的样子。"[8]

灰溜溜的毛泽东却并不放弃自己的意见。陈毅去上海向中央报告工作之前，到蛟洋同毛泽东交换意见，两人在交谈中又争论起来，各执己见，未能统一。

争论都是面对面的，一旦背靠背，陈毅绝对不打小报告。

他到上海最先见到的中共中央领导，是政治局常委李立三。他如实向李立三报告了红四军党的七大的情况。

按照中央要求，陈毅写了《关于朱毛红军的历史及其状况的报告》《关于朱毛红军党务概况的报告》等五份书面材料，公正无私地如实反映了红四军各方面的详情。正是陈毅的这些报告，使周恩来、李立三等中央领导者认识到朱毛的很多经验都是在中国别开生面的，值得向全国推广。

周恩来、李立三、陈毅三人反复讨论，最后在周恩来主持下，由陈毅执笔起草中央"九月来信"，决定"毛同志应仍为前委书记"，从路线高度肯定了毛泽东的领导。

可回到苏区的第一个消息，却令陈毅凉了半截。

红四军党的八大上，一些同志提议毛泽东回来主持工作，彭祜、郭化若还给毛泽东写了信。毛泽东回信说，他反对敷衍调和、模棱两可的"陈毅主义"，不打倒"陈毅主义"，他不回来。

这消息对陈毅震动很大。在上海时，中央认为他与毛泽东的矛盾已很深，有派他去鄂豫皖或广西左右江工作的意向。陈毅考虑之后回答说，还有一件事没有办好，没有把毛泽东请回来，等办好这件事再考虑工作问题。陈毅就是从这个时候起，练就了后来照耀其一生的大度与豁达。

陈毅表示，毛泽东说的"陈毅主义"是非无产阶级的东西，自己也要和大家一起打倒这个"陈毅主义"。他先向前委传达"九月来信"，再和好几位前委委员谈话，一个一个做工作，最后派专人把中央"九月来信"送去蛟洋给毛泽东看，并附自己一信，请毛泽东尽快回前委工作。

毛泽东心情舒畅地回来了。陈毅诚恳地向毛泽东当面检讨，并转达了李立三代表中共中央对毛泽东的问候。毛泽东说红四军党的八大时因为身体不好，情绪不佳，写了一些伤感情的话。他给中共中央和李立三写信，表示在中央正确指导下，红四军党内的团结完全不成问题。信中有这样的话："陈毅同志已到，中央的意思已完全达到。"⁹

毛泽东真切地感受到了陈毅那颗坦荡的心。后来谈起陈毅今后的工作安排，毛泽东同样真诚地对陈毅说：你哪里也不用去，就在这里。

遵义会议后，陈毅才成为中央苏区军分会委员之一。这一次是毛泽东使他重新上台。

毛泽东坚持参加陈毅追悼会

龚楚的叛变，使留在中央苏区的北山游击队损失重大，陈毅冒着生命危险去处理。

他带着两名警卫员昼伏夜行十几天，下瓢泼大雨也行进不停。劳累加淋雨，陈毅旧伤复发。身边无医无药，他就打来一盆山泉水，自己挤伤口的脓血，还叫警卫员帮忙。警卫员挤一下，他的全身就触电一般颤抖，脸色蜡黄，大汗淋漓。警卫员实在不忍心再用劲挤。陈毅就叫人拿带子把自己的伤腿绑在树干上，自己背靠另一棵树，硬是把开刀没有取干净的一块碎骨，从伤口里挤了出来。

忍着伤痛，他赶到了北山游击区。游击区正在发生极大的动摇。为了防止逃跑，夜间派两个人放双岗，后来又放三岗，以为三个人中总有一个靠得住，还是照样跑，两人一起跑变成三人一起跑。十几天时间，200多人的游击队跑得只剩下100多人。

陈毅集合起游击队讲话。他说，游击战争非常艰苦，打死、病死、饿死随时都可能发生。身体弱的，跑不动的，不能坚持，可以自愿回家，发给路费。不过，出去了要站稳立场，不要叛变，不要去当反革命，不要翻脸为仇。不要不辞而别，要握手告别，后会有期。出去了，待不住，愿意回来的可以再回来。

说到这里，他站起来，摸着自己的脸说："你们别看我面黄肌瘦，长着满脸胡子，我是要在这个地方坚持斗争的，就是剩下我一个人还是要干，这是党给我的任务。"

听了陈毅讲话，一个人泪流满面地站起来说："你能坚持，我们为什么不能！"

这是陈毅的警卫员宋生发。他情绪激动地向大家讲述了三天前，陈毅在林子中把自己绑在树上挤脓血的事情。

众人深受感动，几个人同时站起来说："我们也要坚持到底，决不动摇！"

正如我前面所说，给人以火星者，必怀火炬。陈毅是一团火，即使面黄肌瘦、满脸胡须、只有一盒万金油治腿伤，也仍然是一团不熄的火。

对北山这些剩下来的游击骨干，他高兴地说："真正革命的同志要坚定信心。留下一点星火，定能燃遍万里江山！"

1972 年，陈毅逝世。就中华人民共和国元帅的地位来说，那也许是一个最小的追悼会会场。如果没有毛泽东亲自前往参加，大多数中国人甚至不知道他的去世。很多人不明白毛泽东为什么一定要参加陈毅的追悼会。

决定是突然作出的，事先完全没有安排。毛泽东一觉醒来，穿着睡衣就要去，谁劝也劝不住。周围一片忙乱。毛泽东身体不好。陈毅曾经是元帅，但军衔制已经被取消了；是副总理兼外交部部长，但早已靠边站了，而且还是"右派代表"。

陈毅追悼会，是新中国成立后毛泽东所参加的少有的几次追悼会之一，也是他生前最后一次出席追悼会。

注 释

1. 《陈赓军事文选》，解放军出版社 2007 年版，第 812 页。

2. 《周恩来军事文选》第二卷，人民出版社 1997 年版，第 433 页。

3. 罗平汉:《中共百年若干重大事件述实》,人民出版社 2021 年版,第 126 页。

4. 中国人民解放军档案馆编著:《为理想而战斗:开国将帅子女访谈录》,华中科技大学出版社 2017 年版,第 4 页。

5. 中共中央文献研究室编:《朱德传》(修订本),中央文献出版社 2006 年版,第 61 页。

6. [美]义格尼丝·史沫特莱:《伟大的道路》,梅念译,东方出版社 2005 年版,第 182 页。

7. 中共中央文献研究室、中央档案馆编:《建党以来重要文献选编(一九二一——一九四九)》第 十二册,中央文献出版社 2011 年版,第 46 页。

8. 《党的文献》编辑部编:《中共党史重大事件述实》(增补本),人民出版社 2008 年版,第 15 页。

9. 《毛泽东军事文集》第一卷,军事科学出版社、中央文献出版社 1993 年版,第 84 页。

第十二章

致敬英烈

播种但不参与收获的人

"此地正好，开枪吧！"

　　1934年11月8日，蒋介石派李默庵指挥部队集中于福建长汀附近。在进攻中，部队行动非常小心谨慎。9日向瑞金进发。第十师在先头，第三十六师跟进。至午后四时，第十师占领隘岭、古城一带地区，第三十六师到达花桥、青山铺一带。11月10日，李默庵的第十师占领中央苏区首府瑞金。

　　瑞金失陷三个半月后，中国共产党前主要负责人瞿秋白落到了曾经的共产党员宋希濂手里。

　　1935年6月16日，宋希濂收到东路军总指挥蒋鼎文转发的蒋介石密电："着将瞿秋白就地处决具报。"

　　6月17日，宋希濂派参谋长向瞿秋白转达这一消息。当晚瞿秋白服下安眠药后，睡得很深。

　　第二天清晨，瞿秋白起身，提笔书写：

　　1935年6月17日晚，梦行小径中，夕阳明灭，寒流幽咽，如置仙境。翌日，读唐人诗，忽见"夕阳明灭乱山中"句，因集句《偶成》一首：夕阳明灭乱山中，（韦应物）/落叶寒泉听不穷。（郎士元）/已忍伶俜十年事，（杜甫）/心持半偈万缘空。（郎士元）[1]

瞿秋白就义前在长汀中山公园凉亭留影（时耘 / 供图）

未写完，外间步履急促，喝声已到。瞿秋白遂疾笔草书：

方欲提笔录出，而毙命之令已下，甚可念也。秋白曾有句：眼底烟云过尽时，正我逍遥处。此非词谶，乃狱中言志耳。秋白绝笔。[2]

罗汉岭下一块草坪上，他盘膝而坐，微笑点头："此地正好，开枪吧！"

一位曾经的共产党人李默庵率领国民党军队攻占了红色首都瑞金。一名曾经的共产党员宋希濂枪杀了中共中央曾经的主要负责人瞿秋白。

1949 年 4 月 23 日，"钟山风雨起苍黄，百万雄师过大江"，中国人民解放军华东野战军第三十五军占领南京。第三十五军军长吴化文，是济南战役中起义的国民党将领。

历史默默接纳着又默默展示着这千千万万令人惊心动魄的嬗变。

更有意思的是，李默庵 1949 年 8 月 13 日在香港与 44 名国民党高级军政人员通电起义，斥责蒋介石背叛三民主义，拥护中国共产党领导的新民主主义革命。这个 1925 年加入中国共产党的人，1949 年以败将身份向共产党投诚。

不久，北京电邀起义人员北上进京。李默庵没有去。他感觉到了眼前汹涌奔腾的历史洪流，却藏下胸中千曲百折的难言之隐。台湾他也去不成，他在香港就遭到蒋介石的通缉。1950 年 11 月，他举家移居南美的阿根廷，后移居美国。

1949 年 11 月，身边只剩一些残部的宋希濂，在四川腹地对其部下演讲：我们在军事上是被共军彻底打垮了，但我们不愿做共军的俘虏。我们是三民主义的忠实信徒。现在，我们计划越过大雪山，走到遥远的地方去，找个根据地。

刚刚渡过大渡河，宋希濂就被解放军包围生俘。他被关进重庆磁器口的白公馆。这个地方与渣滓洞齐名。一本《红岩》，使它在中国几乎无人不知。

当年介绍他加入共产党的陈赓已是云南军区司令员兼云南省人民政府主席，听到消息特地从云南赶到重庆，请这个囚徒吃了一顿饭。

铭记历史帷幕后面的人们

近代历史上，国共双方的众多将领，都在历史舞台上表演了威武雄壮的活剧。有这样两位今天已经鲜为人知的红军战将：一位是红十军团第二十一师师长胡天桃，另一位是红一军团第二师第四团团长黄开湘。

1935 年初，由红十军团组成的北上抗日先遣支队在浙江怀玉山失败，胡天桃负伤被俘，蒋军悍将王耀武负责审讯。第一次见面，王耀武就惊呆了。他回忆说：

> 这位师长的上身穿着三件补了许多补绽的单衣，下身穿两条破烂不堪的裤子，脚上穿着两只不同色的草鞋，背着一个很旧的干粮袋，袋里装着一个破洋磁碗，除此以外，别无他物，与战士没有什么区别。[3]

时值严冬，天寒地冻，若不是被他人指认出来，王耀武绝对不相信面前这个人就是与他多次交手的红军师长胡天桃。

1959 年，新中国成立 10 周年前夕，王耀武作为首批特赦战犯被释放。在文史资料中，他一字一句地记录下当年与胡天桃那场令他震惊不已的谈话。

> 我说："蒋委员长对你们实行宽大及感化教育，只要你们觉悟，一样得到重用。"
>
> 胡答："我认为只有革命，坚决地打倒帝国主义、封建主义及军阀，中国才有办法。国民党勾结帝国主义屠杀中国人民，我们是坚决反对的。"
>
> 我说："我们也希望国家好，也反对帝国主义的侵略。你说国民党勾结帝国主义有什么根据？"
>
> 胡答："国民党丧权辱国，把东北让给日本，华北特殊化，掌握着军队不抗日，却来打内战，还请帝国主义的军官来当顾问，协助你们计划指挥来攻打人民，这不是勾结帝国主义是什么。"
>
> 我说："共产主义不适合国情，你们硬要在中国实行，这样必然会失败的。"
>
> 胡答："我认为没有剥削压迫的社会，才是最好的社会，我愿为实现共产主义而牺牲。"
>
> 我说："你知道方志敏现在什么地点？"
>
> 胡答："我不知道。"

我又说："你们进入苏区后准备作些什么？方志敏对未突入封锁线的部队有什么指示？"

胡答："不知道。"

我看与他谈问题、问情况，都不会有所获，就转了话题。我说："你家在哪里，家里还有什么人？告诉我们，我们可以保护你的眷属。"

胡答："我没有家，没有人，不要保护。"[4]

胡天桃后来被押解到王耀武的上司俞济时那里，也无多余的话。俞济时说："你是红军的高级人员，不会不知道红十军团的情况。"胡答："我不知道，你把我枪毙了吧。"[5]

胡天桃虽然被枪杀了，但他在那场谈话中表现出来的共产党人的意志与决心，却令王耀武想了几十年。王耀武当年一身将校戎装，在寒冬中与衣衫褴褛、脚穿两只不同颜色的草鞋、干粮袋内只有一个破洋磁碗的红军师长胡天桃谈论国家命运和个人生死。思想交锋中，王耀武不是胜利者。

另一位是红一军团第二师第四团团长黄开湘。红一军团是中央红军的主力部队，第二师第四团则是主力中的主力。黄开湘当年34岁，是中央红军中一员猛将，遵义会议前后任第四团团长，在艰难曲折的长征途中一路先锋、一路烈火，飞夺泸定桥，强攻腊子口，为红色铁流斩关夺隘，使红四团威上加威。即使过去多年，今天到泸定桥头驻足参观的人们，看着那惊心动魄的13根铁索，依然能感觉到"大渡桥横铁索寒"的氛围。而另一处天险腊子口，山口仅30余米宽，两边全是悬崖绝壁，周围尽为崇山峻岭，除此口便无路可走。

当时第四团担任主攻，团长黄开湘亲率两个连从右侧攀登悬崖绝壁，向敌后迂回。黑夜中正面拼杀正酣，一颗白色信号弹腾空而起：黄开湘迂回成功！三颗信号弹又腾空而起，红军部队发起总攻！与冲锋号声、机关枪声和呐喊声一起的，是黄开湘在拂晓晨曦中的大声呼唤："同志们，天险腊子口被我们砸开了！"

第二天，彭德怀经过战场，见50米的一段崖路上，手榴弹弹片铺了一层，有的地方还厚厚地堆了起来。这位久经沙场的红军宿将连声感叹："不知昨天我第一军团这些英雄怎样爬上这些悬崖峭壁，投掷手榴弹的。"[6]

能闯过这样天险的队伍，怎能不是真老虎？！当时离黄开湘告别这个世界只有两个月。没有纪念碑的他披着硝烟立在那里，钢浇铁铸，像一尊永远矗立的战神。

由于当时很多资料将"黄开湘"误写为"王开湘"，所以他的身世一直是个谜。战友们只知道他是江西弋阳人，来自方志敏的红十军，作战勇敢，身先士卒。

新中国成立后，地方政府统计红军官兵、革命烈士、军烈属并登记造册，在其家乡弋阳却一直没有找到王开湘这个人。一直到 1985 年《杨成武回忆录》公开出版，弋阳县委的黄泽生看到这本书，越看越觉得书中多次提到的红四团团长"王开湘"，就是他的同宗先辈黄开湘。

多方调查，多方了解，终于证实。

1990 年春，黄泽生进京拜访杨成武。老将军解释说，自己福建口音重，秘书把"黄"听成了"王"，造成这样的遗憾。杨成武激动地回忆：

> 遵义会议前夕，红军打下牛拦关（应为"娄山关"——引者注），占领松坎，耿飚团长调师部，黄开湘被派到四团任团长，我任政委。当时中央正准备在遵义召开会议，我团在松坎担任警戒，通过这几天接触，我才了解他是江西弋阳县人，是赣东北红十军锻炼出来的干部……
>
> 土城阻击战、飞夺泸定桥、夺袭腊子口，场场都是恶战、险战，他的指挥才能多次受到毛泽东、周恩来等同志的表扬。过草地是毛泽东点的将，要我们四团为先锋团，黄开湘一马当先、英勇果断，确有大将风度。[7]

他最后深情地说："你们回去要好好宣传黄开湘，他是人民的大功臣。"[8]

当年黄开湘义无反顾地跟随工农红军，走上万里长征之路。1935 年 11 月，他因突发疾病，长眠于洛河之畔。在他身后，老母乞讨为生，妻子被迫改嫁，女儿被送人做童养媳，四个弟弟也全部牺牲，成为革命烈士。

风萧萧兮易水寒，壮士一去兮不复还。人类在繁衍，英雄却不能复制。像胡天桃、黄开湘这样的战将，在那支翻越万水千山的队伍中难以计数。他们没有活到胜利那一天，没有赶上评功、授勋、授衔，没来得及给自己树碑立传，也没有机会返回家乡光宗耀祖。他们穿着褴褛的军装，带着满身战火硝烟，消失在历史帷幕后面。

他们是真正的英雄。

真正的英雄具有那种深刻的悲壮意味：播种，但不参与收获。

这就是民族的脊梁。

无名烈士墓·界碑·国徽

什么是民族精神？

民族精神可以说是一个民族在长期历史发展中形成的心理、观念、习俗、信仰、规范等方面的群体意识、风貌和特征。

什么是国家安全？

国家安全是对国家的生存与发展所受威胁程度的界定。

民族精神与国家安全，前者是对民族观念意识的高度凝练，后者是对民族生存质量的基本评估，两者属于不同的范畴，那它们之间存在多少联系呢？

在黑龙江抚远三角洲，一位边防团团长给我讲了这样一件事：到黑龙江和乌苏里江对岸的哈巴罗夫斯克市访问，给他留下最深印象的，不是俄罗斯远东最大城市的异国风情，而是在该市无名烈士墓旁，看见幼儿园老师给一群孩子讲故事，老师哭，孩子哭，大人小孩哭成一团。这位团长告诉我，那场景使他深受震动。

他慢言慢语的讲述不知不觉中仿佛变成一支画笔，一笔一画让画面越来越清晰，把那个场景凝聚成了一幅嵌入脑海的俄罗斯油画。

人民英雄纪念碑（牛云岗／摄，中新社供图）

　　我与那位团长讨论：三岁到五岁的孩子，懂得多少事情？竟然会在烈士墓前流泪。关键是老师流泪了，他们看见以后也跟着流泪。进而又想：一个民族，从幼儿园的孩子开始就知道在烈士墓前流泪，其未来之精神素养该是何等强大！苏联解体了，俄罗斯至今没有完全走出低谷，但他们那些珍贵的东西并没有完全丢失，仍然在构成他们的精神内核。幼儿园的孩子在无名烈士墓前流泪，新婚的夫妇一起向无名烈士墓献花，这样的民族怎么可能堕落？怎么可能被黑暗吞没？怎么可能被其他民族征服？

　　这就是民族精神与国家安全。虽属不同范畴，却在国家的历史发展过程中反复交汇。民族精神中的某些核心要素，甚至成为国家安全的基本精神支柱。

　　人们都知道，一个国家要有效维护自己的安全，必须建立一定规模的武装力量，必须划拨一定比例的军费开支，必须颁布一系列相关的国防法律法规，必须开展国防教育和在适龄青年中例行军事训练，如此等等。但仅仅这些还不够，还必须关注那些制度建设和法律规范难以企及，不是今日投入明日就能产出、有"立竿见影"效果的隐形要素。

　　其中的核心，即是民族精神的培育。

　　培育民族精神，关键不在孩子，而在老师。同样可以设想：如果我们的老师除了个人痛苦或个人幸福便不再为其他事物动情流泪，怎么期望他们教育的孩子能够把奉献与忠贞铭刻在心？如果民族崛起仅仅意味着物质发达和经济腾飞而不包括精神凝聚与思想升华，这样的崛起进程又能坚持与支撑多久？联想到我们有的地方已经把《狼牙山五壮士》《谁是最可爱的人》等这样的课文从小学课本中移出去，联想到分数指标今天几乎在所有关键场合都成为判定孩子素质的决定性指标，联想到曾有海外人士评论我们的留学生"ABC 很好（外语好）、XYZ 很好（数学好）、懂得美元英镑（有经济头脑），就是不太了解长城、黄河，不太了解文天祥、史可法，基本没有看过《史记》、'四书'、《资治通鉴》"，这样的设问并非杞人忧天。

　　民族精神是一个民族存在和发展的精神支柱。一个自立于世界民族之林的民族，不仅需要在科学研究、技术开发、物质生产等方面形成强大的物质力量，还需要在思想独立、精神养育、文化陶冶等方面所形成的强大精神力量。如梁启超所说："凡一国之能立于世界，必有其国民独具之特质，上自道德法律，下至风俗习惯、文学美术，皆有一种独立之精神。祖父传之，子孙继之，然后群乃结，国乃成。"[9]正是在这个意义上，我们不能想象一个精神衰落的民族会是一个强大的民族，不能想象一个不能构建自己核心精神内核的民族会是一个自立于世界民族之林的民族。

同是那位边防团团长，在抚远三角洲中国与俄罗斯交界处还告诉我另外一件事情。他指着黑龙江畔的 3 号界碑说，界碑上的国徽经常丢失。我很奇怪，国徽怎么会丢呢？他说，国徽是铅做的，被人偷去卖钱了；发现国徽不见了，做一个再镶嵌上去，过几天稍不注意，又丢了。

我当时无言以对，后来觉得无地自容。一个国家、一个民族必须要有一些不能亵渎的神圣之物，必须要有一些只能供奉的精神图腾。如果连国旗、国徽、国歌这些国家的象征和标志都不能令我们产生敬畏、产生为维护其纯洁而英勇奋斗的冲动，什么都可以作价，什么都可以叫卖，什么都可以出让，这样的民族，还怎么去谈别人的威胁，怎么去谈自身的安全？

当然我百分之百地明白，国徽偷窃者只是极少数。即使把偷窃—收购—回炉化炼这"一条龙"操作的人都算进去，人数也不会很多。但如果我们就此获得自我原谅和自我解脱，轻看这些行为和意识对民族肌体和民族精神的毒化，轻看这种金钱至上、个人利益至上，其他统统可以弃之不顾的精神倾向，就把问题看得太简单了。难道我们没有看到现在一些人只要能赚钱，什么假烟、假酒、假药都可以去卖，什么假广告都可以接，坑骗自己的同胞连眼皮都不眨一眨？难道我们没有看到有些人身为国家公务员却暗中出卖国家利益、身穿军装却暗中出卖自己掌握的军事情报？只要能满足个人私欲，什么良心谴责、道德震慑皆不在话下，最终连自己的灵魂都能出卖的精神堤坝崩塌现象，还不令我们触目惊心吗？

我们正处在中华民族伟大复兴进程中一个新的历史阶段。面临的发展机遇前所未有，面对的挑战也前所未有。在这两个"前所未有"面前，能不能开拓新的精神流向，能不能建立新的精神家园，能不能养育并坚守"以爱国主义为核心的团结统一、爱好和平、勤劳勇敢、自强不息的伟大民族精神"，对保证国家安全、发展从而真正实现中华民族的伟大复兴，至关重要。

屈原在其名篇《离骚》中说："朝饮木兰之坠露兮，夕餐秋菊之落英。"民族精神的培育也是这样。精神之物，必须采集天地间精华才能培植。我每每被天安门前不论风雨都如涌如潮观看升旗仪式的人群深深感动，被向冉冉升起的五星红旗立正敬礼的花儿一样的少先队员深深感动，被步履蹒跚却向迎风飘扬的国旗脱帽鞠躬的白发苍苍的老者深深感动。中华民族的精神脊梁，就是在这种润物细无声的影响中，铿锵形成。

寻找心中的号兵

江波并非传统意义上的文人。

几年前在中央党校作学术报告，结束后她直接走上台与我交流，激动且健谈，留下的名片上面写着"东方航空公司副总经理"。

女强人。这是江波给我的第一印象。

又过了很长时间，她告诉我发来一篇文章。白天工作忙碌，晚上大家都休息了，我才上网收邮件下载。

是一篇短文：《人在岔路口》。

这使我深夜感慨。

我回复如下：

江波你好，最近出差多，今晚算能安安心心坐在计算机前，把你的文章看完。写得真好，感情真，感情深，感动人。我没有想到一个长年作为既是行政的也是业务的领导的人，能够把文章写成这样，能够这样清晰地描述自己的心迹，很不简单！要我指正，也不一一细说了，发去一个附件，你看看，对诛杀袁、王的复杂过程会有一个更清楚的了解。那是一个极其复杂的历史过程，复杂到甚至很难用谁好、谁坏、谁正、谁歪、谁优、谁劣来描述与定论。都是参与者，又都是受制者；都是杀戮者，又都是牺牲者；都信仰纯真的主义，又掺有个人杂念；都力图实现脱胎换骨般的超越，又在潜移默化中悄悄回归。中国革命就是这样一步步走过来的，如同一幅巨幅油画，如果贴近看其细部，可能笔触是零乱的，可能色彩是斑驳的，可能视点是肮脏的。但你后退几步，获得一段空间和距离，你会发现它的惊人之恢宏与难忘之壮阔。所以我们不怕细部的真实，不回避这样的零乱、斑驳甚至肮脏。因为命中注定，中国共产党人要在这样的历史时刻与关头，用自己的血肉，奠定中华民族的凤凰涅槃。

江波给了我第二印象：有思想。

后来听说，江波越写越多。再后来听说江波要出书了。再再后来，江波要我写序。这篇序言一拖再拖。她的书被卡在这里。因为我不知道从哪里切入。

直到最近出差在飞机上翻阅杂志，翻到一篇《寻找号兵》的文章，作者的署名小到几乎看不见，看完文章回过头来找是谁写的，才发现大标题下那小小的三个字："刘江波"。

文章中那一阵悠远绵长、穿越战火硝烟的号音，使我一下子找到了给江波写序的感觉。

我当场记下这份刊物：《东方航空》杂志，2013 年 6 月出版，总第二四八期。

可能因为长期当兵服役、生活在军营的缘故，起床号、集合号、出操号、开饭号、熄灯号早已融入我的内心和骨髓，特别是号音高扬的冲锋号，就如江波笔下所言："号兵用军号迸发满腔忠诚，令每一名士兵热血沸腾。"

我就是这样一名士兵。

那个年代，部队待遇很差，连队生活很差，官兵们的营养也很差。团里每年举行"五一"运动会，为了完成单杠、双杠、木马这些高强度的项目，我们经常在夜晚到连队菜地里悄悄拔些菠菜，用水煮煮然后大口吃掉"补充营养"。即使这样，只要紧急集合号音一响，所有人就像打足气的皮球那样从床上蹦起来，以最快速度打好背包、抄起武器，飞一样直奔集合地点。即便平时最懒散、最满不在乎的人，此时此刻也要奋力争先。

那种号音，属于精神的震撼，来自灵魂的提醒。

一把军号，几乎可以说就是军队的象征、军人的象征、胜利的象征，甚至成为一支特定军队之特定形象的象征。

1997 年在美国国防大学学习，我发现美国军人对中国军号的印象也极其深刻。他们这一印象来自朝鲜战场——中美两军曾经在此迎头相撞。那是一场装备差异极大的战争：陆海空三军全部现代化装备的美国军队，对阵小米加步枪的中国人民志愿军。当时美军无线电通信可一直到达排和班，已经没有号兵这一编制。中国人民志愿军的无线电电台刚刚装备到营，营以下通信依然靠军号、哨子等。美军的攻势几乎都发生在白天，因为能够清晰地审视目标，能够获得航空兵火力的大力支援。志愿军则将攻势放在夜晚——主要为了避开占有绝对优势的美军空中火力。几十年时间过去，当年到过朝鲜战场的美国军官，撰写回忆录经常忆及这一幕：月圆之夜，突然响起"尖利刺耳的哨子声"和"撕心裂肺的军号声"——志愿军发起排山倒海般的冲锋。这些美国军人退役多年，中国军队的军号声一直回响在他们耳畔，陪伴他们走到军事生涯的终点甚至生命的终点。

在这里，军号成为一支劣势装备军队坚韧顽强、奋勇冲杀、不惧牺牲的英勇写照。

这是我心目中的号音。

江波在寻找号兵。她是号兵的女儿。

战场上最容易牺牲的，一是旗手，二是号兵。为了让更多士兵看见旗帜、听见号音，旗手和号兵都必须站在最高处。

这是胜利的需求。

但战场枪林弹雨，号手九死一生。号音由一位又一位号手接着吹下去。

"为了不能忘却的记忆，为了无法被毁灭的一脉基因，更为了不能不继续吸收的精神钙质，我宁愿在欣赏中体味，在记忆中继续追寻远去的号兵，权当以似曾相同的宝物对前辈们致以崇高的敬礼。"

我明白此话的深刻含义。

江波的父亲——红六军团的老号手——已经不在了。江波本人现在也退休了。今天全力向现代化迈进的中国人民解放军，也取消了号兵。但那时而悠远绵长、时而慷慨激越的号音，依然在她心头不息地回响。

世间有些东西是可以消逝的，如财富和生命。

世间还有些东西会永远留存，如精神与信仰。

江波接过了她父亲的军号。

我分明听见了她的吹奏，虽然号音带有一些试探，也并不那么纯熟老到，但充满激情、充满感召。

由此江波给了我第三印象：有信仰，且不移。

光芒是在最困难的时候迸发出来的

中国共产党的光芒是在共产党人最困难的时候，革命最艰难、前景最黑暗的时候迸发出来的

造就大英雄的时代，往往也是产生大叛徒的时代。有多少至死不渝的忠诚，就有多少寡廉鲜耻的叛变。

共产党人的队伍曾经出现过两次大的动摇与叛变。一次发生在1927年四一二反革命政变前后，一次发生在1934年红军长征前后。最先是被蒋介石称为"红军瓦解先声"的湘鄂赣边区总指挥兼红十六军军长的孔荷宠叛变，后来有中央军区参谋长龚楚叛变，还有许多大家都知道的人叛变了，其中有不少人在中共身居高位。大浪淘沙，这些人没有选择坚持下来，而是选择了出卖信仰，结果变成了历史的罪人。

1927 年，四一二反革命政变中，一大批中共领导人相继遇害。

周恩来曾经万分痛心地说过，敌人可以在三五分钟内毁灭我们革命的领袖，我们却无法在三五年内重新把他们造就出来。大批领导人的遇害，曾经使中国共产党处境艰难。

可共产党人为何终究"剿"不灭？是什么力量使中国共产党人能够一次又一次揩干净身上的血迹、掩埋好同伴的尸体，又继续战斗？

今天中国共产党发展一名新党员，要经过严格的手续和复杂的程序。回首当年的党员入党，是现在的党员们所无法想象的。国防大学原副教育长谭恩晋谈起他入党时的情况，感慨万千："我 1947 年在北平入党，就是一个晚上被叫到城墙根底下，只问了一句：怕不怕死？我说：不怕！负责发展党员的那位同志说：好，从现在开始，你就是中国共产党党员！"那个年代的事，令听者、说者都很感慨。

当时的回答没有今天这么复杂。只需回答"怕"或是"不怕"。虽很简单，却很严酷，一句顶一句。这是面临十字路口的抉择，是把生命和热血留给自己还是交给党的抉择。生命只有一次，还有什么比生死考验更大的考验呢？

真正的英雄播种而不参加收获。中国共产党的光芒不是在共产党人最辉煌的时候迸射出来的，也不是在我们取得一个个胜利的时候迸发出来的，而是在共产党人最困难的时候，革命最艰难、前景最黑暗、似乎一点希望都没有的时候迸发出来的。共产党人的信仰，就是我们这个军队的脊梁，也是今天我们社会主义制度稳固存在的根基。

如果不建立强大的精神内核，物质再丰富也无济于事。只有构建好中华民族的共同追求、共同精神家园，才能实现真正意义上的中华民族伟大复兴

邓小平曾经说过：我是中国人民的儿子，我深情地爱着我的祖国和人民。这是那个时代那一代人的赤子之心。时代不一样了，我们还需要这样的心声吗？如果没有了这样的心声，这个时代又会属于谁呢？

对任何一个国家来说，民族精神教育、国家尊严教育、英雄主义教育，不但是应对时代变迁所带来的思想文化挑战的有力武器，而且是通过心理认同、历史认同实现国家统一的坚实基础。

我在前面讲过，与我们毗邻的俄罗斯，年轻人结婚，自觉自愿去英雄纪念碑前献花。幼儿园的教师带着孩子们在无名烈士墓前讲故事，老师哭，孩子哭，大人小孩哭成一团。这是何等震撼人的画面？俄罗斯人从小就在培育何等强大的精神内涵？法国启蒙思想家狄德罗曾说过："除去真理和美德，我们还能被什么东西感动呢？"如果除去金钱和权力，我们便不再为其他事物感动，那么一个民族还能有什么希望？

今天很多人都在谈"解放思想"，但解放思想首先要有思想，否则解放的都是欲望。当今世界的强国，无不在强化国家精神方面大做文章，无不把他们的光荣、梦想与牺牲置于至高无上的地位。我国正在进入一个极其重要的发展阶段。我们已经积聚了大量的物质财富，我们还必须同时也完全能够积聚同样的精神财富。从 1840 年到 2050 年，中华民族的命运在这 200 多年发生了和将要发生何等波澜壮阔的变化！这一伟大变化又是多少代人流血拼搏、牺牲奋斗的成果！我们的思维和理论也必须跟上这一惊天动地的伟大实践，真正认识它、总结它、积累它。只有如此，我们才能站在前人的肩膀之上，避免幼稚、浮躁与浅薄，走向沉稳、厚重和成熟。获得这样的基础，才能在未来去实现真正意义上的中华民族的伟大复兴。

注 释

1. 张琳璋：《瞿秋白》，中央文献出版社 2009 年版，第 296 页。
2. 同上。
3. 中国政协文史馆编：《文史资料选辑》第二十四辑，中国文史出版社 1992 年版，第 200 页。
4. 同上书，第 200—201 页。
5. 同上书，第 202 页。

6.　彭德怀：《彭德怀自述》，人民出版社 2019 年版，第 174 页。

7.　周重礼、祝宝一：《埋没半个多世纪的红军将领黄开湘》，《文史春秋》2005 年第 10 期。

8.　同上。

9.　张枬、王忍之编：《辛亥革命前十年间时论选集》第一卷·上，生活·读书·新知三联书店 1960 年版，第 122 页。

百年回望

中国共产党过去为什么能够成功，
未来怎样继续成功

中国共产党靠什么走向胜利

　　中国共产党一路走来，走到今天，走了100多年，从苦难走向辉煌，靠的是什么呢？有人说，中国共产党的胜利是"凭投机取巧，靠阴谋诡计、玩手段、耍心眼"。我说，你有本事玩个手段、耍个心眼，胜利一把给大家看看？还有人说，中国共产党的胜利靠的是"机缘和运气"。我说，你这就是不懂历史了。看看历史才能明白，中国共产党从来不是命运的宠儿。事实上，历史给她的磨难超过其他所有政治团体和党派。

　　历史选择中国共产党，不仅仅是选择一种意识形态，还是选择了一个能带领被压迫、被奴役、被剥削的人民争取民族独立、人民解放的政党。我们对马克思主义的信仰、对社会主义的信仰，都产生于马克思主义与中国实际相结合的过程中。今天，我们讲从民族救亡到民族复兴的中国梦。可是，这个梦是今天才有的吗？当然不是的。在中国任人欺凌、任人宰割的时代，那时的人何尝没有梦想？

　　我们看看近百年前中国人的梦想。1932年11月，当时著名的《东方杂志》向全国各界人士征集"中国梦"，收到了很多人的回应，请看：

　　北大著名教授林语堂的梦想：

只希望国中有小小一片不打仗，无苛税，换门牌不要钱，人民不必跑入租界而可以安居乐业的干净土。

燕京大学著名教授顾颉刚的梦想：

没有人吸鸦片，吞红丸，这是最重要的事。这种嗜好延长下去，非灭种不可，任凭有极好的政治制度，也是无益的。

著名作家施蛰存的梦想：

中国人走到外国去不被轻视，外国人走到中国来，让我们敢骂一声"洋鬼子"。——你知道，先生，现在是不敢骂的。

曾任北洋政府外交总长的罗文干的梦想：

政府能统一全国，免人说我无组织。内争的勇敢毅力，专用来对外。武官不怕死，文官不贪钱。妇女管理家务，崇尚勤俭，不学摩登。青年勤俭刻苦，不穿洋服，振兴国货。

国民党元老、著名诗人柳亚子的梦想：

要有梦想中的未来中国，应该先有梦想中的未来世界。我梦想中的未来世界，是一个社会主义的大同世界，打破一切民族和阶级的区别，全世界成为一个大联邦。

……

这就是当时中国知识分子的梦想，离我们现在还不到 100 年。想想我们今天的梦想是什么？你可以说是汽车、房子、小康生活。而他们的梦想是什么？是一个民族在面临亡国灭种之际，用强烈的民族自尊，提出当时中华民族必须完成的任务——民族救亡。

中国共产党诞生的时候，正是中华民族面临危亡的时候。你说中国共产党靠的是什么？靠的是一些抱有救国救民梦想的先进分子。那中国共产党为的又是什么？为的是完成民族救亡使命。但是，中国共产党行不行？能不能担负起这个使命？事实上，当时没几个人认为中国共产党能行。1921年的中国，有二三百个政治团体和党派。中国共产党成立了，也不过又增加了一个而已。何况，那时候中国每天成立的政治组织，和每天解散的一样多，谁知道中国共产党能担当大任呢？

有人说，中国共产党胜利了，只用短短28年就夺取了全国政权；中国共产党创建的这支军队，1927年建军时只剩下800人，却在20多年后"百万雄师过大江"，解放了全中国。为什么会这样啊？对这个问题，社会上怎么说、海外怎么说，我们暂且不管。可有些国内的教授、学者，甚至包括一些党史工作者，也把中国共产党的胜利视作一种偶然。

真的是偶然吗？中国共产党的胜利是靠机缘和运气吗？事实上，中国共产党所经历的艰辛，在世界政党史上都是无与伦比的。打江山，是把脑袋别在裤腰带上的事，是随时都有可能牺牲的事。党史上千千万万人的牺牲我们暂且不说，只从建党时13位中国与会者各自的人生走向看，我们就不难知道这个党取得胜利何其艰难。

所以我常说，中国共产党一路走来的艰难，我们不要用什么形容词、副词来描绘，无须妙笔生花，无须无中生有，只要看看这13个人各自的人生走向，就能知道这条道路是何等艰难！

有人问我说："我们党走过了100年的非凡历程，回顾历史，特别是拜读了您的诸多著作之后，更能切实感受到'中国共产党是一个伟大、光荣、正确的党'这句话的丰富内涵与思想价值。那么，站在今天新的历史起点上，您对中国共产党最直观最深刻的认知是什么？"

2015年8月，台北市市长柯文哲来大陆，到上海提出要看中共一大会址。他说自己已经来大陆 18 次了，除新疆、东北三省外，其他省份几乎都去过。他不是看大熊猫，不是看兵马俑，不是爬万里长城，也不是吃满汉全席，而是去井冈山、遵义、延安、西柏坡——这些红色景点被他跑了个遍。柯文哲说："去延安，是因为这里是共产党走向成功的地方，可以从头、从根源上学习共产党的成功经验。"他说，中共一大会址给他留下了很深的印象。他还以毛泽东的"星星之火，可以燎原"来比喻共产党的崛起。这就是我们红色文化、红色道路的力量。1949 年成立的新中国，被西方称为"红色中国""共产党中国""赤色中国"，他们以为前面加的定语是会变的，过一段时间可能就不是"红色"、不是"共产党"了。但是，谁能想到当年被称为"红色中国""共产党中国"的新中国能发展到今天这个地步？中国共产党领导中国人民创造的中国奇迹，举世瞩目！

外国军官来中国也提出要看中共一大会址，特别在意他们国家在中国革命中曾经发挥过的作用。

讲一个我亲身经历的事情。21 世纪初，我们办国际军事交流班，西方发达国家的军官也来学习。一次，我们带他们到山东参观，去了泰山、曲阜、青岛。离开青岛的时候，澳大利亚空军上校多尔代表西方军官率先质疑，说："我们在山东看的都是你们事先安排好的，到上海能不能你们不要安排了，让我们想看什么就看什么。"我们研究后同意，将上海第一天的活动安排取消，满足他们的要求，我们每个人带两三名外国军官活动。我负责带两个人：德国军官汉斯和法国军官路易。我对他们说："今天就我们三个人活动，你俩想看什么，我们就看什么。"这两个军官都是第一次来上海，原以为他们要去看浦东，看陆家嘴，看南京路、淮海路，没有想到汉斯首先提出想看孙中山故居。我当时真有点吃惊，问汉斯："你怎么知道上海有孙中山故居？"汉斯说："孙中山在中国革命中最早引进德国顾问，我们德国人对你们中国革命是有帮助的。"他们很有历史感，看来访问前已经做足了"功课"。到孙中山故居，一边参观一边谋划下一个参观点。我问法国军官路易想看什么地方，路易的建议更让我大吃一惊，他提出要看中共一大会址！看着我吃惊的表情，路易补充了一句话，说："你们不要忘记，中国共产党是在法租界成立的。"我这才恍

中共一大会址（张波／供图）

　　然大悟。路易说："当时你们共产党很危险，到处抓你们，法租界很安全，你们在法租界成立的共产党。现在你们搞成这么大局面，可不要忘记了我们法国人的贡献啊。"我这才明白他要看中共一大会址的缘由：在你们最困难的时候，我们可是注了资的，你今天能给我们什么报偿呢？我说："好吧，路易，到了中共一大会址，你可要好好看看。"当年中共一大正在开会时被租界的"包打听"发现，幸亏共产国际代表马林建议大家迅速转移，当法国巡捕冲进来抓人时，大部分人都已经走了。看到这一段，我对路易说："你好好看看，我们还感激你？新生的共产党差点被你们一网打尽了！"路易很狼狈，说："哎哟，真不知道还有这个事情！该我说对不起了啊！"

　　这次奇特的经历，让人真切地感到今天中国共产党的世界影响力。正因为中国共产党是成功者，是胜利者，这些德国、法国的军官才会想方设法寻找他们国家与中国革命曾经产生过的联系。反而我们自己很多人甚至包括一些共产党员，觉得今天除了向西方学习，自己好像没有什么东西可以继承。

斗争的团体、战斗的团体

中国共产党是一个斗争的团体、战斗的团体。

我曾说道："物质不灭，宇宙不灭，唯一能与苍穹比阔的是精神。"无论是过去、现在还是将来，中国共产党的斗争精神、愚公移山精神、将革命进行到底的精神和敢于胜利的精神都指引着我们战胜一个又一个困难，取得一个又一个胜利。在长征途中，毛泽东就写下了"山，快马加鞭未下鞍。惊回首，离天三尺三"这样充满英雄气概的诗篇，彰显了中国共产党人不惧艰险、一往无前、欲与天公试比高的斗争勇气。正是中国共产党的不断斗争和战斗，才使中华民族恢复了尊严，震慑了各种分裂势力。

在 2016 年 5 月召开的全国哲学社会科学工作座谈会上，习近平总书记特别讲到了文化自信问题。我们今天的文化包含中华优秀传统文化、革命文化、社会主义先进文化。中国共产党领导的中国革命，给中华民族注入了全新的激情、全新的尊严、全新的血性。特别是 1949 年新中国成立，1950 年中国人民志愿军跨过鸭绿江，抗美援朝、保家卫国，使新中国政府成为 1840 年以来包括清王朝、北洋军阀政府、民国政府在内的历届中国政府中，捍卫民族国家利益最勇敢、最坚决、最能英勇奋斗、最能夺取胜利的政权。

一个国家在生存、独立、经济财富这三个国家利益基础上，还要加入第四个国家利益，那就是集体自尊。集体自尊是最大的凝聚力。一个国家没有集体自尊，就会成为一盘散沙。

中国共产党领导中国革命取得胜利，给全体中国人带来的最大成果是什么？我说，就是给中国人集体自尊。就如 1949 年 9 月 21 日毛泽东在中国人民政治协商会议第一届全体会议上致开幕词时所说：占人类总数四分

中华人民共和国的成立让中华民族的发展进步开启了新纪元。图为开国大典上骑兵部队通过检阅台前（海峰／供图）

之一的中国人从此站立起来了！"站立起来"，是说中国人从此在精神上站立起来了。

从鸦片战争起，中国人被西方列强"打趴下"了100多年，多少人在精神上倒下了。是中国共产党，让中国人重新在精神上站立起来了。没有这个精神上的站立，就没有中国人的集体自尊，就没有中华民族的伟大复兴。这就说明，中国共产党从来不是一个妥协的团体、一个"老好人"团体，而是一个战斗的团体、夺取胜利的团体。这才是这个党力量的来源。

历史的昭示：要做胜利者

人们常说，不以成败论英雄。有例为证：项羽当年兵败垓下、自刎乌江，仍然不失为横亘古今的大英雄。

所言极是。但另一个事实也十分明显：人们踏进社会，没有一个是为了饮下失败这杯苦酒的。项羽当年起兵，也决不是为了自刎乌江。允许失败、同情失败、痛惜失败，甚至在某些情况下以悲剧般的情怀惋惜失败，并不意味着真的追求失败。

甲午战败，水师提督丁汝昌自杀，"定远"舰管带刘步蟾自杀，"镇远"舰管带林泰曾自杀，继任管带杨用霖自杀……这些都不能够阻止割让辽东半岛和台湾、赔款 2 亿两白银的《马关条约》签订。

以死亡规避失败的人，即使一死了之，也无法了断败局。

战场打不赢，一切等于零。看看西方国际政治学中的经典论断：历史上大多数国家是在战争中形成的；国家制造战争，而战争制造国家；征服与继续征服是大国存在的状态，防止被征服则是小国存在的状态。这些理论再清楚不过地说明，军队、武力、掠夺、征服，是西方政治最鲜明的标记和最有力的工具。

18 世纪，德国元帅沙克斯就说过：所有的科学都有原理，唯独战争没有。19 世纪，德皇威廉二世的表述更加直白：每当发生争论，德国总是在开口前把一支左轮手枪摆在会议桌上，使别的国家望而生畏。20 世纪，美国总统克林顿的概括最为露骨：每当发生危机的消息传到华盛顿，我们所有人的第一反应都是，离出事地点最近的航空母舰在哪里？

我们不喜欢这种理论主导的世界，也不喜欢持这种思维之人制定的世界秩序。但在改变它、改造它之前，首先必须适应它。除此之外，别无他途。自 1840 年第一次鸦片战争以来，中国一而再再而三地吃亏，不是因为我们的礼仪不够周全，而是因为我们的肌肉不够坚硬。正是在这个意义上，习近平总书记讲的六个字"能打仗、打胜仗"，毫无疑问成为新时期军队建设的根本标准。

什么都可以替代，胜利无法替代。不论哪个时代，不管从军、从政、从商，谁人不想以胜者的美名留存千古？但自古以来，胜利的美酒何其珍贵，而失败的苦酒却往往一杯接一杯。

于是人们在办公室总结出各种经验体会，在书店里摆上各类心灵鸡汤，在墙上挂出令人眼花缭乱的名言、守则，设想通过把控规律、掌握诀窍而"不战屈兵"、"一招制敌"、轻松获胜，以致忘掉了拼搏精神的两个来源：胜利和苦难。

没有苦难，就没有坚忍、没有积聚;没有胜利，就没有激情、没有尊严。

1840 年以来走过中国历史舞台的各支军队中，唯有中国人民解放军能打仗、打胜仗。万里长征的艰难跋涉、抗日战争的烽火硝烟、解放战争的恢宏画卷、抗美援朝的严酷较量，使八一军徽在全世界熠熠生辉。这是多少前辈前仆后继、舍生忘死，用鲜血和生命浇灌的丰硕成果，更是中华民族伟大复兴由梦想变为现实的坚强支撑。

我们今天的生活日益精致。日益富裕和优雅的我们，既躁动也平静，既直白也谦恭，既较真也妥协，既激情也温和，还有过往那种不屈不挠的精神之刃吗？在千呼万唤无人响应的失败谷底，我们是等待救援还是寻路攀登？在星光璀璨万众瞩目的辉煌巅峰，我们是纸醉金迷还是转身前行？那种敢于斗争、敢于胜利、自力更生、奋发图强的精神是否还在我们心底澎湃？

成吉思汗说，越不可越之山，则登其巅；渡不可渡之河，则达彼岸。毛泽东说，红军不怕远征难，万水千山只等闲。

这就是胜者思维。即便在最黑暗、最失败、最无望的时刻，他们内心也有一杆胜利的旗帜呼啦啦飘扬。

时代的呼唤：大时代要有大担当

对中国发展来说，希望与挑战并存。国际上，关于中国经济陷入严重困境甚至可能崩溃的预言甚嚣尘上，盼着中国蜕变、走向混乱的别有用心者也不在少数。国内舆论场上，有真心希望国家走向繁荣进步的，也有为反对而反对、不管做什么都说不行、不管怎么做都喊不对的。这一切，都发生在国家经济社会发展取得巨大成就的时刻。

简单事实与复杂思绪之间的巨大反差，优裕生活与激烈话语之间的强力冲撞，就像火车头行驶越快轰鸣声越大一样，以一种另类方式，印证着中华民族的复兴。越有批评，越易清醒；越是诋毁，越能坚定。因为有个基本的事实摆在那里：中华民族从来没有像今天这样接近民族复兴这一伟大目标。

近代以来，面对"三千年未有之变局、三千年未有之强敌"，中华民族经历了太多苦难、挫折、失败。建设一个繁荣富强的国家，是多少代中国人藏于内心深处的梦想！

今天回过头来看，如果没有中国共产党带领中国人民进行艰苦卓绝的斗争，怎能获得一系列惊天动地的胜利？经过 40 余年改革开放，中华民族告别颓丧萎靡，实现了民族的精神洗礼。"社会主义不能消灭贫困，只能使贫困普遍化"这一西方论断，在中国特色社会主义面前不攻自破。这样的时代，对经历过近代百年沉沦的中华儿女来说，是名副其实的大时代。

大时代中有些牢骚，不足惧；大时代中的大担当，尤可贵。

今天，我们拥有前辈从未拥有过的巨额物质财富，也面临前辈从未遇到过的复杂问题。高速发展带来的城乡、地区失衡问题，收入差距过大引发的社会公平问题，脱离群众的官僚特权问题，侵蚀执政基础的腐败问题，日益严峻的环境污染问题……我们的发展到了攻坚期，改革进入深水区，好干的、代价小的、得罪人少的、见效快的，基本都做完了，剩下的几乎都是难干的、得罪人多的、见效慢的。

今天，需要一批不以眼前利益和任内利益为最高追求，而以追求长远利益为己任，锐意进取、敢于担当的党员干部。1919 年，面对国内政治腐败、军阀混战、民不聊生的黑暗困境，时年 26 岁的毛泽东在《湘江评论》上发表《民众的大联合》，大声疾呼："天下者我们的天下。国家者我们的国家。社会者我们的社会。我们不说，谁说？我们不干，谁干？"[1]他们站出来了，说了、干了，这才有了中国人民站起来。这是何等伟大的

2021 年 7 月 1 日上午，庆祝中国共产党成立 100 周年大会在北京天安门广场隆重举行。图为庆祝大会现场（盛佳鹏 / 摄，中新社供图）

担当!

今天，我们早已脱离了当年那种艰难困境，但在大变革、大转折时期，拥有一批勇于担当、披坚执锐的领导者，依然是在世情、国情、党情发生深刻变化之时，带领广大群众杀出一条血路、闯出一条新路的基本依托。

大时代有大挑战，更有大机遇。大时代呼唤大担当。担当本身，即是对共产党人执政能力的大考验，不是概念的相互证明和反复演绎，而是一步一个脚印，在不怕碰得头破血流的实践中切实向前推进。马克思说，人的思维是否具有客观的真理性，并非理论问题，而是实践问题；人应该在实践中证明自己的真理性，即自己思维的现实性和力量。艰难的担当、担当的伟岸，体现于马克思的话语之中，体现于中国改革发展的生动实践之中。

现实已经展示，生活在这样一个前所未有的大时代，多么幸运！历史必将证明，担当于这样一个走向复兴的关键时刻，多么幸运！

百年中国梦：从站起来、富起来到强起来

中国共产党让中华民族获得了前所未有的集体自尊。一个国家、一个民族得有集体自尊，光站起来不行，还必须得富起来。如果不富起来，就不能称为真正的社会主义。夺取政权，解决了站起来的问题；社会主义要解决富起来的问题。就像我们千辛万苦站起来一样，富起来也需要千辛万苦的付出。

西方经济学家哈耶克对社会主义有个经典的结论：社会主义并不能解决贫困，只能使贫困普遍化。还有一个结论，就是社会主义能完成土地国有化，能完成资本主义的工商业改造，能消灭资产阶级，但不能创造富裕，只能使贫困普遍化。你消灭了富人，大家都是穷人，只能是贫困的普遍化。

真正颠覆哈耶克结论的是谁？我说是邓小平。邓小平用"不管白猫黑猫，抓住耗子就是好猫""摸着石头过河"，颠覆了哈耶克的结论。当然，有人说邓小平的理论很简单，就是"猫论"或者"摸论"，但邓小平提出了"三个有利于"：第一，有利于发展社会主义社会的生产力；第二，有利于增强社会主义国家的综合国力；第三，有利于提高人民的生活水平。只要符合"三个有利于"，都可以去干，都可以去做，不争论。

邓小平还讲过，要多做少说，只做不说，干了再说，不要争论。为什么邓小平总说要不争论？因为你怎么争啊？人家拿出马克思主义经典，告诉你马克思主义经典说就是不能搞这个、不能搞那个。但我们中国特色社会主义就是要充分吸收资本主义的好的东西，我们必须这么做。所以邓小平讲不争论，做了再说，一切在发展中解决。

为什么要这样？邓小平讲，我们太穷了、太落后了。毛泽东领导人民夺取了政权，中国人民站起来了。到邓小平这里，有极大的改变了：我们要让中国人民富起来。哈耶克说，贫穷就是社会主义，社会主义只能使贫困普遍化；邓小平讲，贫穷不是社会主义，社会主义也能缔造富裕，也能创造富裕。

邓小平理论，是对传统社会主义的发展和超越，就是我们说的马克思主义中国化。毛泽东首次完成了马克思主义中国化，使中国共产党夺取政权；邓小平再次完成马克思主义中国化，为中国人民创造了富裕。这是从毛泽东思想到邓小平理论的跃升，是中国人完成了这种跃升。我们绝不从本本出发，绝不从教条出发，我们认为马克思主义只是方法、观点和立场，而中国革命的具体实践一定要结合中国国情，一定要结合中国现实。

中国现实是什么？是中国太穷了。1954年到1980年，广东一带有50多万人逃往香港。1962年一个关于逃港情况的汇报描述说：宝安县（今深圳市）由东至西百余公里长的公路上，外逃群众成群结队，扶老携幼，如大军南下，来势汹汹，简直有点儿招架不住。你能说这些逃往香港的群众都是反党反社会主义吗？他们很多人只不过就是向往更好一点儿的生活。人都是向往美好生活的，都想过好日子。所以，1977年邓小平复出后视察广东，听完逃港情况的汇报后，说了一句话，这是我们的政策问题，此事不是部队管得了的。

1980 年，党中央、国务院批准深圳设立经济特区，最直接的原因是要解决逃港问题。当年的广东省委书记吴南生讲，万万没想到深圳经济特区一设立，逃港问题就解决了，逃港现象消失了，人们不用往香港跑了。为什么？香港住房困难、就业困难，不如就在深圳经济特区创业，就在这儿干起来。设立深圳经济特区时，中央没钱，邓小平讲，你们自己去搞，杀出一条血路来。深圳经济特区设立几年后，真的杀出一条血路，创造了世界城市建设的奇迹。深圳经济特区设立时，深圳经济总量是香港的 1/500；40 多年下来，深圳经济总量超越香港。隔了一条深圳河的深圳与香港，一边是中国特色社会主义，一边是西方自由资本主义，经过 40 多年的比较，结果不言自明。这就是中国特色社会主义的活力。

邓小平推动改革开放，极大地释放了我们国家的能量，民间的能量也得到了极大的释放。1979 年，邓小平讲，现在我们要争取一个比较长的和平时间，并要利用这个时间，抢这个时间，来建设自己的国家。这个时间可不能丧失。

1979 年到 1999 年，20 年过去了。1999 年发生了我国驻南联盟大使馆被炸的事件。这时候我们才发现，我们还没做好打仗的准备。1999 年使馆被炸的那一刻，我们才发现富起来不等于强起来。新中国让我们站起来，改革开放让我们富起来，我们还必须强起来。

1999 年使馆被炸事件，把我们炸醒了。此前，因为主要发展经济，我们很多军工项目下马了。我们的第一艘战略核潜艇，1970 年下水，1982 年形成战斗力，1985 年停了，人员流失，设备流失，资源流失。核潜艇项目停了 15 年，1999 年重新上马。1999 年以前，我们的沈飞集团公司也把许多军工项目停了。我记得当年我还问过他们，东北的红双喜高压锅是不是沈飞集团公司生产的。他们告诉我，高压锅是别人生产的，但沈飞集团公司确实干了许多包括不锈钢菜刀在内的军转民项目。为什么呢？军队订货不足。中国航空集团的老总林左鸣，原来也是国防大学的兼职教授。

他在讲课时说，1999 年中国驻南联盟大使馆被炸，炸我们的飞机是美国波音公司生产的，我们遇难者的遗体竟然还是用美国制造的大飞机运回来的，这对我们航空界来说是奇耻大辱！反观今天，我们的系列航空器已经成为大国利器。

为什么能有这样的成果？一方面是国家大力投入，另一方面航空人有决心，就是下决心一定要干出来。1999 年，时任中共中央总书记江泽民在一次政治局会议上讲，在这个世界上最后还是要拼实力的。我们要卧薪尝胆，一定要争这口气。江泽民率先提出增强社会主义综合国力。1999 年以前，我们一般人的印象是一切问题都可以通过发展解决；1999 年以后，中央提出社会主义综合国力的概念，经济利益、国防利益、民族凝聚力三者并举。今天我们依然在沿着这个方向一步一步向前走。

我们不是在理论上，而是在实践中明白了，不仅要站起来，不仅要富起来，而且必须强起来。我们过去的海军，出不了远海，只能近岸防御，而且风浪一大就出不去。1974 年，邓小平和叶剑英指挥西沙海战，从"南越"手中收回西沙群岛。西沙海战是怎么打的呢？你看西沙海战宣传画，在海战中甩手榴弹，人体投弹就 30 米到 60 米。我们海军军舰比"南越"的军舰都要小，我们海军的炮艇一直冲到对方火炮射击死角，冲锋枪手再一起上，把对方打得屁滚尿流。但是，我们海军的装备确实太差了。海军指战员的战斗精神极其英勇，但装备确实十分简陋。

今天不一样了，我们的海军大型水面作战舰艇是由航空母舰、巡洋舰、驱逐舰、护卫舰艇、布雷舰、扫雷舰艇、登陆舰艇、猎潜艇、导弹艇、鱼雷艇等战斗舰艇部队和勤务舰船部队组成的。所以甲午战争 100 周年时，日本人口出狂言，说什么将来中日海军冲突，依然是甲午战争。他们太狂妄了。现在我们的装备已经比他们强大了很多。

2019 年 4 月 23 日，习近平主席出席海军三型主战舰艇集中交接入列活动，万吨以上的海军三型主战舰艇同时入列。如果毛泽东、邓小平能看见今天这一幕，该多么欣慰啊！当年的梦想，今天正在重整。只有富国才能强军。当年没有富国，无法强求强军，今天我们完全不一样了。《中共

2021年6月17日9时22分，搭载神舟十二号载人飞船的长征二号F遥十二运载火箭发射升空（汪江波／摄，中新社供图）

中央关于制定国民经济和社会发展第十四个五年规划和二〇三五年远景目标的建议》提出，"加快机械化信息化智能化融合发展，全面加强练兵备战，提高捍卫国家主权、安全、发展利益的战略能力，确保二〇二七年实现建军百年奋斗目标"[2]。

　　党的十八大以来，在以习近平同志为核心的党中央领导下，我国发展取得举世瞩目的成就，中华民族伟大复兴迎来前所未有的光明前景。站在新时代的门槛上，我们要勿忘昨天的苦难辉煌，无愧今天的使命担当，不负明天的伟大梦想，以史为鉴、开创未来，埋头苦干、勇毅前行。我们坚信，在过去100多年赢得伟大胜利和荣光的中国共产党和中国人民，必将在新时代新征程上赢得更加伟大的胜利和荣光！

注　释

1. 《毛泽东早期文稿》（1912.6—1920.11），湖南出版社 1990 年版，第 390 页。

2. 《中共中央关于制定国民经济和社会发展第十四个五年规划和二〇三五年远景目标的建议》,《人民日报》2020 年 11 月 4 日。

策划编辑：刘智宏　付运波
责任编辑：刘智宏　苏向平　毕伶丽
责任校对：吕　飞　周　昕

图书在版编目（CIP）数据

正道沧桑/金一南著.—北京：人民出版社，2022.7（2024.4 重印）
ISBN 978-7-01-024822-6

Ⅰ.①正… Ⅱ.①金… Ⅲ.①中国共产党—党史—研究 Ⅳ.① D23

中国版本图书馆 CIP 数据核字（2022）第 101811 号

正道沧桑

ZHENGDAO CANGSANG

金一南　著

人民出版社 出版发行

（100706　北京市东城区隆福寺街 99 号）

三河市龙大印装有限公司印刷　新华书店经销

2022 年 7 月 第 1 版　2024 年 4 月北京第 6 次印刷

开本：710 毫米 × 1000 毫米 1/16　印张：21.5

字数：300 千字

ISBN 978-7-01-024822-6　定价：68.00 元

邮购地址　100706　北京市东城区隆福寺街 99 号

人民东方图书销售中心　电话（010）65250042　65289539